# FiNALEonline.de

FiNALEonline.de ist die digitale Ergänzung zu deinem Arbeitsbuch. Hier findest du eine Vielzahl an Angeboten, die dich zusätzlich bei deiner Prüfungsvorbereitung in Deutsch unterstützen!

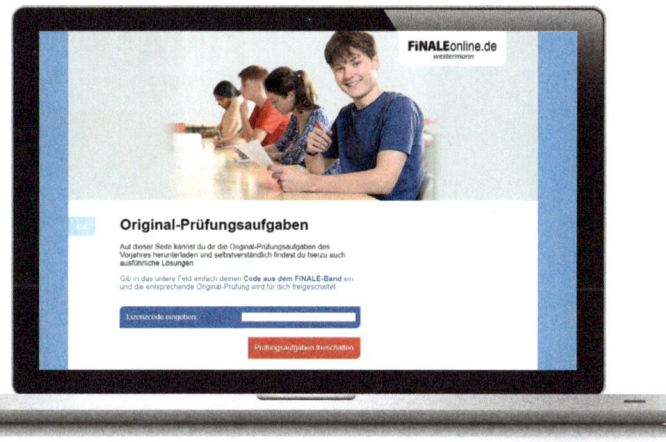

## Das Plus für deine Prüfungsvorbereitung:

→ das Extra-Training Rechtschreibung

→ Original-Prüfungsaufgaben mit Lösungen (bitte Code von S. 4 eingeben)

→ Tipps zur Prüfungsvorbereitung, die das Lernen erleichtern

# Online-Grundlagentraining

Du hast noch Lücken aus den vorherigen Schuljahren? Kein Problem! Das Online-Grundlagentraining auf FiNALEonline.de hilft dir dabei, wichtigen Lernstoff nachzuarbeiten und zu wiederholen. Und so funktioniert es:

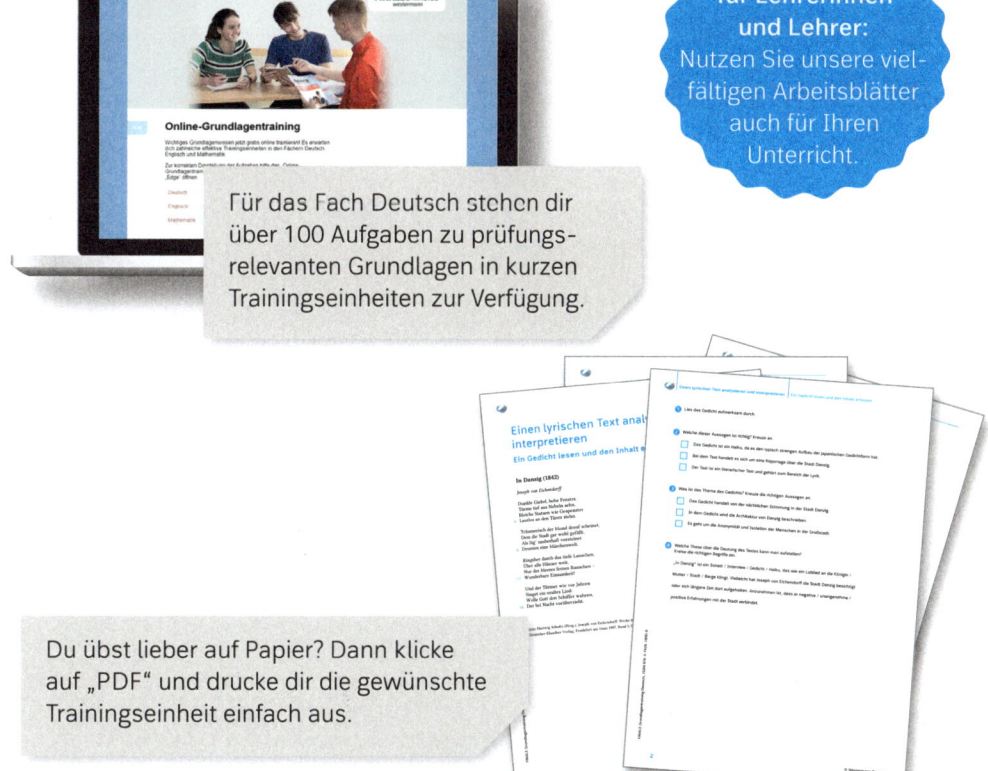

**Unser Tipp für Lehrerinnen und Lehrer:** Nutzen Sie unsere vielfältigen Arbeitsblätter auch für Ihren Unterricht.

Für das Fach Deutsch stehen dir über 100 Aufgaben zu prüfungsrelevanten Grundlagen in kurzen Trainingseinheiten zur Verfügung.

**Für Lehrerinnen und Lehrer:** Die Lehrerhandreichung für den optimalen Einsatz der Arbeitsbücher im Unterricht zum kostenlosen Download!

Du übst lieber auf Papier? Dann klicke auf „PDF" und drucke dir die gewünschte Trainingseinheit einfach aus.

# FiNALE Grundlagentraining Deutsch

Das FiNALE Grundlagentraining ist die ideale Ergänzung zu diesem Arbeitsbuch. Es bietet eine große Auswahl an Materialien, mit deren Hilfe du prüfungsrelevantes Grundlagenwissen auffrischen und aktiv trainieren kannst.

## Folgende Inhalte werden in diesem Band behandelt:

→ Überprüfung des Leseverstehens
→ Analyse und Interpretation literarischer Texte
→ argumentativer Umgang mit Sachthemen
→ Arbeitstechniken und prüfungsrelevante Fachbegriffe
→ grundlegendes Grammatikwissen
→ die wichtigsten Operatoren im Fach Deutsch

Zu jeder Trainingseinheit gibt es anschauliche Lösungen.

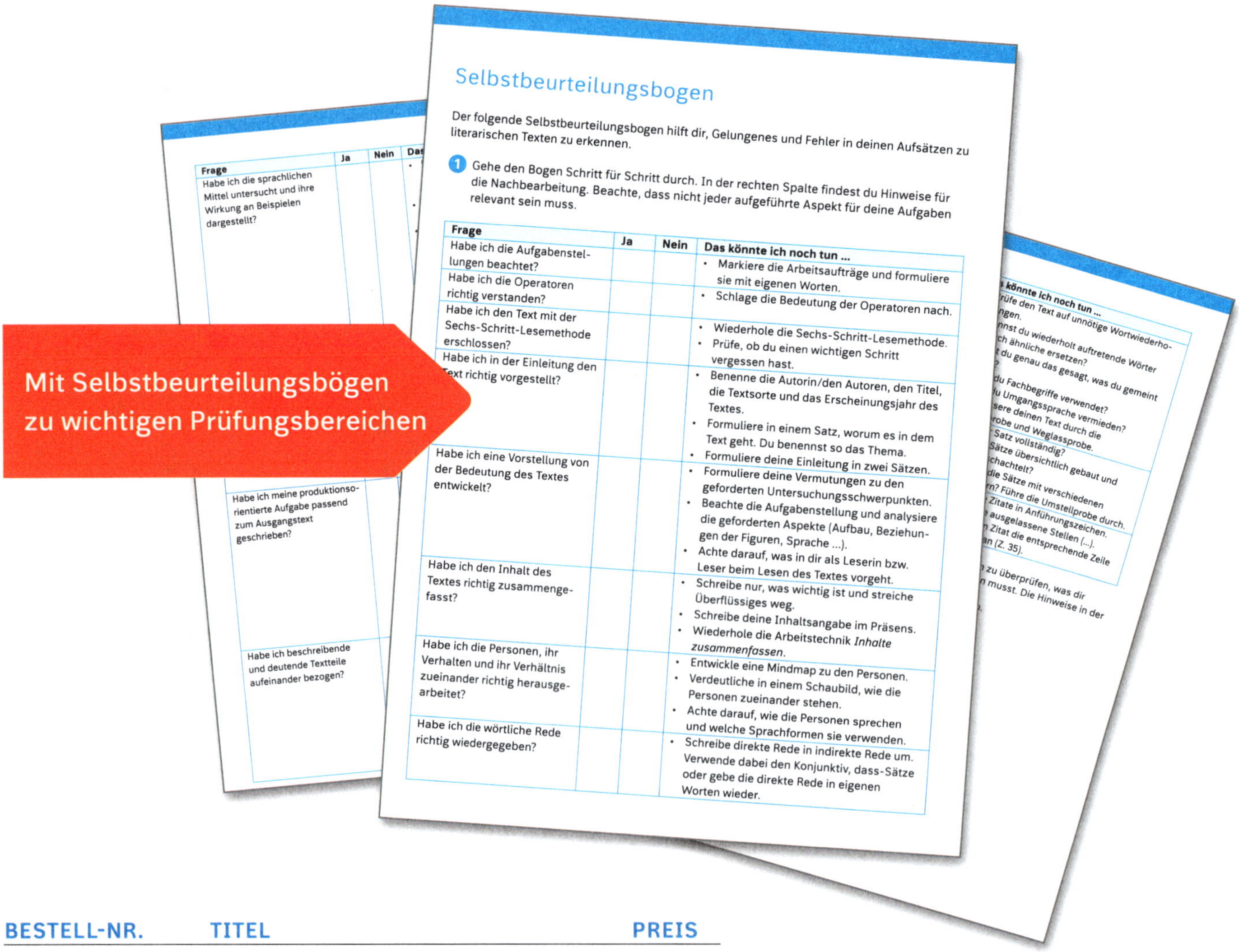

**Mit Selbstbeurteilungsbögen zu wichtigen Prüfungsbereichen**

| BESTELL-NR. | TITEL | PREIS |
|---|---|---|
| 978-3-7426-1890-0 | FiNALE Grundlagentraining Deutsch | 13,95 € |

FiNALE Grundlagentraining gibt es auch für die Fächer Englisch und Mathematik.

westermann

# FiNALE
# Prüfungstraining

Nordrhein-Westfalen

## Mittlerer Schulabschluss  2024
Deutsch

Andrea Heinrichs
Martina Wolff

## Liebe Schülerin, lieber Schüler,

sobald die Original-Prüfungsaufgaben zur Veröffentlichung freigegeben sind, können sie unter **www.finaleonline.de** zusammen mit ausführlichen Lösungen kostenlos heruntergeladen werden. Gib dazu einfach diesen Code ein:

## DE3m4Tv

Einfach mal reinschauen: www.finaleonline.de

© 2023 Westermann Lernwelten GmbH, Georg-Westermann-Allee 66, 38104 Braunschweig
www.westermann.de

Druck A[1] / Jahr 2023
Alle Drucke der Serie A sind im Unterricht parallel verwendbar.

Redaktion: Katrin Spiller
Kontakt: finale@westermanngruppe.de
Layout: LIO Design GmbH, Braunschweig
Umschlaggestaltung: Gingco.Net, Braunschweig
Umschlagfoto: Peter Wirtz, Dormagen
Druck und Bindung: Westermann Druck GmbH, Georg-Westermann-Allee 66, 38104 Braunschweig

ISBN 978-3-07-**172406**-8

## Was erwartet dich in diesem Arbeitsbuch?

Du bist in der 10. Klasse und vor dir liegt die Zentrale Prüfung nach Klasse 10, das große „FiNALE". Dieses Arbeitsbuch soll dich mit den Prüfungsaufgaben und ihren Anforderungen vertraut machen.

Im **Teil A** erhältst du Hinweise, wie du dich zweckmäßig auf die Prüfung vorbereiten kannst. An Beispielen lernst du Prüfungsaufgaben und ihre Bewertung kennen.

In den **Teilen B** und **C** wiederholst du wichtige Arbeitstechniken und Strategien, wie du Schreibaufgaben bearbeitest. Zu jedem Arbeitsschritt – von der ersten Orientierung bis zur Überarbeitung deines Textes – bekommst du wichtige Informationen und hilfreiche Tipps.

In den **Teilen D** und **E** dieses Buches findest du die **Original-Prüfungsaufgaben 2022**, die dir einen Eindruck davon vermitteln, wie die zentrale Prüfungsarbeit aussehen könnte. Außerdem findest du in den Teilen **D**, **E** und **F** Übungsaufgaben zu den Themenbereichen „Medien und Kultur", „Eine Frage der Beziehung" und „Digitale Welten". Manche Aufgaben enthalten Lösungshilfen, die darauf hinweisen, worauf du bei der Erschließung der Texte und bei der Anlage deines Schreibplans achten musst. Sie sind mit dem Zusatz „angeleitetes Üben" versehen. Andere Aufgaben sind zum selbstständigen Üben gedacht und ebenfalls mit einem entsprechenden Hinweis versehen (selbstständiges Üben).

Die **zentrale Prüfungsarbeit 2023** ist zum Zeitpunkt des Drucks dieses Arbeitsbuches noch nicht geschrieben worden. Sobald die Original-Prüfungsaufgaben zur Veröffentlichung freigegeben worden sind, können sie unter *www.finaleonline.de* zusammen mit ausführlichen Lösungen kostenlos mit dem Codewort **DE3m4Tv** heruntergeladen werden.

Mit dem **Glossar** schließt dieses Arbeitsbuch zur Abschlussprüfung. Hier kannst du wichtige Grundbegriffe zur Erschließung von literarischen Texten und Sachtexten nachschlagen.
Und natürlich gibt es auch ein **Lösungsheft**, in dem du die Richtigkeit jedes Arbeitsschrittes überprüfen kannst. Außerdem findest du zu jeder Original-Prüfungsaufgabe eine mögliche Beispiellösung, sodass du einschätzen kannst, was in der Abschlussprüfung von dir erwartet wird.

In diesem Arbeitsbuch findest du Schreibraum für wichtige vorbereitende Notizen. Deinen Text zur Schreibaufgabe musst du allerdings auf einem gesonderten Blatt Papier anfertigen. Auch wenn du sonst einmal nicht genug Platz für deine Ausführungen findest, nimm dir einfach einen Zettel oder ein Heft zur Hand.

Damit du ein Gefühl für die zur Verfügung stehende Arbeitszeit bekommst, solltest du dir bei den Aufgaben in den Teilen D, E und F eine Uhr bereitlegen.

Wir hoffen, dass du dich nach der Bearbeitung dieses Heftes sicher für das „FiNALE" fühlst, und wünschen dir für die Prüfung toi, toi, toi.
Das Autorenteam

**TIPP**

Hast du noch Lücken aus den vorherigen Schuljahren? Dann empfehlen wir dir das „FiNALE Grundlagentraining Deutsch" (ISBN 978-3-7426-1890-0). Es bietet prüfungsrelevantes Grundlagenwissen zum Nachschlagen und Üben. Ergänzend dazu findest du im Internet unter *www.finaleonline.de/grundlagentraining* ein kostenloses Online-Training bestehend aus interaktiven Übungsaufgaben und Arbeitsblättern zum Ausdrucken.

# A Vorbereitung auf die Abschlussprüfung

## A 1 Vorgaben für die Prüfung

Was erwartet dich in den zentralen Prüfungen nach Klasse 10 im Fach Deutsch? Informiere dich hier über den zeitlichen Ablauf und die inhaltlichen Vorgaben:

---

**INFO**

Die Bearbeitungszeit für die Aufgaben der schriftlichen Abschlussprüfung im Fach Deutsch umfasst **150 Minuten**. Zusätzlich erhältst du 10 Minuten zur ersten Orientierung (Bonuszeit). Du kannst entscheiden, welchem der beiden Prüfungsteile die Bonuszeit zugerechnet wird; eine Aufteilung ist ebenfalls möglich. Außerdem hast du 10 Minuten Zeit, um dich für ein Wahlthema zu entscheiden.

**Die Abschlussprüfung besteht aus zwei Teilen:**

**Erster Prüfungsteil: Leseverstehen**
Du erhältst einen Text und bearbeitest dazu Teilaufgaben.
Dafür hast du **30 Minuten** Zeit.

> **Erster Prüfungsteil:**
> **Leseverstehen**
> 30 min

- - - - - - - - - - - - - - - - - - - - - - - - - - - - - - - - - - - - - - - - - - - - - -

**Zweiter Prüfungsteil: Schreiben**
Du erhältst **zwei** Schreibaufgaben zur **Auswahl**. Jetzt hast du **10 Minuten Zeit**, um dich für **ein Wahlthema** zu entscheiden. Das **Wahlthema 1** ist das **Analysieren (AT 4a)**. Das **Wahlthema 2** ist entweder das **Informieren (AT 2)** oder das **Untersuchen/Vergleichen (AT 4b)**.

> **Zweiter Prüfungsteil:**
> **Wahlthema 1: Analysieren**
> (AT 4a) 120 min

> **Zweiter Prüfungsteil:**
> **Wahlthema 2: Informieren**
> (AT 2) 120 min

oder

> **Zweiter Prüfungsteil:**
> **Wahlthema 2: Untersuchen/**
> **Vergleichen** (AT 4b) 120 min

> Deine Wahlmöglichkeiten

**Wahlthema 1** oder **Wahlthema 2**

---

**1** Notiere, was du innerhalb der vorgegebenen Zeiten am Prüfungstag erledigen musst:

*30 Minuten:* _____

*10 Minuten:* _____

*120 Minuten:* _____

*10 Minuten (Bonuszeit):* _____

**2** Du findest in diesem Heft in den Teilen C bis F verschiedene Schreibaufgaben. Bearbeite sie und notiere jeweils, wieviel Zeit du für die Bearbeitung einplanen musst. Notiere auch, wie viel Zeit du tatsächlich für die Berarbeitung der Aufgaben benötigt hast.

| | geplante Zeit | benötigte Zeit |
|---|---|---|
| Sich über den Text/die Texte und die Aufgabenstellung orientieren | | |
| Aufgabentext oder -texte lesen und Inhalt(e) erfassen | | |
| Einen Schreibplan anlegen | | |
| Materialtext(e) auswerten und Stichworte im Schreibplan festhalten | | |
| Deinen Text schreiben | | |
| Deinen Text überarbeiten | | |

## A 2 Die Prüfungsaufgaben

### A 2.1 Das Leseverstehen: ein Beispiel

Im ersten Prüfungsteil, dem Leseverstehen, bearbeitest du verschiedene Teilaufgaben. Mit ihnen wird überprüft, ob du den Text richtig gelesen und verstanden hast. Dazu musst du richtige Lösungen ankreuzen, Lückentexte ausfüllen, Aussagen aus dem Text erklären, eine Skizze deuten, Zusammenhänge erläutern oder zu bestimmten Aussagen (Standpunkten) Stellung nehmen.

Doch zunächst musst du den Text erschließen: Unterstreiche unbekannte Begriffe und kläre sie, markiere Schlüsselstellen, finde Überschriften zu Sinnabschnitten usw. Lies die Aufgabenstellungen genau und vergewissere dich mithilfe der passenden Textstellen, dass deine Antworten zutreffen.

**1** Diese Prüfungsvorlage wurde bereits zum größten Teil bearbeitet. Überprüfe und korrigiere die Antworten. An manchen Stellen war der Schüler unsicher. Dort findest du Fragezeichen *??*. Sie sind ein Hinweis für dich, diese Antworten genau zu überprüfen.

## Digitale Welten

## Teil I

Lies zunächst den Text sorgfältig durch und bearbeite anschließend die Aufgaben **1** – **12**.

### Warum ich im Supermarkt auch ohne Payback-Karte ausgeforscht werde  *Bernd Kramer*

*persönlicher Datenschutz*

**??**

*Wer denn??*

(1) „Haben Sie eine Payback-Karte?", fragt die Kassiererin. Es ist einer der wenigen Momente, in denen ich mich wie ein Mensch fühle, der den Datenschutz ernst nimmt. Wie ein Kunde, der sich bewusst verhüllt, statt sich gläsern zu machen. „Nein", sage ich mit voller Überzeugung. „Natürlich nicht." Ich weiß
5 ja, was der Handel mit Rabattkarten bezweckt: Er will mich ausforschen.

(2) Die amerikanische Supermarktkette Target fand mithilfe solcher Kundenkartendaten zum Beispiel heraus, wie man schon ziemlich früh schwangere Frauen identifiziert: Ab einem gewissen Zeitpunkt neigen sie unter anderem dazu, parfümfreie Körperpflegeprodukte zu kaufen. Je früher die Händler werdende
10 Mütter erkennen, desto gezielter können sie sie umwerben. Das führte bereits zu kuriosen[1] Situationen: Eines Tages kam ein Vater empört in den Laden, weil die Supermarktkette seiner Tochter Gutscheine für Babykleidung geschickt hatte.

*Konkretes Beispiel!*

Sie gehe doch noch zur Schule, schimpfte der Vater. Target wusste bereits von der Schwangerschaft, bevor die junge Frau es ihrer Familie sagte.

15 (3) Auch die Deutschen helfen dem Handel sehr bereitwillig beim Datensammeln. Payback, der größte Rabattkartenanbieter, hat nach eigenen Angaben hierzulande 30 Millionen aktive Nutzerinnen und Nutzer. Aber sind die anderen, die sich nicht von ein paar Prämien locken lassen, wirklich so gut getarnt?

**??**

(4) Die Händler mit Ladenlokal lassen sich inzwischen einiges einfallen, um ihre
20 Kunden so zu durchleuchten wie die Konkurrenten im Internet. Die Supermarktkette Real erfasste zum Beispiel eine Zeit lang die Gesichter der Kunden an der Kasse, wenn sie auf Werbebildschirme schauten. So lässt sich personalisierte Werbung ausspielen – wie im Internet. Erst nach öffentlichem Protest wurde das Projekt eingestellt, in einigen Filialen der Deutschen Post ist es weiterhin aktiv.

(5) Eine besonders verbreitete Methode macht sich zunutze, dass viele Men- 25
schen die WLAN-Funktion ihres Handys nicht ausschalten, wenn sie den
Laden betreten. Ein Smartphone sucht in der Regel automatisch nach Netzen
in der Nähe und schickt dem WLAN-Sender dabei eine persönliche Identifikationsnummer des Gerätes, die sogenannte MAC-Adresse. Aus der Signalstärke
können die WLAN-Sender in den Läden wiederum ermitteln, wo der Kunde 30
sich gerade befindet: Bleibt er besonders lange an der Wursttheke stehen?
Traut er sich nur dann an das Regal mit den Kondomen, wenn gerade keine
anderen Kunden in der Nähe sind? Oder greift er ganz schambefreit[2] zu? Und
wie oft kommt er überhaupt in den Laden? Jeden Tag? Oder nur einmal in
der Woche zum Großeinkauf? 35
(6) Das EHI Retail Institute aus Köln, eine Forschungseinrichtung des Handels,
hat kürzlich 44 Handelsketten befragt. Zehn gaben dabei an, die Laufwege
der Kunden bereits zu erfassen, 16 planen es für die Zukunft. Das Bayerische
Landesamt für Datenschutzaufsicht befürchtet, dass Funksignale des Handys
auch mit anderen Informationen verknüpft werden können, etwa mit Angaben 40
zur EC-Kartenzahlung. Dann wüssten die Händler ziemlich schnell, welches
Bewegungsprofil zu welchem Menschen gehört, und statt einer MAC-Adresse,
die zweimal in der Woche abends zwischen den Regalen herumirrt, sähen sie
dann plötzlich: mich. Auch ganz ohne Payback-Karte.
(7) Bei meinem nächsten Ladenbesuch achte ich darauf, welche WLAN-Netze 45
mein Handy in der Nähe findet. Auch mein Supermarkt taucht in der Liste
auf. Am Abend schleppe ich meine Einkäufe nach Hause und schalte zur
Erholung Netflix ein. Der Streamingdienst kennt meine Vorlieben schon sehr
genau – und schlägt mir „Black Mirror" vor, eine Serie, die oft von den Überwachungsmöglichkeiten der nahen Zukunft erzählt. Ich nehme mir vor: Von 50
nun an stelle ich das Smartphone öfter aus, sobald ich aus dem Haus gehe.

1 **kurios:** merkwürdig, ungewöhnlich

2 **schambefreit:** sich nicht für etwas schämen

Bernd Kramer: Mich für nichts. Erstveröffentlichung im fluter Nr. 68– „Was gibst Du preis? Thema
Daten" – Seite 14, Herbst 2018, Herausgeber: Bundeszentrale für politische Bildung/bpb.

---

### AUFGABENSTELLUNG Leseverstehen

**1** Kreuze die richtige Antwort an.
Der Autor fühlt sich ohne Payback-Karte als jemand, der (Abschnitt 1) ...

a) keine Rabatte erhält. ☐
b) keine Daten hinterlassen möchte. ☒
c) als ein verschlossener Mensch gilt. ☐
d) von der Kassiererin bloßgestellt wird. ☐

**2** Kreuze die richtige Antwort an.
Ein „gläserner" Kunde ist jemand, der (Abschnitt 1) ...

a) datentechnisch durchleuchtet ist. ☐
b) im Umgang mit Daten gewissenhaft ist. ☐
c) im Umgang mit Daten vorsichtig ist. ☐
d) seine Daten verdeckt. ☒ **??**

**3** Kreuze die richtige Antwort an.
Der Handel will mit Rabattkarten (Abschnitt 2) ...

a) die Kunden zum Sparen anhalten. ☐
b) schwangere Kunden bevorzugen. ☐
c) viele Kundendaten sammeln. ☒
d) die Kunden über Rabatte informieren. ☐

**4** Kreuze die richtige Antwort an.
Der Handel kann viele Kundendaten sammeln, weil die Deutschen (Abschnitt 3) ...

a) sich entgegenkommend verhalten. ☒
b) sich uninformiert verhalten. ☐
c) sich unkritisch verhalten. ☐
d) sich gleichgültig verhalten. ☐

**5** Kreuze die richtige Antwort an.
Wenn es darum geht, die Kunden zu durchleuchten, orientieren sich Händler mit Ladenlokal an der Konkurrenz (Abschnitt 4) ...

a) in Supermarktketten. ☐
b) der Deutschen Post. ☒ **??**
c) im Internet. ☐
d) anderer Ladenlokale. ☐

**6** Erläutere die Aussage „So lässt sich personalisierte Werbung ausspielen ..." (Z. 22/23) im Textzusammenhang.

*Mit dieser Aussage ist gemeint, dass die Gesichter von Kunden gespeichert werden, damit sie* **?**

*bei ihrem nächsten Einkauf von den Kassierern wiedererkannt werden.*

_____

_____

**7** Kreuze die richtige Antwort an.
Kunden könnten eine Ortung durch ihr Smartphone verhindern (Abschnitt 5), indem sie ...

a) ihre MAC-Adresse verändern. ☐
b) die WLAN-Funktion ihres Handys nicht ausschalten. ☒ **??**
c) die WLAN-Funktion ihres Handys nicht aktivieren. ☐
d) die Signalstärke des WLAN-Senders herabsenken. ☐

**8** Kreuze die richtige Antwort an.
„Aus der Signalstärke können die WLAN-Sender in den Läden wiederum ermitteln, ..." (Z. 29/30)

a) an welcher Stelle im Laden sich Kunden aufhalten. ☒
b) an welcher Stelle im Laden Kunden ihre Smartphones lauter stellen. ☐
c) an welcher Stelle im Laden Kunden sich nach Rabatten erkundigen. ☐
d) an welcher Stelle im Laden Kunden den Einkaufskorb abstellen. ☐

**9** Erläutere den Zusammenhang zwischen den Grafiken und dem Text (Abschnitt 5).

1. Smartphone sucht nach Funknetzen in der Nähe

2. Smartphone schickt WLAN-Sender Identifikationsnummer des Gerätes

3. Ermittlung des Standortes des Benutzers

*In der Grafik wird dargestellt, dass Smartphones in der Regel automatisch nach WLAN-Netzen in ihrer Umgebung suchen. Dabei übermittelt das Smartphone die MAC-Adresse des Gerätes an den WLAN-Sender. Dies hat zur Folge, dass der Standort des Handynutzers über die Signalstärke ermittelt werden kann, auch die zurückgelegten Wege im Supermarkt können so ermittelt werden.*

**10** Kreuze die richtige Antwort an.
In Abschnitt 6 wird deutlich, dass Funksignale des Handys ...

a) praktisch für den Kunden sind. ☐
b) vergleichbar sind. ☒ **??**
c) nicht verknüpft werden können. ☐
d) mit anderen Informationen verknüpft werden können. ☐

**11** Kreuze die richtige Antwort an.
Dass auch die Daten des Autors des Artikels erfasst werden, erkennt man daran, dass (Abschnitt 7) ...

a) er über sein Einkaufsverhalten nachdenkt. ☒ **??**
b) er fernsieht. ☐
c) er sein Handy zu Hause ausschaltet. ☐
d) Netflix ihm bestimmte Serien vorschlägt. ☐

**12** Nach dem Lesen des Textes sagt ein Schüler: „*Man sollte häufiger an das Thema Datenschutz denken.*" Schreibe eine kurze Stellungnahme zu dieser Aussage. Du kannst der Auffassung zustimmen oder nicht. Wichtig ist, dass du deine Meinung begründest. Beziehe dich dabei auf den Text.

*Ich stimme der Aussage des Schülers zu. Ich finde es erschreckend, wie mit unseren Daten umgegangen wird, ohne dass es uns bewusst ist. Dass mein Kaufverhalten durch die Ortung meines Handys so genau erfasst wird, ist unheimlich. Dadurch fühle ich mich überwacht und manipuliert. Dabei ist es sehr leicht, die WLAN-Funktion des Handys abzuschalten. Das nehme ich mir künftig auf jeden Fall vor, um die Anlage meines Bewegungsprofils zu erschweren. Verhindern kann ich es sicherlich nicht, dass Daten über mich erfasst werden. Auch mein Computer verzeichnet, auf welchen Internetseiten ich gewesen bin. So ähnlich geht es dem Autor des Artikels ja auch, wenn er beispielsweise Netflix nutzt und aufgrund bereits gesehener Sendungen personalisierte Vorschläge erhält.*

## A 2.2 Die Schreibaufgabe: ein Beispiel (Aufgabentyp 4a)

Im Teil II der Prüfung wird überprüft, ob du Sachtexte, literarische Texte, Gedichte und ggf. auch Schaubilder und Anzeigen analysieren und miteinander vergleichen bzw. aufeinander beziehen (Aufgabentyp 4a oder 4b) oder ob du zu einem bestimmten Sachverhalt einen informierenden Text schreiben kannst (Aufgabentyp 2). Beim Aufgabentyp 4a musst du den vorgegebenen Text zunächst untersuchen (siehe S. 19). Dabei orientierst du dich an vorgegebenen Teilaufgaben. In einem zweiten Schritt musst du deine Untersuchungsergebnisse in einem zusammenhängenden Text ausformulieren. In einer abschließenden Aufgabe wird entweder eine Stellungnahme zu einer Aussage zum Text bzw. zu einem Zitat aus dem Text oder ein kurzer Text aus der Perspektive einer Figur (vgl. Aufgabe **1** f) von dir erwartet.

**1** Die unten stehende Prüfungsvorlage wurde bereits von einem Schüler bearbeitet. Lies dir die an ihn gestellten Aufgaben durch und markiere die Operatoren und Schlüsselwörter.

**2** Bereite den Text selbst für eine Analyse vor. Erschließe ihn mit der Lesemethode (S. 19) und setze die Anmerkungen am Rand fort. Orientiere dich dabei an den Teilaufgaben.

## Eine Frage der Beziehung

## Teil II

Lies bitte zuerst den Text, bevor du die Aufgaben bearbeitest. Schreibe einen zusammenhängenden Text.

### AUFGABENSTELLUNG

**1** **Analysiere** den Text „Augenblicke" von Walter Helmut Fritz. Gehe dabei so vor:
  a) **Schreibe** eine Einleitung, in der du Titel, Autor, Textart und Thema **benennst**.
  b) **Fasse** den Text **zusammen**.
  c) **Stelle dar**, welche Personen sich gegenüberstehen und welche Absichten sie verfolgen.
  d) **Beschreibe** die Beziehung zwischen Mutter und Tochter und ziehe dazu Textbelege heran.
  e) **Untersuche**, wie durch sprachliche und formale Mittel deutlich gemacht wird, dass Elsa in einem inneren Zwiespalt steckt (mögliche Aspekte: *Wortwahl, Satzbau, Erzählform und Erzählverhalten*), und **erläutere** dazu auch das Ende des Textes.
  f) **Verfasse** einen kurzen Text aus der Sicht von Elsa:
    – Warum verlässt Elsa fluchtartig die Wohnung der Mutter?
    – Welche Gedanken hat sie, als sie durch die Stadt läuft?
    – Welche Sorgen macht sie sich?
    **Schreibe** in der Ich-Form und berücksichtige die Informationen, die der Textauszug gibt.

### Augenblicke    *Walter Helmut Fritz (1964)*

*Mutter kommt ins Bad, Elsa reagiert genervt*

Kaum stand sie vor dem Spiegel im Badezimmer, um sich herzurichten, als ihre Mutter aus dem Zimmer nebenan zu ihr hereinkam, unter dem
5 Vorwand, sie wolle sich nur die Hände waschen.

Also doch! Wie immer, wie fast immer. Elsas Mund krampfte sich zusammen. Ihre Finger spannten sich. Ihre Augen wurden schmal. Ruhig bleiben! 10
Sie hatte darauf gewartet, dass ihre Mutter auch dieses Mal hereinkom-

*Gefühle Elsas; Gedankenrede*

empfindet
Verhalten als
störend

Aufzählung

men würde, voller Behutsamkeit, mit jener scheinbaren Zurückhaltung,
15 die durch ihre Aufdringlichkeit die Nerven freilegt. Sie hatte – behext, entsetzt, gepeinigt – darauf gewartet, weil sie sich davor fürchtete.

– Komm, ich mach dir Platz, sagte sie
20 zu ihrer Mutter und lächelte ihr zu.
– Nein, bleib nur hier, ich bin gleich so weit, antwortete die Mutter und lächelte.
– Aber es ist doch so eng, sagte Elsa
25 und ging rasch hinaus, über den Flur, in ihr Zimmer. Sie behielt einige Augenblicke länger als nötig die Klinke in der Hand, wie um die Tür mit Gewalt zuzuhalten. Sie ging auf und
30 ab, von der Tür zum Fenster, vom Fenster zur Tür. Vorsichtig öffnete ihre Mutter.
– Ich bin schon fertig, sagte sie.
Elsa tat, als ob ihr inzwischen etwas
35 anderes eingefallen wäre, und machte sich an ihrem Tisch zu schaffen.
– Du kannst weitermachen, sagte die Mutter.
– Ja, gleich.
40 Die Mutter nahm die Verzweiflung ihrer Tochter nicht einmal als Ungeduld wahr.
Wenig später allerdings verließ Elsa das Haus, ohne ihrer Mutter Adieu zu
45 sagen. Mit der Tram[1] fuhr sie in die Stadt, in die Gegend der Post. Dort sollte es eine Wohnungsvermittlung geben, hatte sie einmal gehört. Sie hätte zu Hause im Telefonbuch eine
50 Adresse nachsehen können. Sie hatte nicht daran gedacht, als sie die Treppe hinuntergeeilt war.
In einem Geschäft für Haushaltsgegenstände fragte sie, ob es in der
55 Nähe nicht eine Wohnungsvermittlung gebe. Man bedauerte. Sie fragte in der Apotheke, bekam eine ungenaue Auskunft. Vielleicht im nächs-

ten Haus. Dort läutete sie. Schilder einer Abendzeitung, einer Reise- 60 gesellschaft, einer Kohlenfirma. Sie läutete umsonst.
Es war später Nachmittag, Samstag, zweiundzwanzigster Dezember.
Sie sah in eine Bar hinein. Sie sah den 65 Menschen nach, die vorbeigingen. Sie trieb mit. Sie betrachtete Kinoreklamen. Sie ging Stunden umher. Sie würde erst spät zurückkehren. Ihre Mutter würde zu Bett gegangen sein. 70 Sie würde ihr nicht mehr Gute Nacht zu sagen brauchen.
Sie würde sich, gleich nach Weihnachten, eine Wohnung nehmen.
Sie war zwanzig Jahre alt und ver- 75 diente. Kein einziges Mal würde sie sich mehr beherrschen können, wenn ihre Mutter zu ihr ins Bad kommen würde, wenn sie sich schminkte. Kein einziges Mal. 80
Ihre Mutter lebte seit dem Tod ihres Mannes allein. Oft empfand sie Langeweile. Sie wollte mit ihrer Tochter sprechen. Weil sich die Gelegenheit selten ergab (Elsa schützte Arbeit 85 vor), suchte sie sie auf dem Flur zu erreichen oder wenn sie im Bad zu tun hatte. Sie liebte Elsa. Sie verwöhnte sie. Aber sie, Elsa, würde kein einziges Mal ruhig bleiben können, wenn sie 90 wieder zu ihr ins Bad käme.
Elsa floh. Über der Straße künstliche, blau, rot, gelb erleuchtete Sterne. Sie spürte Zuneigung zu den vielen Leuten, zwischen denen sie ging. 95
Als sie kurz vor Mitternacht zurückkehrte, war es still in der Wohnung. Sie ging in ihr Zimmer, und es blieb still. Sie dachte daran, dass ihre Mutter alt und oft krank war. Sie kauer- 100 te[2] sich in ihren Sessel, und sie hätte unartikuliert[3] schreien mögen, in die Nacht mit ihrer entsetzlichen Gelassenheit.

1 **die Tram:** die Straßenbahn    2 **sich kauern:** sich zusammenrollen

3 **unartikuliert:** unkontrolliert und unverständlich

aus: Walter Helmut Fritz: Umwege. Prosa. Stuttgart: Deutsche Verlags-Anstalt, 1964.

**3** Untersuche den folgenden Schülertext:

a) Finde heraus, wie der Schüler seinen Text strukturiert hat.
 Halte am Rand stichwortartig die Inhalte der einzelnen Abschnitte fest.

b) Bearbeite die folgenden Aufgaben und schreibe dein Ergebnis an den Rand:
 • Kennzeichne, wo die Aspekte der Aufgabenstellung berücksichtigt werden, z. B.
  Aufgabe **1** a): Z. 1 – Z. 3 …
 • Prüfe, ob die Absätze sinnvoll gesetzt sind.
 • Überprüfe, ob die genannte Textart vorliegt und durch welche Merkmale sie belegt wurde.
 • Wo hat der Schüler Aussagen mit Textbelegen gestützt? Unterstreiche die Stellen.
 • An welchen Stellen würdest du etwas ergänzen, wo etwas streichen?
 • Ist der Text aus der Sicht von Elsa nachvollziehbar geschrieben?
  Passt er zum Inhalt der Erzählung?
 • Schreibe dir die Ausdrücke und Wendungen, die du dir merken willst, heraus (S. 16).

| | |
|---|---|
| *Teilaufgabe 1a) – Titel, Autor, Thema, Textart* | In der Kurzgeschichte „Augenblicke" von Walter Helmut Fritz aus dem Jahr 1964 geht es um einen Konflikt zwischen Mutter und Tochter, den die Mutter nicht als solchen wahrnimmt, der die Tochter aber in einen inneren Zwiespalt stürzt. |

Die Tochter fühlt sich von ihrer Mutter bedrängt, weil sie ihr ihren Freiraum nimmt.

5 Sie geht aus dem Badezimmer, wenn die Mutter hereinkommt, und sucht verzweifelt nach Ausreden, um nicht dauernd in der Nähe ihrer Mutter sein zu müssen. Schließlich verlässt sie das Haus, ohne sich zu verabschieden. Elsa irrt durch die Stadt und überlegt sich, eine eigene Wohnung zu suchen und bald von zu Hause auszuziehen. Doch als sie nachts wieder nach Hause zurückkehrt, kommt ihr der Gedanke, dass

10 ihre Mutter seit dem Tod des Vaters oft krank ist und ihre Hilfe braucht. Das lässt sie an ihrer Entscheidung zweifeln.

Elsa wohnt noch bei ihrer Mutter zu Hause und fühlt sich von dieser eingeengt und bedrängt („[…] als ihre Mutter aus dem Zimmer nebenan zu ihr hereinkam […]", Z. 3/4). Sie reagiert genervt und empfindet ihre Mutter als aufdringlich (Z. 14–16).

15 Mittlerweile fürchtet sie sich sogar vor den ständigen Begegnungen (Z. 17–18). Also reagiert sie mit Flucht aus der Wohnung, weil sie keine Privatsphäre mehr hat („Wenig später allerdings verließ Elsa das Haus, ohne ihrer Mutter Adieu zu sagen.", Z. 43–45). Als ungenaues Ziel hat sie eine Wohnungsvermittlung in der Stadt, weil sie beabsichtigt, auszuziehen (Z. 46–48). Sie sucht die Anonymität der

20 Stadt und lässt sich mit den Menschen treiben (Z. 65-67), um auf andere Gedanken zu kommen. Erst in der Nacht kehrt sie unverrichteter Dinge nach Hause zurück und vermeidet so eine erneute Begegnung mit ihrer Mutter (Z. 68–72). Elsa ist im Grunde verzweifelt (Z. 100–104). Ihr gegenüber steht ihre Mutter, die sich um Elsas Nähe bemüht (Z. 13–16). Die Mutter realisiert Elsas eigentliche Gedanken nicht

(Z. 40–42) und behandelt Elsa höflich und freundlich („[…] antwortete die Mut- 25
ter und lächelte.", Z. 22–23), nimmt aber nicht wahr, dass Elsa auch Zeit für sich
braucht. Die Mutter ist seit dem Tod ihres Mannes oft einsam (Z. 81–82), ebenso ist
sie alt und krank (Z. 99–100). Deswegen möchte sie viel Zeit mit Elsa verbringen.
Die Beziehung zwischen Mutter und Tochter ist angespannt. Die Mutter weiß nicht,
dass sie ihre Tochter nervt („Die Mutter nahm die Verzweiflung ihrer Tochter nicht 30
einmal als Ungeduld wahr.", Z. 40–42), obwohl Elsa versucht, es ihr zu zeigen, indem
sie immer dann geht oder nach Ausreden sucht, wenn ihre Mutter sich ihr nähert
(Z. 24–29, Z. 37–42, Z. 39). Andererseits unterscheidet sich Elsas äußeres
Verhalten ihrer Mutter gegenüber („Komm, ich mach dir Platz, sagte sie zu ihrer
Mutter und lächelte ihr zu.", Z. 19–20) deutlich von ihren Gedanken. Die Mutter liebt 35
ihre Tochter zu sehr (Z. 88), um sie gehen zu lassen. Deshalb nimmt sie auch so viel
Rücksicht (Z. 21–23). Elsa fühlt sich aber dadurch eingeengt. Trotzdem fühlt sie sich
für ihre Mutter verantwortlich. Dadurch wird die Beziehung kompliziert, da beide
nicht offen über ihre jeweiligen Gedanken und die Gründe für ihr Verhalten sprechen.
Für Elsa ergibt sich aus der Situation ein innerer Zwiespalt. Dieser wird durch die 40
Er-/Sie-Erzählform und das personale Erzählverhalten für den Leser deutlich, denn
der Erzähler übernimmt den Blickwinkel von Elsa und gibt deren Gedanken z. B.
durch eine Aufzählung von Adjektiven („[…] behext, entsetzt, gepeinigt […]", Z.
16–17) oder durch Ellipsen wieder („Ruhig bleiben!", Z. 10). Auch ihr Verhalten in der
Stadt, das durch Parataxen und Anaphern aneinandergereiht dargestellt wird 45
(Z. 65–72), deutet an, dass sie eigentlich ziellos umherirrt. Die Darstellung ihrer
Gedanken legt offen, dass sie sich unter fremden Menschen sogar wohler fühlt als zu
Hause (Z. 93–95). Elsa nimmt sich vor, dass sie sich bei der nächsten Begegnung
nicht mehr beherrschen wird. So wird deutlich, dass Elsa sich durch die Anwesenheit ihrer Mutter bedrängt und verfolgt fühlt. Sie wartet fast schon darauf, dass 50
ihre Mutter wieder hinterherkommt: „Sie behielt einige Augenblicke länger als nötig
die Klinke in der Hand, wie um die Tür mit Gewalt zuzuhalten." (Z. 26–29). Andererseits kann sie ihre Mutter auch nicht verlassen, da diese allein (Z. 82), „alt und
oft krank" ist (Z. 99/100). Nachdem sie erst kurz vor Mitternacht aus der Stadt zurück-
gekehrt ist, rollt sie sich in ihrem Sessel zusammen (Z. 100). Es geht ihr so schlecht, 55
dass sie am liebsten laut schreien würde. Hier wird durch eine Personifikation
der innere Konflikt Elsas betont: „[…] in die Nacht mit ihrer entsetzlichen Gelassen-

heit." (Z. 102–104). Damit wird ein Kontrast zwischen der Stille der Nacht und Elsas

Innensicht klar. Es zeigt sich, dass Elsa trotz ihrer Reflexion während ihrer Flucht in

60 die Stadt keine Lösung für ihr Problem gefunden hat, denn eigentlich weiß sie, dass

sie ihre Mutter nicht alleine lassen kann, braucht aber gleichzeitig Gelegenheiten, um

Zeit für sich zu haben („Sie war zwanzig Jahre alt und verdiente.", Z. 75–76).

Text aus der Sicht Elsas:

Warum lässt mir Mutter nie meine Privatsphäre, sie verfolgt mich regelrecht. Wenn ich

65 mich im Bad fertig machen will, kommt sie herein — immer unter dem Vorwand, es würde

nicht so lange dauern. Kann sie mich nicht wenigstens im Bad in Ruhe lassen? Nur einen

kleinen Moment? Das ist immer so, immer läuft sie hinter mir her. Ich weiß, dass sie nicht

alleine sein will und dass sie meine Nähe sucht, aber ich brauche auch mal Zeit für mich.

Das macht mich so wütend! Am besten, ich verschwinde in die Stadt — dort kennt mich

70 keiner, und keiner verfolgt mich … Wo ist denn nun diese Wohnungsverwaltung? Es wird

Zeit, dass ich mir eigene vier Wände suche. Keiner kann mir Auskunft geben — weder in

dem Haushaltswarengeschäft noch in der Apotheke. Hier macht auch keiner auf. Es ist

zum Verzweifeln — und jetzt ist auch noch bald Weihnachten. Ich laufe durch die Stadt,

bis Mutter zu Bett gegangen ist — dann stört sie mich nicht mehr. Ich bin zwanzig Jahre

75 alt, ich brauche meine Privatsphäre. Ich weiß, dass Mama nach dem Tod von Papa allein

ist und jemanden zum Reden braucht, aber ich kann das nicht mehr. Ich fühle mich be-

drängt! Da sind mir fremde Leute fast lieber als meine Mutter … Es ist schon spät — ich

muss nach Hause zurück — fast Mitternacht. Verdammt, was soll ich nur tun? Ich weiß,

dass sie oft allein und krank ist — sie hat doch sonst keinen außer mir. Was soll ich nur

80 machen? Ich kann sie doch nicht alleine lassen. Kann mir keiner helfen???

Ausdrücke und Wendungen, die ich mir merken möchte:

_____

_____

_____

_____

_____

_____

_____

_____

## Wonach richtet sich die Note der Schreibaufgabe (Aufgabentyp 4a)?

**1** Beurteile den Schüleraufsatz anhand des Bewertungsbogens.

### Inhaltliche Leistung

| Aufgabe | Anforderung | erfüllt | nicht erfüllt |
|---|---|---|---|
| | **Der Prüfling …** | | |
| **1** a) | schreibt eine Einleitung, in der er …<br>• Titel, Autor, Textart sowie<br>• das Thema (*Konflikt zwischen Mutter und Tochter, den die Mutter nicht wahrnimmt, der die Tochter aber in einen inneren Zwiespalt stürzt*) benennt. | | |
| **1** b) | fasst den Text kurz zusammen (*Tochter fühlt sich von Mutter bedrängt; geht aus Badezimmer, wenn Mutter hereinkommt; verlässt das Haus, ohne sich zu verabschieden; will in der Stadt eine eigene Wohnung suchen; kehrt unverrichteter Dinge nachts zurück; denkt an die Mutter, die einsam und oft krank ist; ist unschlüssig*). | | |
| **1** c) | stellt dar, welche Personen sich gegenüberstehen und welche Absichten sie verfolgen, z. B.:<br>• *Mutter: sucht Nähe ihrer Tochter, nimmt eigene Aufdringlichkeit nicht wahr, liebt ihre Tochter …*<br>• *Tochter: braucht Privatsphäre, fühlt sich bedrängt, flüchtet vor der Nähe ihrer Mutter, sucht die Anonymität der Stadt, ist hin- und hergerissen zwischen Mitleid und Abkehr …* | | |
| **1** d) | beschreibt die Beziehung zwischen Mutter und Tochter und zieht dazu Textbelege heran, z. B.:<br>• *angespanntes Verhältnis, Mutter erkennt die Bedrängnis ihrer Tochter nicht, keine offene Aussprache …* | | |
| **1** e) | untersucht, wie durch sprachliche und formale Mittel deutlich gemacht wird, dass Elsa in einem innerem Zwiespalt steckt, z. B.:<br>• *Aufzählung/Adjektive: Beschreibung der Emotionen (Z. 16–17),*<br>• *Parataxen und Ellipsen: Verdeutlichung der inneren Anspannung, der Gedanken (Z. 7, Z. 8–10, …)*<br>• *Anaphern: Betonung des Fluchtgedankens (Z. 63–76)*<br>• *Er-/Sie-Erzählform und personales Erzählverhalten: Offenlegung von Elsas Reaktionen und Gedankengängen (Z. 7, Z. 8–10) …* | | |
| **1** f) | verfasst einen kurzen Text aus der Sicht von Elsa, aus dem deutlich wird, warum Elsa fluchtartig die Wohnung der Mutter verlässt, in dem die Gedanken deutlich werden, die Elsa hat, als sie durch die Stadt läuft, und der angibt, welche Sorgen sie sich macht (Ich-Form). | | |

### Darstellungsleistung

| Aufgabe | Anforderung | erfüllt | nicht erfüllt |
|---|---|---|---|
| | **Der Prüfling …** | | |
| 1 | • strukturiert seinen Text schlüssig und gedanklich klar. | | |
| 2 | • belegt seine Aussagen durch angemessenes und korrektes Zitieren. | | |
| 3 | • formuliert syntaktisch variabel (Satzbau). | | |
| 4 | • drückt sich präzise und differenziert aus. | | |
| 5 | • schreibt sprachlich richtig (Rechtschreibung, Zeichensetzung, Grammatik). | | |

# B Arbeitstechniken

## B 1 Im Wörterbuch nachschlagen

Das Wörterbuch ist für die Abschlussprüfung ein wichtiges Hilfsmittel:
- Du benötigst es zum Klären von unbekannten Wörtern.
- Du kannst nachschlagen, um die Rechtschreibung von Wörtern zu überprüfen.
  Das ist vor allem für die Überarbeitung eigener Texte wichtig.

**1** Erkläre, welche Bedeutung die unterstrichenen Wörter im Textzusammenhang haben. Benutze dein Wörterbuch.

Millionen Menschen nutzen jede Gelegenheit, um zum Smartphone zu greifen. Nun zeigt eine Studie von Medienforschern, dass diese <u>exzessive</u> Nutzung große <u>Risiken</u> birgt. Besonders häufig chatten, posten und spielen die <u>Probanden</u> unter 25 Jahren. Die Angst, nicht alles von seinen Freunden mitzubekommen, führt zu <u>permanentem</u> Kommunikationsdruck und dazu, dass viele Menschen Hunderte Male am Tag auf ihr Mobiltelefon schauen oder selbst Kurznachrichten verbreiten.

**exzessive** Nutzung: _____

_____

**Risiken**: _____

_____

die **Probanden**: _____

_____

**permanentem** Kommunikationsdruck: _____

_____

---

**TIPP**

1. Bei Fremdwörtern gibt es oft mehrere Bedeutungen. Um die richtige Bedeutung herauszufinden, mache die **Ersatzprobe**: Setze jede angegebene Bedeutung im Text an die Stelle des Fremdwortes. Welche Bedeutung ist im Textzusammenhang sinnvoll? Prüfe und wähle aus.

2. Manche Wörter findet man nicht auf Anhieb im Wörterbuch, weil sie im Text in veränderter Form vorkommen. Gehe daher vor dem Nachschlagen so vor:
   - Bilde von gebeugten Verben die Grundform (den Infinitiv): *aß → essen*.
   - Bilde bei Nomen die Einzahl (Singular): *Kakteen → Kaktus*.
   - Schlage bei zusammengesetzten Wörtern erst unter dem ersten Wortteil nach. Wenn dort die Wortzusammensetzung nicht zu finden ist, musst du auch den zweiten Wortteil nachschlagen:
     - Reflexionsprozess:
       → *Reflexion → Prozess*.

---

**2** In dem folgenden Text befinden sich sechs Rechtschreibfehler. Streiche falsch geschriebene Wörter durch und schreibe sie richtig auf.

*Smartphones sind genial, weil ich damit mit meinen Freunden über Hausaufgaben und anstehende Klassenarbeiten diskutieren kann. Natürlich kommt an einem einziegen Tag eine riesige menge von Nachrichten zusammen, weil viele über flüssige und unwichtige Miteilungen geschrieben werden. Wenn ich mich durch mein Handy gestrest fühle, stelle ich einfach den Signalton aus.*

---

**TIPP**

Alle wichtigen Rechtschreibregeln findest du auch noch einmal im Internet auf der Seite **www.finaleonline.de**.
Einfach „Mittlerer Schulabschluss" und dein Bundesland eingeben und dann das kostenlose „EXTRA-Training Rechtschreibung" herunterladen.
Neben den Regeln findest du dort auch noch weitere Übungen mit Lösungen.

## B 2 Texte erschließen und Inhalte zusammenfassen – literarische Texte

**1** Um einen literarischen Text zu erschließen, gehst du am besten schrittweise vor. Ein Lesefächer kann dir dabei helfen. Kopiere diese Seite, um einen Lesefächer anzulegen. Gehe dann folgendermaßen vor:
- Schneide die einzelnen Streifen aus und lege die Papierstreifen in der Reihenfolge der Schritte übereinander (den ersten Schritt nach oben). Loche sie wie vorgegeben.
- Hefte die Streifen mit einer Klammer oder binde sie mit einem Band zusammen.

**2** Bearbeite mithilfe des Lesefächers den Text *„Streuselschnecke"* auf Seite 20.

○ **1. Schritt: Vermutungen äußern**
**Stelle Vermutungen zum Inhalt an:**
– Lies die Überschrift des Textes. Worum geht es wohl?
– Gibt es zu dem Text eine Abbildung? Wenn ja: Was ist darauf zu sehen?

*Vor dem Lesen*

○ **2. Schritt: Unbekannte Begriffe klären**
– Markiere mit einer Wellenlinie Begriffe und Textstellen, die du nicht verstehst.
– Erschließe ihre Bedeutung aus dem Satzzusammenhang, dem dazugehörigen Text oder durch Nachschlagen im Wörterbuch (siehe B 1, S. 18). Notiere die Bedeutung am Rand.

*Während des Lesens*

○ **3. Schritt: Schlüsselstellen markieren**
– Markiere **Schlüsselstellen**. Das sind die Textstellen, die Anworten auf folgende Fragen geben: *Wo und wann spielt die Erzählung? Welche Personen handeln dort? Worum geht es?*
– Halte am Rand **weitere Beobachtungen** fest: Wie wirkt der Text auf dich *(lustig, ernst, spannend …)? Wer erzählt die Geschichte (siehe Glossar „Merkmale erzählender Texte", S. 141)? Welche sprachlichen Mittel werden verwendet (siehe S. 143)? Welche Wirkung entsteht durch den Satzbau?*

*Während des Lesens*

○ **4. Schritt: Wichtiges herausschreiben**
– Bilde **Sinnabschnitte**. Das sind Absätze, die inhaltlich eng zusammengehören. Ein neuer Sinnabschnitt beginnt, wenn z. B. eine neue Person auftritt oder ein wichtiges Ereignis geschieht. Du kannst dich auch an den vorhandenen Absätzen orientieren.
– Formuliere zu jedem Sinnabschnitt eine **Überschrift** (ein Stichwort oder einen kurzen Satz).
– Notiere zu jeder Überschrift stichwortartig den **Inhalt des Sinnabschnittes**. Orientiere dich dabei daran, welche Schlüsselstellen du markiert hast.

*Nach dem Lesen*

○ **5. Schritt: Inhalte zusammenfassen**
– Bilde aus den Stichpunkten zum Inhalt vollständige Sätze und verknüpfe sie miteinander. So erhältst du eine kurze Inhaltszusammenfassung des Textes.
– Bestimme die Textart (Erzählung, Kurzgeschichte, Roman, Jugendbuchauszug, Gedicht …; siehe Glossar, S. 144).

*Nach dem Lesen*

## Streuselschnecke (2000)  *Julia Franck*

*14-Jährige erhält Anruf von einem Fremden, er will sie kennenlernen, sie findet ihn sympathisch*

*Ort: Berlin*

*Ich-Form, personales Erzählverhalten*

Der Anruf kam, als ich vierzehn war. Ich wohnte seit einem Jahr nicht mehr bei meiner Mutter und meinen Schwestern, sondern bei Freunden
5 in Berlin. Eine fremde Stimme meldete sich, der Mann nannte seinen Namen, sagte mir, er lebe in Berlin, und fragte, ob ich ihn kennenlernen wolle. Ich zögerte, ich war mir nicht
10 sicher. Zwar hatte ich schon viel über solche Treffen gehört und mir oft vorgestellt, wie so etwas wäre, aber als es so weit war, empfand ich eher Unbehagen. Wir verabredeten uns. Er
15 trug Jeans, Jacke und Hose. Ich hatte mich geschminkt. Er führte mich ins Café Richter am Hindemithplatz und wir gingen ins Kino, ein Film von Rohmer[1]. Unsympathisch war
20 er nicht, eher schüchtern. Er nahm mich mit ins Restaurant und stellte mich seinen Freunden vor. Ein feines, ironisches Lächeln zog er zwischen sich und die anderen Menschen. Ich
25 ahnte, was das Lächeln verriet.

*besucht Mann öfter, bekommt aber kein Geld*

Einige Male durfte ich ihn bei seiner Arbeit besuchen. Er schrieb Drehbücher und führte Regie bei Filmen. Ich fragte mich, ob er mir Geld geben
30 würde, wenn wir uns treffen, aber er gab mir keins, und ich traute mich nicht, danach zu fragen. Schlimm war das nicht, schließlich kannte ich ihn kaum, was sollte ich da schon verlan-
35 gen? Außerdem konnte ich für mich selbst sorgen, ich ging zur Schule und putzen und arbeitete als Kindermädchen. Bald würde ich alt genug sein, um als Kellnerin zu arbeiten, und
40 vielleicht wurde ja auch noch eines Tages etwas Richtiges aus mir.

Zwei Jahre später, der Mann und ich waren uns noch immer etwas fremd, sagte er mir, er sei krank. Er starb ein Jahr lang, ich besuchte ihn im 45 Krankenhaus und fragte, was er sich wünsche. Er sagte mir, er habe Angst vor dem Tod und wolle es so schnell wie möglich hinter sich bringen. Er fragte mich, ob ich ihm Morphium[2] 50 besorgen könne. Ich dachte nach, ich hatte einige Freunde, die Drogen nahmen, aber keinen, der sich mit Morphium auskannte. Auch war ich mir nicht sicher, ob die im Krankenhaus 55 herausfinden wollten und würden, woher es kam. Ich vergaß seine Bitte. Manchmal brachte ich ihm Blumen. Er fragte nach dem Morphium, und ich fragte ihn, ob er sich Kuchen wün- 60 sche, schließlich wusste ich, wie gerne er Torte aß. Er sagte, die einfachen Dinge seien ihm jetzt die liebsten – er wolle nur Streuselschnecken, nichts sonst. Ich ging nach Hause und buk[3] 65 Streuselschnecken, zwei Bleche voll. Sie waren noch warm, als ich sie ins Krankenhaus brachte. Er sagte, er hätte gerne mit mir gelebt, es zumindest gern versucht, er habe immer 70 gedacht, dafür sei noch Zeit, eines Tages – aber jetzt sei es zu spät.
Kurz nach meinem siebzehnten Geburtstag war er tot. Meine kleine Schwester kam nach Berlin, wir 75 gingen gemeinsam zur Beerdigung. Meine Mutter kam nicht. Ich nehme an, sie war mit anderem beschäftigt, außerdem hatte sie meinen Vater zu wenig gekannt und nicht geliebt. 80

---

**1 Rohmer:** Spielfilme von Rohmer thematisieren Beziehungen von Erwachsenen. Sie sind ohne Aktion; es wird viel gesprochen und diskutiert.

**2 Morphium:** Droge; eines der stärksten Schmerzmittel

**3 buk:** Präteritum von backen

aus: Julia Franck: Bauchlandung. Geschichten zum Anfassen. München. Deutscher Taschenbuch Verlag, 2002. © 2000 DuMont Buchverlag, Köln.

# B 3 Texte erschließen und Inhalte zusammenfassen – Sachtexte

**1** Um einen Sachtext zu erschließen, gehst du am besten schrittweise vor. Ein Lesefächer kann dir dabei helfen. Kopiere diese Seite, um einen Lesefächer anzulegen. Gehe dann folgendermaßen vor:
- Schneide die einzelnen Streifen aus und lege die Papierstreifen in der Reihenfolge der Schritte übereinander (den ersten Schritt nach oben). Loche sie wie vorgegeben.
- Hefte die Streifen mit einer Klammer oder binde sie mit einem Band zusammen.

**2** Bearbeite mithilfe des Lesefächers den Text *„Was ist ein Blog und was macht ein Blogger eigentlich genau?"* auf Seite 22.

○ **1. Schritt: Vermutungen äußern**
**Stelle Vermutungen zum Inhalt an:**
– „Überfliege" den Text: Wovon könnte der Sachtext handeln?
– Lies die Überschrift, die Zwischenüberschriften und betrachte die Abbildungen:
  •Notiere am Rand, was du bereits über das Thema weißt.
  •Stelle W-Fragen an den Text: Was …? Wer …? Warum …? Wo …? Wann …?

*Vor dem Lesen*

○ **2. Schritt: Unbekannte Begriffe klären**
– Markiere mit einer Wellenlinie Begriffe und Textstellen, die du nicht verstehst.
– Erschließe ihre Bedeutung aus dem Satzzusammenhang, dem dazugehörigen Text oder durch Nachschlagen im Wörterbuch (siehe B 1, S. 18). Notiere die Bedeutung am Rand.

*Während des Lesens*

○ **3. Schritt: Schlüsselstellen markieren**
– Markiere **Schlüsselstellen**:
  • Textstellen, die Antworten auf die W-Fragen geben
  • Informationen, die du interessant findest
  • Wenn du die Aufgaben zum Text bereits gelesen hast, unterstreiche die Textstellen, die du zu deren Bearbeitung nutzen kannst.

*Während des Lesens*

○ **4. Schritt: Informationen entnehmen**
– Bilde **Sinnabschnitte**. Das sind Absätze, die inhaltlich eng zusammengehören. Du kannst dich auch an den vorhandenen Absätzen orientieren.
– Formuliere zu jedem Sinnabschnitt eine **Überschrift** (ein Stichwort oder einen kurzen Satz).
– Notiere zu jeder Überschrift stichwortartig den **Inhalt des Sinnabschnittes**. Orientiere dich dabei daran, welche Schlüsselstellen du markiert hast.

*Nach dem Lesen*

○ **5. Schritt: Inhalte zusammenfassen**
– Bilde aus den Stichpunkten zum Inhalt vollständige Sätze und verknüpfe sie miteinander. So erhältst du eine kurze Inhaltszusammenfassung des Textes.
– Bestimme die Textart (Reportage, Bericht, Interview; siehe Glossar, S. 144).

*Nach dem Lesen*

## Was ist ein Blog und was macht ein Blogger eigentlich genau? *Andreas Meyhöfer*

Was?
Weblog/Blog
= Online-Tage-
buch

Das Weblog, das Blog oder mittlerweile laut Duden auch der Blog, ist aus dem Ursprung heraus nichts anderes als ein Online-Tagebuch. User,
5 die das Internet früh für sich entdeckt hatten, stellten ihre Lebensereignisse online. Wofür einst das gute alte Tagebuch aus Papier herhalten durfte, wurde nun das World Wide Web
10 als Medium genutzt. Das Kunstwort Weblog als Kurzform für World Wide Web & Logbuch entstand und die ersten Web-Logger, also Blogger, waren geboren.

Weblog: Kurz-
form für World
Wide Web &
Logbuch
Wer? Web-
Logger/
Blogger

15 Mittlerweile ist das Medium Blog den Kinderschuhen entwachsen und schon lange kein reines Tagebuch mehr für persönliche Gedanken und Träume. Blogs entstehen
20 aus den unterschiedlichsten Gründen, Zielsetzungen und mit den vielfältigsten Themen. Der Unterschied zwischen teilweise überladenen Webseiten und Blogs ist
25 der einfache und schlichte Aufbau. [...] Reine Blogs bieten dem Leser eine sauber strukturierte Informationsquelle ohne viel Drumherum. In der Regel sind Blogbeiträge absteigend
30 nach Datum aufgelistet und geben dem Blogleser eine genaue Übersicht über die Aktualität eines Beitrags. Dank Kategorien und Schlagwörtern können Blogleser schnell und einfach
35 durch den Blog navigieren. Die entsprechende interne Verlinkung und Auflistungen aller Artikel, die einer Kategorie oder einem Schlagwort zugeordnet sind, tragen erheblich zur
40 Nutzerfreundlichkeit bei. [...] Die Faszination Blog hat weltweit mittlerweile viele Millionen Anhän-

Was?
Unterschied
Webseite/Blog

steuern

ger und täglich werden es mehr. Das Tolle an einem Blog ist, dass er dank der Kommentarfunktion ganz einfach 45 zu einem regen Gedankenaustausch von Gleichgesinnten beitragen kann. [...] Möchte man einen eigenen Blog erstellen, findet man im Netz kostenlose Blogging-Dienste und kann so 50 ohne finanziellen Aufwand und mit wenigen Klicks sofort loslegen. Für eine einfache und schnelle Einrichtung ist in der Regel keine Registrierung vonnöten, es reicht, einen 55 Nickname sowie eine Mailadresse anzugeben.
Egal, ob jemand aus Spaß an der Freude im Hobbybereich bloggt oder seinen Lebensunterhalt damit bestreiten 60 möchte, inzwischen ist alles möglich. Dabei gibt es zahlreiche unterschiedliche Blogthemen wie Fashionblogs, Kunstblogs, Newsblogs, Mikroblogs (wie z. B. Twitter), Wissenschaftsblogs 65 und viele mehr. Die Liste lässt sich endlos verlängern. [...]
Vom Einzelkämpfer bis zu ganzen Gruppen gibt es Blogger, die einzelne Blogs oder gar Blognetzwerke betrei- 70 ben. Der Blog ist global betrachtet weitaus mehr als nur ein Tagebuch oder eine Website, sondern ein Medium, das mitunter eine sehr große Meinungsmacht mit sich bringt. Von 75 professionellen Journalisten werden Blogger oft fachlich nicht ernst genommen, sei es wegen der fehlenden journalistischen Ausbildung oder einfach, weil man die neue Konkurrenz 80 fürchtet. Zudem sind Blogger oftmals schneller und damit aktueller in ihrer Berichterstattung.

https://blogsheet.info/blog-blogger-genau-erklaert-18677, Zugriff: 23.10.2017 (verändert)

# B 4 Schaubilder und Grafiken auswerten

Häufig findest du in Prüfungsaufgaben auch Schaubilder, Infografiken sowie Diagramme oder Tabellen. Diese enthalten Zusammenfassungen von Daten, die nach bestimmten Gesichtspunkten geordnet sind. Im Bereich des Leseverstehens musst du z. B. überprüfen, ob die vorgegebenen Aussagen zu einem Schaubild oder einer Infografik richtig sind.

Beim Vergleich von Materialien (AT 4b) musst du feststellen, ob die dargestellten Informationen die Aussagen eines Textes bestätigen, ergänzen oder widerlegen. Beim Schreiben eines informierenden Textes (AT 2) musst du die Informationen zunächst ermitteln und dann sinnvoll in deinen Text integrieren.

**1** Um ein Schaubild oder eine Infografik zu erschließen, gehst du am besten schrittweise vor. Ein Lesefächer kann dir dabei helfen. Kopiere diese Seite, um solch einen Lesefächer anzulegen. Gehe dann folgendermaßen vor:
- Schneide die einzelnen Streifen aus und lege sie in der Reihenfolge der Schritte übereinander (den ersten Schritt nach oben). Loche sie wie vorgegeben.
- Hefte die Streifen mit einer Klammer oder binde sie mit einem Band zusammen.

**2** Bearbeite mithilfe des Lesefächers die Schaubilder A – C auf Seite 24. Nutze dazu auch die Infos zu den einzelnen Darstellungen. Arbeite dann mit den Aufgaben auf Seite 25 weiter.

○ **1. Schritt: Vermutungen äußern**
**Stelle Vermutungen zum Inhalt an:**
– „Überfliege" das Schaubild/die Grafik: Lies die Überschrift, die Beschriftungen und, falls vorhanden, die Legende: Welche Bedeutung haben Symbole und Farben? Worum könnte es gehen?
– Mache dir klar, welche Form der Darstellung gewählt wurde: Tabelle, Infodiagramm, Kreisdiagramm, Säulendiagramm, Balkendiagramm, Kurvendiagramm (Grafik, siehe Glossar, S. 139).

*Vor dem Lesen*

○ **2. Schritt: Unbekannte Begriffe klären**
– Markiere beim gründlichen Lesen mit einer Wellenlinie Begriffe, Ausdrücke, Abkürzungen, Symbole, Mengen- und Maßangaben, die du nicht kennst.
– Erschließe ihre Bedeutung aus der Legende, dem dazugehörigen Text, durch Nachschlagen im Wörterbuch, in Fachbüchern, im Internet oder aus dem Sinnzusammenhang und schreibe sie an den Rand.

*Während des Lesens*

○ **3. Schritt: Schlüsselstellen markieren**
– Markiere **Schlüsselstellen**: Das sind wichtige Begriffe, Auffälligkeiten, Extremwerte (besonders hoch oder niedrig ...) oder Entwicklungen.
– Halte wichtige Informationen am Rand fest, z. B. Überschrift, Thema, Bedeutung der grafischen Elemente (x- und y-Achse, verwendete Einheiten wie z.B. Prozent, Promille oder absolute Zahlen, angegebene Zeiträume, Farben, Textelemente ...).

*Während des Lesens*

○ **4. Schritt: Informationen entnehmen (aufgabenbezogen)**
Halte mithilfe deiner Markierungen und Randbemerkungen (aus Schritt 3) wichtige Informationen auf einem Notizzettel fest. Orientiere dich dazu an diesen Fragen:
- Was ist das **Thema**? Wer hat das Schaubild erstellt und wann (**Quelle**, **Erscheinungsjahr**)?
- Auf welchen **Zeitraum** beziehen sich die Daten?
- Welche **Werte** werden dargestellt (Achsen, Säulen, Tortenstücke, Kurven ...)? Was wird zueinander **in Beziehung gesetzt**? Welche Zahlen/Werte/Angaben, Aussagen, Entwicklungen ... sind **bemerkenswert**? Welche **Schlussfolgerungen** kannst du ziehen?

*Nach dem Lesen*

# Schaubild A: Balkendiagramm
# Medienbeschäftigung in der Freizeit

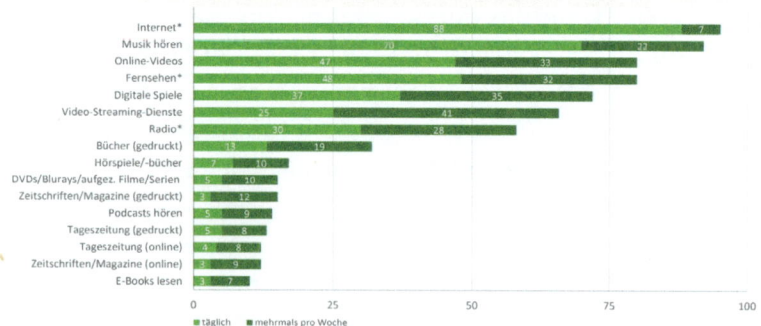

(Angaben in Prozent)
*egal über welchen Verbreitungsweg, **2020 nicht abgefragt
Basis: alle Befragten (Jugendliche im Alter von 12 bis 19 Jahren), n = 1200

JIM 2021, Medienpädagogischer Forschungsverbund Südwest

**AUFGABENSTELLUNG**

1. Welches Medium wird von den Jugendlichen am häufigsten täglich genutzt?

2. Welche Medien sind bei der regelmäßigen Nutzung (mehrmals pro Woche) am beliebtesten?

# Schaubild B: Kreisdiagramm
# Familien mit minderjährigen Kindern
# nach Lebensformen

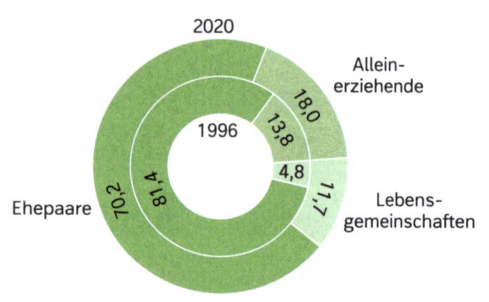

Quelle: Statistisches Bundesamt (Destatis), 2023

**AUFGABENSTELLUNG**

1. Welche Lebensform hat von 1996 bis 2020 am meisten zugenommen?

2. Beschreibe die Entwicklung der verschiedenen Lebensformen von 1996 bis 2020.

# Schaubild C: Kurvendiagramm
# Gerätebesitz bei Kindern/Jugendlichen

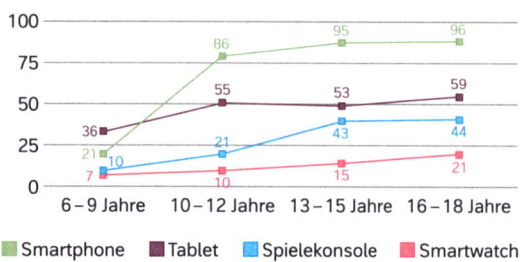

Basis: Kinder und Jugendliche zwischen 6 und 18 Jahre, n = 920, in Prozent, Mehrfachnennungen möglich

Quelle: Bitkom Research GmbH, 2022

**AUFGABENSTELLUNG**

1. Beschreibe die Entwicklung bezüglich des Gerätebesitzes von Kindern und Jugendlichen.

2. In welchem Alter steigt der Gerätebesitz unter Kindern bzw. Jugendlichen am stärksten an? Um welche Geräte handelt es sich dabei?

## Schaubilder auswerten: Formulierungshilfen

**1** a) Nachdem du die Schaubilder ausgewertet hast, fasse die wesentlichen Inhalte zusammen und beantworte in deinem Text die auf Seite 24 gestellten Fragen. Ergänze dazu die Lückentexte unten.

b) Sammle in einer Liste Formulierungshilfen, die du zum Beschreiben von Schaubildern nutzen kannst.

**Schaubild A:** Das vorliegende _____ stellt die „Medienbeschäftigung von Jugendlichen in der Freizeit" dar. Es wurde durch den _____ _____ im Jahre 2021 veröffentlicht. Dazu wurden _____ Jugendliche befragt. Auf der x-Achse kann man die _____ zu den Nennungen ablesen. Dabei stellen die hellgrünen Balken die _____ dar, während die dunkelgrünen Balken die _____ verdeutlichen. Das heißt, die Studie ermöglicht einen Vergleich zwischen täglicher und wöchentlicher Nutzung. Auf der y-Achse sind die _____ aufgelistet, die Jugendliche nutzen. Die Auflistung beginnt mit dem am häufigsten genannten Medium und endet mit dem am wenigsten genannten. Bezüglich der täglichen Mediennutzung werden _____ (94 Prozent), Musik hören (_____) und _____ (_____) besonders häufig genannt. Beliebt sind außerdem _____ (47 Prozent). Mindestens mehrmals pro Woche nutzen die Jugendlichen insbesondere _____ (41 Prozent), gefolgt von digitalen Spielen (_____) und _____ (_____). Zusammenfassend ist festzustellen, dass für viele Jugendliche das _____ im Alltag mittlerweile eine große Bedeutung hat.

-------------------------------------------------------------------------------------

**Schaubild B:** Das _____ mit dem Titel „Familien mit minderjährigen Kindern nach Lebensformen", veröffentlicht im Jahre _____, befasst sich mit den unterschiedlichen _____ unter Familien mit Kindern . Diese Aufschlüsselung wurde vom _____ veröffentlicht. Das Schaubild besteht aus zwei _____, die durch die Anordnung einander gegenübergestellt werden können. Der äußere Kreis enthält _____-Angaben zum Jahr _____, während der _____ -Angaben zum Jahr _____ darstellt. Durch den Vergleich beider Angaben lässt sich ermitteln, dass sich im angegebenen Zeitraum, also von _____ bis _____, die Anzahl der Ehepaare von _____ auf _____ verringert hat. Demgegenüber hat der Anteil der Lebensgemeinschaften _____, denn er ist von 4,8 % auf 11,7 % gestiegen. Gestiegen ist auch der Anteil der Alleinerziehenden (1996: 28 %, 2020: _____). Insgesamt lässt sich sagen, dass die Bedeutung der Ehe als Lebensform für Familien mit minderjährigen Kindern in dem betrachteten Zeitraum zugunsten der anderen Lebensformen an Bedeutung verloren hat.

-------------------------------------------------------------------------------------

**Schaubild C:** Das _____, das den Titel _____ trägt, stellt die Entwicklung des Gerätebesitzes bei Kindern und Jugendlichen im Alter von 6 – 18 Jahren dar. Die Daten wurden erhoben durch die _____. Auf der x-Achse sind die Altersangaben ablesbar, während auf der _____ Angaben zu den Prozentzahlen gemacht werden. Verglichen wird dabei, wie viele Kinder in den Altergruppen 6 – 9 Jahre, 10 – 12 Jahre, _____ oder 16 – 18 Jahre Geräte wie Smartphones, Tablets, _____ und/oder Smartwatches besitzen. Dabei fällt auf, dass es im Alter von 10 – 12 Jahren zu einem „Technologiesprung" kommt, da der Gerätebesitz unter Kindern zu diesem Zeitpunkt sprunghaft_____. Besaßen im Alter von 6 – 9 Jahren nur _____ der Kinder ein Smartphone, sind es im Alter von 10 – 12 Jahren bereits _____. Auch der Besitz von Tablets steigt in diesem Alter recht stark an. Spielekonsolen haben im Alter von 6 – 9 und 10 – 12 Jahren nur relativ wenige Kinder (_____ und _____ %), im Alter von 13 – 15 und 16 – 18 Jahren steigt der Anteil aber. Der Anteil von Kindern und Jugendlichen, die eine Smartwatch besitzen, ist im Vergleich zu den anderen Geräten insgesamt relativ_____.

# C Strategien zur Bearbeitung von Schreibaufgaben

## C 1 Aufgabentyp 2

### C 1.1 Was bedeutet die Aufgabenstellung „Informiere …"?

**1** Die Aufgabenstellungen unten stammen aus einer Prüfungsvorlage, bei der ein erzählender Text untersucht werden sollte. Lies die Aufgaben. (ACHTUNG: Die zugehörigen Texte und Materialien findest du auf den Seiten 80 – 85).

---

**AUFGABENSTELLUNG** Schreibaufgabe

Eine Sonderausgabe der Schülerzeitung, die Schülerinnen und Schüler, Lehrkräfte und Eltern lesen, befasst sich mit den verschiedenen Möglichkeiten der Recherche. Du bist gebeten worden, für diese Ausgabe einen informierenden Text über das Online-Lexikon Wikipedia zu verfassen. Zu diesem Zweck wird dir eine Materialsammlung (M1– M6) zur Verfügung gestellt.

<u>Verfasse</u> auf der Grundlage der Materialien M1– M6 einen informierenden Text zum Thema „Wikipedia als Quelle zur Informationsbeschaffung". Schreibe nicht einfach aus den Materialien ab, sondern achte auf eine eigenständige Darstellung in einem zusammenhängenden Text.

Gehe dabei so vor:

- <u>Formuliere</u> für deinen Text eine passende, zum Lesen anregende Überschrift.
- Erkläre einleitend, welche Ideen die Gründer des Online-Nachschlagewerks Nupedia verfolgten und mit welchem Ergebnis dieses zu Wikipedia weiterentwickelt wurde.
- Erläutere, worin heute die Stärken der Wikipedia liegen.
- Stelle dar, wie sich die Autorenschaft der Wikipedia zusammensetzt, und erkläre, welche möglichen Probleme durch diese Zusammensetzung entstehen können, insbesondere mit Blick auf die Qualität und Glaubwürdigkeit der Artikel.
- Beurteile anhand der Materialien und eigener Überlegungen, inwiefern die Nutzung der Wikipedia zur Informationsbeschaffung sinnvoll sein kann.

---

**2** Die Aufgabenstellungen geben dir Hinweise zum Adressaten, der Situation bzw. dem Thema und dem Schreibziel. Markiere diese Stellen und notiere sie.

*Adressat:* _____

*Situation/Thema:* _____

*Schreibziel:* _____

**3** In der Aufgabenstellung oben ist zum Teil schon unterstrichen worden, was von dir erwartet wird. Unterstreiche auch in den weiteren Teilaufgaben, was du tun sollst. Die Operatoren geben dir Hinweise.

**INFO** zu **3**

***verfassen/formulieren:*** einen Text schreiben
***erklären:*** Textaussagen oder Sachverhalte auf der Basis von Kenntnissen und Einsichten darstellen
***erläutern:*** Sachverhalte/Textaussagen veranschaulichen und verständlich machen
***darstellen:*** Inhalte, Aussagen oder Zusammenhänge sachlich und strukturiert formulieren
***beurteilen:*** auf der Grundlage von gegebenen Informationen zu eigenen Erkenntnissen gelangen

**INFO** zu **2**

Um einen informierenden Text schreiben zu können, musst du dir Folgendes verdeutlichen:

- An welchen **Adressaten** richtest du dich?
- **Worüber** sollst du informieren (Situation/Thema)?
- Welches **Schreibziel** hast du?
- Welche **Informationen** aus dem vorgegebenen Material sind für deinen Text geeignet?

Orientiere dich sprachlich und inhaltlich an deinem Adressaten.

## C 1.2 Einen informierenden Text verfassen – Fachwissen

Um einen **informierenden Text** schreiben zu können, musst du anhand der Aufgabenstellung zunächst ermitteln, wer dein(e) **Adressat(en)** ist/sind (Für wen schreibe ich?), in welcher **Situation** du schreibst (Was ist der Anlass?) und welches **Schreibziel** du verfolgst (Welche Funktion hat der Text?). Diese Informationen entnimmst du dem Vortext der Aufgabe. Sie geben dir Hinweise dazu, wie du formulieren musst:

*Adressaten:*    *Schülerinnen und Schüler, Lehrkräfte, Eltern → höfliche und freundliche Ansprache*

*Situation:*    *Lesung aus den Werken von Cornelia Funke → Personalpronomen (wir) und Possessivpronomen (unsere) verwenden, da Autor/-in und Adressaten der Schulgemeinschaft angehören*

*Schreibziel:*    *Informationen zur Autorin Cornelia Funke → informativ, sachlich, anschaulich (vgl. Aufgabe* **1**, *Kapitel C 1.5, S. 31)*

Die **Gliederung** deines Informationstextes wird dir durch die Teilaufgaben vorgegeben. Abschließend nimmst du zumeist selber zu einer Aussage bzw. einem im Text dargestellten Sachverhalt Stellung:

– **Formuliere … Überschrift**    → Thema und Situation beachten

– **Schreibe eine Einleitung …**

– **Stelle dar, …**    → Schwerpunkte der Aufgaben beachten

– **Erläutere …**

– **Schlussfolgere …**    → ziehe auch Schlussfolgerungen, die nicht im Text stehen

**Ziele des Textes (= Funktion)**

- Information
- Unterhaltung

**Schreibstil und Art der Informationen**

- informativ
- beschreibend
- sachlich
- interessant
- anschaulich
- unterhaltsam

*Beachte dabei:*

✔ Wähle eine **Interesse weckende Überschrift**, die das Thema trifft.

✔ Formuliere **verständlich** (ggf. Fremdwörter erklären) und für die Adressaten angemessen.

✔ Schreibe nicht aus dem Text ab. **Zahlen**, **Daten**, **Namen** und **Fakten** solltest du aber **richtig übernehmen**.

✔ **Originaltöne** machen deinen Text anschaulich. Wenn du **wörtlich zitierst**, z. B. aus einem Interview, setze das Zitat in Anführungsstriche und gib Namen, Ort, Funktion und Erscheinungsjahr an: *Cornelia Funke sagte von sich in einem Interview mit dem Deutschlandfunk (2020): „[…] viele Figuren sind inspiriert von Kindern, die ich auf dem Bauspielplatz getroffen hatte."* (vgl. dazu Teilaufgabe **1** c), S. 31) Auch beim **indirekten Zitieren** sind diese Angaben notwendig. Dann verwendest du den **Konjunktiv I**, um deutlich zu machen, dass du die Äußerungen einer anderen Person wiedergibst.

✔ Nenne im Text **keine Materialien**, denn deine Leser verfügen nicht darüber. Diese benennst du nur **kurz im letzten Satz**.

> **TIPP**
>
> – Weise bereits beim Lesen der Schreibaufgabe den einzelnen Teilaufgaben unterschiedliche Farben zu.
> – Beim Erschließen des Textes markierst du in diesen Farben die Informationen, die du für die Bearbeitung der jeweiligen Teilaufgabe verwenden willst.

## C 1.3 Einen informierenden Text verfassen

Hier findest du eine Übersicht über die **Vorgehensweise zur Bearbeitung der Schreibaufgabe zum Aufgabentyp 2**. Orientiere dich bei der Bearbeitung der Aufgaben in den Kapiteln D 3 – D 5 daran. Die blau markierten Wörter (Arbeitstechniken, Operatoren, Fachbegriffe) kannst du im Glossar (ab S. 139) oder in den Kapiteln C 1.1 (S. 26) und C 1.5 (ab S. 30) nachschlagen. Im Internet unter **www.finaleonline.de** gibt es ergänzend einen **Lernbegleitbogen**, mit dessen Hilfe du deine Texte planen, schreiben und überprüfen kannst. Einfach dein Bundesland und „Mittlerer Schulabschluss" eingeben und das kostenlose Material herunterladen.

### Sechs Schritte zur Bearbeitung der Aufgabenstellung

**1. Schritt: Sich orientieren**
– Aufgabenstellung und Teilaufgaben lesen
– Adressaten ermitteln
– Situation / Thema erfassen
– Teilaufgaben und **Operatoren** erfassen
– Schreibziel erkennen (→ **informieren**)

**2. Schritt: Materialien erschließen und Inhalte erfassen**
– Texte, **Grafiken**, Tabellen lesen
– unbekannte Begriffe und Ausdrücke klären (Wörterbuch, Sinnzusammenhang)
– **Schlüsselstellen** markieren und bewerten (mit Symbolen, Pfeilen)
– Stichpunkte in der Randspalte notieren

**3. Schritt: Schreibplan anlegen**     **oder**     **farbige Markierungen und Randnotizen nutzen**
– Tabelle anlegen (nach Teilaufgaben und Materialien gliedern)
– farbige Markierungen pro Teilaufgabe vornehmen
– ggf. Stichpunkte zu den Teilaufgaben am Rand notieren

**4. Schritt: Materialien auswerten und Stichworte zu den Teilaufgaben im Schreibplan festhalten**
– Überschrift: Thema nennen, Interesse wecken
– Einleitung: ins Thema einführen, Vorgben der Teilaufgaben **1** a) und **1** b) berücksichtigen
– Hauptteil: Teilaufgaben ab **1** c) berücksichtigen
– Schlussteil: Schlussfolgerungen zu den Aspekten der Teilaufgabe **1** e) ziehen

**5. Schritt: Informierenden Text schreiben**
Inhalt:
– Überschrift formulieren
– zusammenhängenden Text verfassen
– schlüssige Reihenfolge beachten
– Adressaten berücksichtigen (sachlich, verständlich, anschaulich schreiben)
– inhaltliche Zusammenhänge richtig darstellen (Fakten, Zahlen, Fachbegriffe)
Darstellung:
– nach Teilaufgaben Absätze einfügen
– in eigenen Worten formulieren
– verwendete Materialien aufzählen

**6. Schritt: Text überarbeiten**
– Interessante Überschrift?
– Alle Teilaufgaben berücksichtigt (→ **Operatoren**)?
– Informationen für die Adressaten nachvollziehbar und interessant formuliert?
– Informationen richtig dargestellt?
– Sinnvolle Gliederung des Textes?
– Vollständige Sätze?
– Im **Präsens** geschrieben?
– In eigenen Worten formuliert?
– **Rechtschreibung, Zeichensetzung, Grammatik** korrekt?

## C 1.4  Schreibplan zu Aufgabentyp 2

Nutze diese Tabelle zur Planung deines informierenden Textes. Ergänze die Kategorien der Teilaufgaben und die Informationen aus den Materialien stichwortartig. Nutze für jedes Material eine Zeile. Überflüssige Zeilen bzw. Spalten streichst du.

Adressat: _____

Situation / Thema: _____

Schreibziel: _____

| Aufgaben/ Material | 1 a) Überschrift | 1 b) Einleitung | 1 c) | 1 d) | 1 e) | Daran muss ich denken: |
|---|---|---|---|---|---|---|
| M1 | | | | | | |
| M2 | | | | | | |
| M3 | | | | | | |
| M4 | | | | | | |
| M5 | | | | | | |
| M6 | | | | | | |
| M7 | | | | | | |

## C 1.5 Schreibaufgabe in sechs Schritten bearbeiten: Die Autorin Cornelia Funke

Auf den folgenden Seiten lernst du die wichtigsten Arbeitsschritte zur Erarbeitung eines informierenden Textes kennen. Auf den Seiten 31 – 35 findest du die Materialien, mit denen du diese Schritte üben kannst. Auch in der angeleiteten Prüfungsaufgabe zum Thema „Medien und Kultur" (Teil D) wird auf diese grundlegenden Seiten verwiesen.

### Erster Schritt: Sich orientieren

**1** Lies die Aufgabenstellung in der Prüfungsvorlage auf Seite 31 „mit dem Stift". Markiere die Operatoren und die Schlüsselwörter.

**2** Mache dir klar, in welcher Situation und an wen du schreibst:

*Adressat:* _____

*Situation/Thema:* _____

*Schreibziel:* _____

**3** Notiere stichpunktartig, was dir zu dem Thema „Cornelia Funke" einfällt. Wer ist Cornelia Funke? Wovon könnten die Materialien handeln?

_____

_____

_____

_____

_____

_____

_____

_____

### Zweiter Schritt: Materialien erschließen und Inhalte erfassen

**4** a) Erschließe die Materialien (Texte, Bilder, Tabellen), wie im TIPP zum zweiten Schritt dargestellt. Setze dazu die Bearbeitung fort.

b) Kennzeichne die Informationen (Schlüsselstellen), die du zur Erarbeitung der Teilaufgaben benötigst, durch Unterstreichungen und Randbemerkungen (z.B. Lebensdaten Cornelia Funkes, Werke ...). Markiere auch Besonderheiten, die dir auffallen. Verwende dazu für jede Teilaufgabe eine eigene Farbe.

---

**TIPP** zum ersten Schritt

Stürze dich nicht gleich in die Arbeit, sondern verschaffe dir einen ersten Überblick:

1. Mache dir klar, was die Aufgabe von dir verlangt: Lies dazu die einzelnen Teilaufgaben und unterstreiche alle wichtigen Hinweise auf das, was du tun sollst. Die Operatoren sind zur besseren Orientierung fett gedruckt. Eine Erklärung der Verben findest du im Teil C 1.1 (S. 26) und im Glossar (S. 142).
2. Die Operatoren geben dir Hinweise dazu, worauf du beim Erschließen der Materialien achten musst.
3. Die Informationen zum Adressaten und zur Situation findest du im Vortext über der Aufgabe.

---

**TIPP** zum zweiten Schritt

1. Markiere alle Textstellen, die dir unklar sind. Kläre unbekannte Ausdrücke aus dem Sinnzusammenhang oder schlage im Wörterbuch nach. Beachte auch die Worterklärungen unter dem Text.
2. Unterstreiche Schlüsselstellen im Text. Das sind Antworten auf die W-Fragen und Textstellen, die du zur Bearbeitung der Teilaufgaben heranziehen willst.
3. Kennzeichne mit Markierungen und Symbolen (!?) Textstellen, die für das Verständnis der Materialien wichtig sind. Verdeutliche Verweise mit Pfeilen (➡).
4. Notiere zu jedem Abschnitt in der Randspalte Stichpunkte zum Inhalt und ergänze die Nummer der jeweiligen Teilaufgabe.

## Teil II

Anlässlich der Verleihung des Sonderpreises des Deutschen Jugendliteraturpreises für ihr Gesamtwerk an die Autorin Cornelia Funke im Jahr 2020 soll in deiner Schule eine Lesung aus ihren Romanen veranstaltet werden. An dieser Lesung sollen alle Schülerinnen und Schüler, Lehrerinnen und Lehrer sowie Eltern teilnehmen. Damit alle gut vorbereitet sind, bist du gebeten worden, einen informierenden Text über Cornelia Funke zu schreiben. Dafür bekommst du eine Materialsammlung (M1 – M6) als Grundlage.

Lies zunächst die Aufgabenstellung und dann die Materialien aufmerksam durch, bevor du mit dem Schreiben beginnst.

### AUFGABENSTELLUNG Schreibaufgabe

**1** **Verfasse** auf Grundlage der Materialien M1 bis M6 einen **informierenden Text** über Cornelia Funke. Schreibe nicht einfach aus den Materialien ab, sondern achte auf eine eigenständige Darstellung in einem zusammenhängenden Text. Gehe dabei so vor:

a) **Formuliere** für den Text eine passende Überschrift.

b) **Schreibe** eine Einleitung, in der du die Autorin Cornelia Funke kurz vorstellst (Geburtsdatum, -ort, Ausbildung und Tätigkeiten, Auszeichnungen, Engagement).

c) **Stelle dar**, welche Themen Cornelia Funke in ihren Kinder- und Jugendbüchern verarbeitet, und **erkläre**, welche Funktion Literatur ihrer Meinung nach hat.

d) **Erläutere** ihre Arbeitsweise. Beziehe dazu auch ein, warum sie keine „Schreibblockaden" hat.

e) **Schlussfolgere** anhand der Materialien und eigener Überlegungen, welche Bedeutung Bücher für Cornelia Funke haben und warum sie mit dem Schreiben solchen Erfolg hat. **Erläutere** in diesem Zusammenhang auch, warum sie Bücher als „Fenster und Türen" bezeichnet (siehe M4, Z. 23).

f) **Notiere** unterhalb des Textes die Nummern der von dir genutzten Materialien.

## M1 Lebensdaten von Cornelia Funke

| | |
|---|---|
| **Geburtsjahr/-ort** | 10. Dezember 1958/Dorsten, Nordrhein-Westfalen, Deutschland |
| **Ausbildung** | – Abitur am Gymnasium St. Ursula in Dorsten <br> – Ausbildung zur Diplompädagogin in Hamburg, dreijährige Arbeit als Erzieherin <br> – nebenbei Studium Buchillustration an der FH für Gestaltung in Hamburg |
| **Berufstätigkeit** | Autorin von über 70 Kinder- und Jugendbüchern: Geschichten von Drachen, Rittern, Zauberei und Träumen, aber auch reale Alltagsgeschichten |
| **Besonderheiten** | – als Schriftstellerin auch international sehr erfolgreich <br> – privater Einsatz für das Gemeinwohl: seit 2010 offizielle Patin des Kinderhospizes Bethel, seit 2012 Botschafterin der UN-Dekade Biologische Vielfalt <br> – ihre Geschichten sind Vorlage für zahllose Hörbücher, digitale Spiele und Apps |
| **Veröffent-lichungen (nur einige Beispiele)** | – Gesamtauflage ihrer Bücher: mehr als 31 Millionen weltweit, in 50 Sprachen übersetzt <br> – Durchbruch mit dem Roman *Herr der Diebe* (2000), auch in den USA (2002) <br> – weitere: *Die Wilden Hühner* (1993), *Gespensterjäger auf eisiger Spur* (1994), *Tintenherz* (2003), *Tintenblut* (2005), *Tintentod* (2007), *Reckless: Steinernes Fleisch* (2010), *Die Feder eines Greifs* (2016), *Das Labyrinth des Fauns* (2019), *Spiegelwelt* (2020) etc. |
| **Auszeichnungen (nur einige Beispiele)** | Preis der Jury der jungen Leser (2004)/„Die einflussreichste Deutsche der Welt" (eine Bewertung des Time-Magazine, 2005)/Bundesverdienstkreuz am Bande (2008)/Bambi in der Kategorie Kultur (2008)/Deutscher Phantastik Preis (2008)/Jacob-Grimm-Preis (2009)/Annette-von-Droste-Hülshoff-Preis (2015)/Deutscher Phantastik Preis (2017) etc. |

*1b*

*1c*

**M2**

### Der Weg zum Schreiben  *Kerstin Zilm*

[...] „Weil meine damalige Lektorin[1] bei mir im Garten saß und sagte: ‚Kannst du nicht mal endlich was ohne Zwerge und Feen schreiben?'

5 Vieles aus meiner Bauspielzeit[2] ist in die Wilden Hühner geflossen, viele Figuren sind inspiriert von Kindern, die ich auf dem Bauspielplatz getroffen hatte. Und das machte dann auch 10 wieder Spaß, weil ich Dinge verarbeitete, von denen ich wirklich wusste, wovon ich rede."

**Leseausschnitt** „Wilde Hühner": *„Es war ein wunderbarer Tag. Warm und* 15 *weich wie Hühnerfedern. Aber leider ein Montag. Und die riesige Uhr über dem Schuleingang zeigte schon Viertel nach acht, als Sprotte auf den Schulhof gerast kam. „Mist!", sagte sie, bugsierte* 20 *ihr Rad in den verrosteten Fahrradständer und zerrte die Schultasche vom Gepäckträger. Dann stürmte sie die*

*Treppe rauf und rannte durch die menschenleere Pausenhalle. Auf der Treppe* 25 *raste sie fast in Herrn Mausmann, den Hausmeister, hinein. „Hoppla!", sagte er und verschluckte sich an seinem Käsebrot. „'tschuldigung!", murmelte Sprotte – und stürmte weiter. Noch* 30 *zwei Flure entlang, dann stand sie japsend vor ihrer Klassentür."*

Für die Autorin [C. Funke] ist das Wichtigste an diesen Abenteuern der Mädchen zunächst, dass sie durch den Erfolg endlich genug Geld ver- 35 dient, um sich Zeit zu nehmen, ein dickes Buch zu schreiben. Ihr Verleger ermutigt sie. Cornelia Funke ist jetzt nicht mehr Erzieherin oder Diplompädagogin. 1996 ist sie Schriftstellerin 40 [...]

1 **die Lektorin:** Verlagsmitarbeiterin

2 **Bauspielzeit:** Cornelia Funke arbeitete zunächst als Erzieherin auf einem Bauspielplatz in Hamburg

Von Feuern, Wildblumen und Drachenreitern. Deutschlandradio Kultur, Beitrag vom 30.05.2020 (https://www.deutschlandfunkkultur.de/cornelia-funke-als-geschichtenerzaehlerin-von-feuern.1024. de.html?dram:article_id=477529, Zugriff: 02.01.2021)

**M3**

### Cornelia bekommt den Sonderpreis des Deutschen Jugendliteraturpreises 2020!

*Freitag, der 16. Oktober 2020*
2020 geht der Sonderpreis „Gesamtwerk" an Cornelia. Das wurde heute, am 16. Oktober, im Rahmen eines On- 5 line-Streamings live aus dem Berliner GRIPS Theater bekannt gegeben.
Seit 1956 zeichnet der Deutsche Jugendliteraturpreis jährlich herausragende Werke der Kinder- und 10 Jugendliteratur aus. Er wird vom Bundesministerium für Familie, Senioren, Frauen und Jugend gestiftet und vom Arbeitskreis für Jugendlite-

ratur ausgerichtet. Drei unabhängige Jurys – die Kritikerjury, die Jugend- 15 jury und die Sonderpreisjury – sind für die Auswahl verantwortlich. 647 Neuerscheinungen wurden für den Deutschen Jugendliteraturpreis 2020 eingereicht. Alle wurden von der Kri- 20 tikerjury geprüft. Die Jugendjury hat insgesamt rund 200 Titel begutachtet. 2020 gehen die Sonderpreise „Gesamtwerk" und „Neue Talente" an deutsche Autorinnen/Autoren. 25 Herzlichen Glückwunsch, Cornelia!

Cornelia Funke – die offizielle Homepage, Beitrag vom 16.10.2020 (https://corneliafunke.com/de/news, Zugriff: 02.01.2021)

**M4**

## Schriftstellerin Cornelia Funke: „Es ist eigentlich realistischer, fantastisch zu schreiben" *Katrin Heise*

**1b** Cornelia Funke ist die erfolgreichste Jugendbuchautorin Deutschlands. In ihren Fantasy-Romanen entführt sie in magische Welten.

**1c** [...] Die Bestsellerautorin schafft mär-
5 chenhafte Realitäten. Inspiriert wird sie dabei von der Vielschichtigkeit der Wirklichkeit, sagt sie, und so sei es „eigentlich realistischer, fantastisch
10 zu schreiben". [...]
Cornelia Funkes fantastische Geschichten sind oft voller Gefahren. „Kinder wissen sehr genau, wie gefährlich die Welt ist", weiß die
15 Autorin aus eigener Erfahrung als gelernte Erzieherin. Und „in der Sicherheit des Buches" probierten sie beim Lesen aus, wie bedrohliche Situationen gemeistert werden kön-
20 nen. [...] Cornelia Funke selbst war als Kind eher furchtlos. Und ein Bücherwurm. „Für mich waren Bücher immer schon Fenster und Türen", die sie herausführten aus der engen
25 Welt des münsterländischen Dorsten, in der sie aufwuchs. Wobei ihr auffälligstes Talent das Zeichnen war. Doch statt Kunst studierte Funke zunächst Erziehungswissenschaft,
30 wurde Sozialarbeiterin. Und erkannte, „dass man gegen das eigene Talent nicht anleben kann". So wurde sie schließlich doch Buchillustratorin und begann, Geschichten zu ihren
35 Illustrationen zu schreiben.
Seit 15 Jahren lebt Cornelia Funke im kalifornischen Malibu auf einer Farm. Altes Indianerland, nahe der mexikanischen Grenze, ein kultu-
40 reller Hintergrund, der sie beim Schreiben „maßlos anregt". Cornelia Funke taucht ein in Mythen und Märchen nicht nur des alten Europas, sondern Amerikas, Persi-
45 ens, Indiens.
[...] Für ihr neuestes Buch aus der „Reckless"-Reihe hat sie Dutzende von Sachbüchern über die Kultur Japans verschlungen, für sie ein „Ort
50 der Sehnsucht", an dem sie noch nie war. Sich auf fremde Mythen einzulassen, fremdländischem Denken auszusetzen, ist für Cornelia Funke „die abenteuerlichste Reise" und ständige
55 Inspiration.
Dabei ist sie auch ein politischer Mensch: Schon mit 14 engagierte Funke sich bei Amnesty International, heute treibt sie die Sorge um den
60 Klimawandel um. Die Klimakatastrophe werde „irgendwann wesentlich mehr Menschen töten und bedrohen als alles, was wir uns im Moment vorstellen können". [...]
65 Seit einigen Jahren vergibt Cornelia Funke Stipendien an überwiegend junge Künstler, lädt sie als „artists in residence" auf ihre Farm in Malibu ein. Sie wolle „auch ein
70 bisschen der Mentor sein", weitergeben, was sie erfahren hat. Derzeit prüft sie, ob sie irgendwo in Norddeutschland etwas Ähnliches aufziehen kann, denn als gebürtige
75 Europäerin wolle sie „immer einen Fuß in Europa" haben.
Der andere Fuß solle aber in den USA bleiben, auch wenn es dort politisch und gesellschaftlich „gerade sehr fins-
80 ter" zugehe. Wenn sie von einer Fee aus ihren Märchenwelten Wünsche frei hätte, sagt Cornelia Funke, dann für die Präsidentschaftswahl am 3. November. Und gegen die Klimakatastro-
85 phe, denn die sei „eine noch größere Bedrohung als Mister Trump." (pag)

Deutschlandradio Kultur, Beitrag vom 29.10.2020 (https://www.deutschlandfunkkultur.de/schriftstelle rin-cornelia-funke-es-ist-eigentlich.970.de.html?dram:article_id=486564, Zugriff: 02.01.2021)

M5

## Inhalt „Die Feder eines Greifs" (Drachenreiter Band 2)

Die Feder eines Greifs [ab 14 Jahre]: Zwei Jahre nach ihrem Sieg über Nesselbrand erwartet Ben, Barnabas und Fliegenbein ein neues Abenteuer: Der
5 Nachwuchs des letzten Pegasus ist bedroht! Nur die Sonnenfeder eines Greifs kann ihre Art noch retten. Gemeinsam mit einer fliegenden Ratte, einem Fjordtroll und einer nervösen Papageiin reisen die Gefährten nach 10 Indonesien. Auf der Suche nach dem gefährlichsten aller Fabelwesen merken sie schnell: Sie brauchen die Hilfe eines Drachens und eines Kobolds.

Cornelia Funke – die offizielle Homepage (https://corneliafunke.com/de/buecher/die-feder-eines-greifs-drachenreiter-band-2, Zugriff: 03.01.2021)

M6

## Cornelia Funke über ihre Arbeit als Schriftstellerin

action press, Hamburg (Foto Langbehn)

*Wie denkst du dich in eine Geschichte rein? Während der Arbeit an „Tintenherz" hast du dir ja Bilder an die Wände gehängt …*
5 Früher habe ich das gemacht, dass ich Sachen an Wände gehängt habe, aber das fand ich so unpraktisch auf die Dauer, weil man irgendwann alles abnehmen und verschrotten muss.
10 Deswegen arbeite ich mittlerweile nur noch in Notizbüchern. Ich habe inzwischen 90 Notizbücher, die alle gefüllt sind mit meinen Recherchen, mit Fotos, mit Skizzen, mit Zeichnun-
15 gen … inzwischen kannst du anhand meiner Skizzenbücher richtig nachvollziehen, wie meine Bücher entstanden sind. […]
*Arbeitest du also immer an mehreren Schreibprojekten auf einmal?*
20 Ich mache immer mehrere gleichzeitig. Ich bin jetzt in der dritten Fassung von Reckless 4, da fange ich so langsam an alles zurecht zu rücken.
25 Das heißt der Plot steht, jetzt geht's

ans Sprachliche, an Details der Charaktere … es ist also noch ein langer Weg. Ich mache mindestens noch drei, vier Fassungen. Dann schreibe ich an der ersten Fassung vom nächs-
30 ten „Drachenreiter" und im nächsten Jahr gehe ich an die Fortsetzung von den Tintenwelt-Büchern. Außerdem schreibe ich gerade an einer Kurzgeschichte fürs Getty Research Ins-
35 titute[1], für die ich regelmäßig Kurzgeschichten zu ihren Ausstellungen schreibe, die ich dann bei ihnen lese. […] Und ich arbeite an mehreren Illustrationsprojekten im Moment,
40 weil mir das immer wichtiger wird. Ich arbeite mit einer Kräuterkundlerin an einem Buch über Pflanzen. Ich arbeite an einem Alphabetbuch. Und jetzt kommt bald ein befreun-
45 deter Maler aus Barcelona mit seiner Familie und mit dem will ich an einem Skizzenbuch meiner Farm hier arbeiten. […]
*Weißt du am Anfang einer Geschichte*
50 *schon, wie sie ausgehen wird?*
Das entwickelt sich. Ich würde mich sonst zu Tode langweilen.
*Hast du je so etwas wie Schreibblockaden?*
55
Nein, die gibt es ja überhaupt nicht! Das ist so ein Blödsinn. Ich versuche das so zu vergleichen: Jede Geschichte ist wie ein Labyrinth – und je besser du wirst, desto größer, desto
60

komplexer wird das Labyrinth. Die Geschichte versteckt sich darin vor dir. Die hat großen Spaß daran, sich vor dir zu verbergen, schickt dir die

65 falschen Charaktere, lockt dich in die falschen Seitengänge, versucht so richtig, dich von ihrem Herzen abzulenken. Während du schreibst, merkst du manchmal richtig, wie

70 du dem Herzen näherkommst und du merkst eben manchmal auch, wenn du in die Hecke läufst – und das nennen Leute Schreibblockaden. Aber was es wirklich ist, ist, dass die

75 Geschichte sich vor dir versteckt.

*Und was machst du, wenn sich die Geschichte vor dir versteckt?*

Ich glaube, solche Tage sind besonders wichtig, weil du dann merkst, dass du

80 falsch gegangen bist. Du musst im Grunde noch einmal zurückgehen und schauen, wo sie dich getrickst hat, wo du statt rechts links hättest gehen müssen. Von daher finde ich

85 diese Tage, an denen du merkst, dass du nicht weiterkommst oder dass die Geschichte sich versteckt, immer sehr aufregend, weil ich dann denke, ich

bin ihr ein bisschen nähergekommen. *Also ist das nichts, was dich groß frus-* 90 *triert?*

Nein, dann muss man einfach mehr graben. Da hat man es sich vielleicht zu einfach gemacht. Dann ist man ganz schnell den leichteren Weg ge- 95 gangen und da muss man eben erst einmal zurückgehen. Ich glaube wirklich nicht, dass es Schreibblockaden gibt. Ich glaube, jede Geschichte hat schon ihre Form, man muss ihr nur 100 auf die Spur kommen. Ich habe immer fast das Gefühl, die ist schon irgendwo … was natürlich eine vollkommen irrationale Einstellung ist. Michelangelo[2] hat das einmal so schön gesagt, 105 als er gefragt wurde, wie er den David aus dem Stein gemeißelt hat: „Der war doch da drin, ich musste den nur finden." Ich glaube, dass alle Künstler dieses Gefühl haben […] 110

1  **Getty Research Institute:** Institut in Los Angelos, das sich der Förderung des Wissens und des Verständnisses der bildenden Künste widmet

2  **Michelangelo:** italienischer Maler und Bildhauer (1475 – 1564)

Josefine Andrae: audible magazin, Beitrag vom 30.09.19 (https://magazin.audible.de/cornelia-funke-schriftstellerin, Zugriff: 03.01.2021)

## Dritter Schritt: Schreibplan anlegen oder Markierungen und Randnotizen nutzen

**INFO** zum dritten Schritt

Die **Planung der Schreibaufgabe** hilft dir, die Materialien nach den Vorgaben der Teilaufgaben zu bearbeiten und deinen Text sinnvoll zu strukturieren. Entscheide, wie du vorgehen möchtest, um die Schreibaufgabe zu planen: Verwende einen Schreibplan (Tabelle) oder arbeite mit farbigen Markierungen und Randnotizen.

1.  Nutze die Aufgabenstellung und deren Unterpunkte für deine Gliederung.
2.  a) **Planung mit Schreibplan:** Lege in einem Schreibplan (Tabelle) die Gliederung deines Textes nach den Teilaufgaben (oberste Zeile) fest. In den senkrechten Spalten trägst du dazu passende Informationen aus den Materialien M1 – M6 ein. In die Spalte „Daran muss ich denken" trägst du ein, worauf du bei der anschließenden Verschriftlichung achten willst.
    b) **Planung anhand von Markierungen und Randnotizen:** Weise den einzelnen Teilaufgaben verschiedene Farben zu. Mit diesen Farben markierst du zugehörige Textstellen in den Materialien (siehe 2. Schritt, Aufgabe 4 b). Anschließend machst du direkt mit dem 5. Schritt weiter und schreibst deinen Text auf der Grundlage deiner farbigen Markierungen und Notizen.

**5** Übertrage den Schreibplan unten auf eine DIN-A4-Seite. Lasse in den einzelnen Zeilen/Spalten ausreichend Platz. Du kannst auch den vorbereiteten Schreibplan von Seite 29 kopieren (C 1.4).

**Schreibplan**
**Adressat:** *Mitschülerinnen und Mitschüler, Lehrkräfte, Eltern*
**Situation/Thema:** *Lesung von Werken der Autorin Cornelia Funke anlässlich der Preisverleihung*
**Schreibziel:** *informierender Text über Cornelia Funke zur Vorbereitung der Lesung*

| Aufgaben/ Material | **1** a) Überschrift | **1** b) Einleitung | **1** c) … | **1** d) … | **1** e) … | Daran muss ich denken: |
|---|---|---|---|---|---|---|
| **M1** | | 10.12.1958 in Dorsten/ NRW <br> – … | – Geschichten von Drachen, Rittern … <br> – … | | | – *Materialien mehrfach lesen* <br> – *Informationen zu den Teilaufgaben bunt markieren (Übersichtlichkeit)* <br> – *Notizen in eigenen Worten verschriftlichen* <br> – *…* |
| **M2** | | | | | | |
| **M3** | *Sonderpreis des Deutschen Jugendliteraturpreises* | | | | | |
| **M4** | | *erfolgreichste Jugendbuchautorin Deutschlands* | | | | |
| **M5** | | | | | | |
| **M6** | | | | | | |

**Vierter Schritt: Materialien auswerten und Stichworte im Schreibplan festhalten**

**INFO** zum vierten Schritt

Deine Schreibaufgabe besteht darin, in einem eigenen Text alle Teilaufgaben zusammenhängend zu bearbeiten:

a) Finde eine passende **Überschrift** (Teilaufgabe **1** a). Orientiere dich dabei an der Vorgabe des Themas. Achte darauf, dass die Überschrift zum Lesen anregt (Adressatenbezug).

b) In der **Einleitung** führst du in das Thema ein und machst kurz Angaben zu dem, was die Teilaufgabe fordert (Teilaufgabe **1** b).

c) Im **Hauptteil** erarbeitest du die Teilaufgaben **1** c) – d). Das sind Aufgaben zu inhaltlichen Aspekten (z.B. *Themen der Bücher*). Beachte dazu genau die Operatoren (z.B. *darstellen, erklären, erläutern …*) und die Schlüsselwörter in den Teilaufgaben (z.B. *Funktion der Literatur, Arbeitsweise …*).

d) Im **Schlussteil** ziehst du Schlüsse zu den genannten Aspekten der Teilaufgabe **1** e) (z.B. *Welche Bedeutung haben Bücher für die Autorin?*).

e) Abschließend nennst du in einem Satz noch die **Materialien**, die du verwendet hast (Teilaufgabe **1** f). Orientiere dich dazu an deiner Tabelle bzw. deinem Schreibplan oder an den von dir gemachten farbigen Markierungen.

**6** Ergänze nun deinen Schreibplan stichwortartig. Beginne mit der ersten Spalte zur Überschrift (**1** a).

**7** Notiere in der zweiten Spalte Stichworte zur Einleitung (Teilaufgabe **1** b). Gehe dazu auf die vorgegebenen Aspekte in der Teilaufgabe (Geburtsdatum, -ort, Ausbildung und Tätigkeiten, Auszeichnungen, Engagement) ein.

**8** a) Markiere in den Materialien, welche Inhalte Cornelia Funke thematisiert. Trage diese Informationen in die dritte Spalte des Schreibplans ein (Teilaufgabe **1** c).
   b) Notiere außerdem die Gründe, warum Literatur für sie wichtig ist (ebenfalls Teilaufgabe **1** c).

**9** a) Markiere in den Materialien, wie Funke arbeitet (= Arbeitsweise). Übertrage diese Informationen in die 4. Spalte des Schreibplans (Teilaufgabe **1** d).
   b) Sammle Hinweise darauf, warum die Autorin nicht unter „Schreibblockaden" zu leiden hat, und notiere diese ebenfalls in dieser Spalte (Teilaufgabe **1** d).

**10** a) Ziehe Schlüsse aus den Informationen, die du über die Autorin gesammelt hast, und notiere in der fünften Spalte, welche Bedeutung Bücher für sie haben und warum sie mit dem Schreiben solch einen Erfolg hat (Teilaufgabe **1** e).
   b) Begründe nun, warum sie Bücher als „Fenster und Türen" (M4, Z. 23) bezeichnet (Teilaufgabe **1** e).

**TIPP** zum vierten Schritt

Wenn du dich während der Arbeit dazu entschieden hast, dass dir die farbigen Markierungen zu den Teilaufgaben als Schreibplan reichen, überprüfe noch einmal, ob du zu allen Teilaufgaben ausreichende Informationen markiert hast.

**TIPP** zu **8** / **9** / **10**

1. Orientiere dich beim Festhalten der Notizen an den Operatoren (*stelle … dar, erkläre …*) und am Wortlaut (Schlüsselwörter) der Teilaufgaben. So kannst du beim Ausformulieren der Ergebnisse Wiederholungen vermeiden.
2. Achte darauf, dass du in **mehreren** Materialien Informationen zu **einer** Teilaufgabe finden kannst.

## Fünfter Schritt: Text schreiben

**TIPP** zum fünften Schritt

1. Schreibe deinen Text. Lasse einen **breiten Rand** an der Seite und unten. So hast du Platz für die Überarbeitung und Ergänzungen.
2. Formuliere eine passende Überschrift (*Sonderpreis des Deutschen Jugendliteraturpreises für Cornelia Funke*).
3. Bringe die Ergebnisse aus deinem **Schreibplan** bzw. die Ergebnisse deiner **Markierungen** als Alternative zum Schreibplan in eine **schlüssige und zusammenhängende Reihenfolge**. Achte darauf, die Stichpunkte/Informationen aus den verschiedenen Materialien miteinander zu verknüpfen.
4. Orientiere dich an den Teilaufgaben. Setze nach der Bearbeitung jeder Teilaufgabe einen Absatz.
5. Berücksichtige beim Ausformulieren deines Textes die Adressaten (Mitschüler, Lehrkräfte und Eltern). Schreibe sachlich, verständlich und anschaulich: *Funke lässt ihre Leser in die Welt der Drachen und Ritter eintauchen. Sie schreibt von Zauberei und Träumen, aber …*
6. Halte dich an die dargestellten Fakten und Zahlen. Verwende Fachbegriffe, erkläre aber auch Begriffe und Namen, die in der Alltagssprache nicht häufig vorkommen.
7. Formuliere **in eigenen Worten** und im **Präsens**. Kennzeichne Zitate oder Belege durch Anführungszeichen und Angabe der Quelle: *Cornelia Funke sagte von sich in einem Interview mit dem Deutschlandfunk (2020): „[…] viele Figuren sind inspiriert von Kindern, die ich auf dem Bauspielplatz getroffen hatte."*

**11** Verfasse deinen Text auf einem Extrablatt. Orientiere dich am TIPP auf Seite 37 und nutze die Ergebnisse aus deiner Vorarbeit.

*Teilaufgabe* **1** *a): Sonderpreis des Deutschen Jugendliteraturbuchpreises …*

*Teilaufgabe* **1** *b): Die Auswahl ist getroffen: Die wohl erfolgreichste Jugendbuchautorin Deutschlands, Cornelia Funke, erhält den Sonderpreis … Dies ist schon Grund genug, sie und ihre Bücher vorzustellen … Darüber hinaus …*

*Teilaufgabe* **1** *c): Cornelia Funke lässt ihre Leser in die Welt der Drachen und Ritter eintauchen und schreibt von Zauberei und Träumen, aber …*

*Teilaufgabe* **1** *d): Wenn Funke arbeitet, schafft sie märchenhafte Realitäten, zu denen sie die Inspiration aus dem Alltag bezieht. Sie scheint vor Ideen nur so zu sprudeln, denn ansonsten hätte sie in ihrem Schriftstellerleben nicht schon über 70 Kinder- und Jugendbücher verfasst …*

*Teilaufgabe* **1** *e): Bücher sind für Funke Lebensmittelpunkt … Wenn sie arbeitet, kennt sie keine Schreibblockaden. Sie glaubt eher, dass sich die Geschichten vor ihren Autoren „versteckten". Damit meint sie, dass …*

*Teilaufgabe* **1** *f): Ich habe für meinen Text Informationen aus den Materialien … genutzt.*

**Sechster Schritt: Text überarbeiten**

**12** Überarbeite deinen informierenden Text. Verwende dazu die CHECKLISTE.

**CHECKLISTE** zur Überarbeitung von Texten (Aufgabentyp 2)

1. **Den Text inhaltlich überprüfen (Inhaltsleistung)**
   - ☑ Hast du eine interessante Überschrift gewählt?
   - ☑ Hast du in deinem Text alle Ergebnisse aus deiner Vorarbeit berücksichtigt und dich an den Teilaufgaben orientiert?
   - ☑ Sind deine Informationen für den Leser nachvollziehbar und interessant formuliert?
   - ☑ Wurden die Informationen (Aussagen, Fakten, Zahlen) richtig aus den Materialien übernommen?
   - ☑ Wurden nachvollziehbare Schlussfolgerungen gezogen, die sich sinnvoll aus den Materialien ergeben?
   - ☑ Hast du die Nummern der von dir genutzten Materialien notiert?

2. **Den Text sprachlich überprüfen (Darstellungsleistung)**
   - ☑ Hast du den Text sinnvoll gegliedert? Ist er durch Absätze überschaubar gestaltet?
   - ☑ Hast du eigenständig formuliert und nur Namen, Fakten und Daten aus den Materialien übernommen?
   - ☑ Hast du unnötige Wiederholungen und unklare Formulierungen vermieden?
   - ☑ Sind deine Sätze vollständig?
   - ☑ Kannst du komplizierte Sätze vereinfachen?
   - ☑ Hast du Zusammenhänge durch sinnvolle Satzverknüpfungen verdeutlicht?
   - ☑ Hast du im Präsens geschrieben?
   - ☑ Überprüfe auch Rechtschreibung, Zeichensetzung und Grammatik, denn sie fließen in die Bewertung ein und können den Lesefluss beeinträchtigen.
   - ➜ Kontrolliere deinen Text mehrfach und berücksichtige deine persönlichen Fehlerschwerpunkte.

# C 2 Aufgabentyp 4a

## C 2.1 Was wird bei der Aufgabenstellung „Analysiere …" erwartet?

**1** Die Aufgabenstellungen unten stammen aus einer Prüfungsvorlage, bei der ein erzählender Text untersucht werden sollte. Lies die Aufgaben. (ACHTUNG: Die zugehörigen Texte und Materialien findest du auf den Seiten 106 – 108).

### AUFGABENSTELLUNG Schreibaufgabe

<u>Analysiere</u> den Textauszug aus dem Roman „Schneeriese" von Susan Kreller. Gehe dabei so vor:
- Schreibe eine Einleitung, in der du Textsorte, Titel, Autorin und Erscheinungsjahr <u>benennst</u> sowie das Thema <u>formulierst</u>.
- <u>Fasse</u> den Text <u>zusammen</u>.
- Stelle dar, welche Erwartungen Adrian an Stella hat und wie er sich ihr gegenüber verhält.
- Untersuche, wie Adrian Stellas Körpersprache bei ihrer Begegnung wahrnimmt.
- Erläutere, auf welche Weise durch sprachliche Mittel deutlich wird, wie enttäuscht Adrian von Stellas Verhalten ist (*mögliche Aspekte: Wortwahl, stilistische Mittel, Satzbau*).
- Schreibe einen kurzen Text aus der Sicht Stellas am Ende der Begegnung.
  - Welche Gedanken hat Stella, als sie noch einmal über ihre Begegnung mit Adrian nachdenkt?
  - Wie bewertet sie ihr eigenes und Adrians Verhalten?
  Schreibe in der Ich-Form und berücksichtige die Informationen, die der Textauszug gibt.

### INFO zu **2**

***schreiben/formulieren:*** einen Text verfassen

***benennen:*** Informationen zielgerichtet zusammentragen, ohne diese zu kommentieren

***zusammenfassen:*** Inhalte komprimiert und strukturiert in eigenen Worten wiedergeben

***darstellen:*** Inhalte, Aussagen oder Zusammenhänge sachlich und strukturiert formulieren

***untersuchen:*** an Texten, Textaussagen, Problemstellungen oder Sachverhalten kriterienorientiert bzw. fragengeleitet arbeiten

***erläutern:*** Sachverhalte oder Textaussagen auf der Basis von Kenntnissen oder Einsichten darstellen und durch zusätzliche Informationen und Beispiele veranschaulichen

**2** In der Aufgabenstellung oben ist zum Teil schon unterstrichen worden, was von dir erwartet wird. Unterstreiche auch in den weiteren Aufgaben, was du tun sollst. Die Operatoren geben dir Hinweise.
Lies dazu die Info rechts. Sie erklärt, was unter den Arbeitsanweisungen genau zu verstehen ist.

**3** a) Lies die Aufgabenstellungen oben noch einmal.
b) Woran erkennst du an den Aufgabenstellungen zu den Teilaufgaben, dass du dich auf den Text beziehen musst?

### INFO zu **3**

Um einen erzählenden Text zu verstehen, musst du ihn ***analysieren***:
- Um welche Textsorte handelt es sich?
- Wo und wann spielt die Handlung?
- Welche Personen sind wichtig?
- In welchem Verhältnis stehen sie zueinander?
- Wie ist die Handlung aufgebaut?
- Wie wird erzählt (Erzählform und -verhalten)?

- Welche sprachlichen Besonderheiten fallen auf und welche Funktion haben sie?

Zur Analyse gehört auch die ***Deutung***.
Dazu beantwortest du folgende Fragen:
- Welche Wirkung hat der Text auf den Leser?
- Mit welcher Absicht wurde er geschrieben?
- Welches Problem macht der Text deutlich?

## C 2.2 Einen epischen Text analysieren – Fachwissen

Bei der Analyse eines epischen (= erzählenden) Textes (z. B. Romanauszug, Erzählung, Satire …) musst du nach der Vorstellung (TATTE-Satz) und der Zusammenfassung des Inhalts auch Aufgaben zu Inhalt und **Erzählweise** bearbeiten. Dadurch ermittelst du die Wirkung des Textes auf den Leser sowie die Textaussage (= Funktion). Anschließend nimmst du zu einer Aussage bzw. einem Zitat Stellung oder schreibst aus der Perspektive einer Figur.

Zur Analyse der **Erzählweise** werden dir in der Aufgabe Schwerpunkte (= mögliche Aspekte) vorgegeben. Diese solltest du auf jeden Fall untersuchen, du kannst aber auch auf weitere formale Merkmale eingehen: *Untersuche, wie durch **sprachliche und formale Mittel** deutlich wird, dass der vom Vater in der Kindheit ausgeübte Druck den Sohn ständig begleitet (mögliche Aspekte: **Satzbau, sprachliche Gestaltungsmittel, Erzählform und Erzählhaltung**). Erkläre in diesem Zusammenhang auch das Ende des Textes.* (vgl. dazu Teilaufgabe **1** e), S. 45)

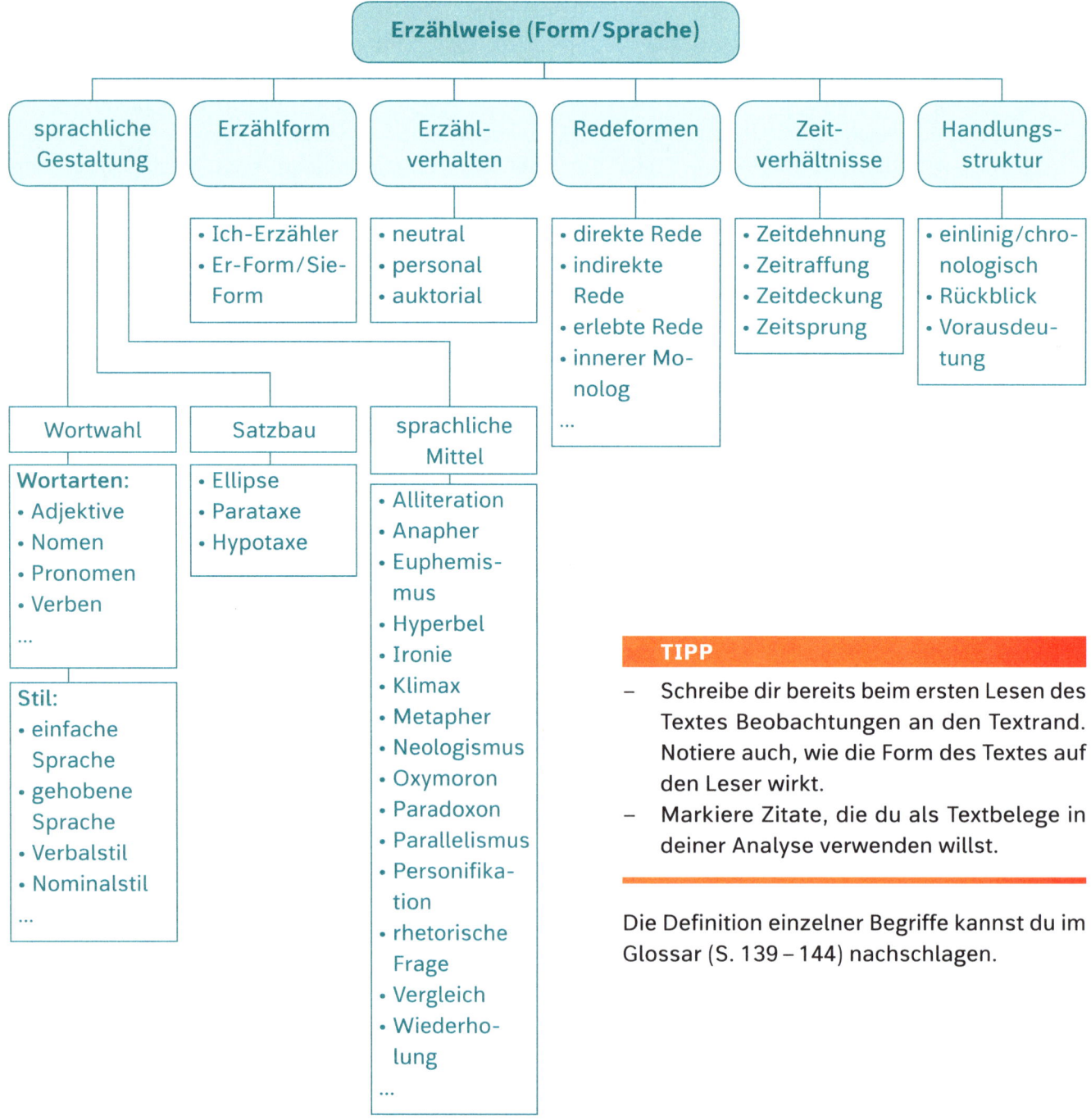

**TIPP**

- Schreibe dir bereits beim ersten Lesen des Textes Beobachtungen an den Textrand. Notiere auch, wie die Form des Textes auf den Leser wirkt.
- Markiere Zitate, die du als Textbelege in deiner Analyse verwenden willst.

Die Definition einzelner Begriffe kannst du im Glossar (S. 139 – 144) nachschlagen.

## C 2.3  Einen lyrischen Text analysieren – Fachwissen

Bei der Analyse eines lyrischen Textes (z. B. Gedicht, Lied …) musst du nach der Vorstellung (TATTE-Satz) und der Zusammenfassung des Inhalts auch Aufgaben zu Inhalt und **Form** bearbeiten. Dadurch ermittelst du die Wirkung des Textes auf den Leser sowie die Textaussage (= Funktion). Anschließend nimmst du zu einer Aussage bzw. einem Zitat Stellung oder schreibst aus der Perspektive einer Figur.

Zur Analyse der **Form** werden dir in der Aufgabe Schwerpunkte (= mögliche Aspekte) vorgegeben. Diese solltest du auf jeden Fall untersuchen, du kannst aber auch auf weitere formale Merkmale eingehen: *Untersuche, wie durch* **sprachliche und formale Mittel** *deutlich wird, dass die Liebe in der dargestellten Beziehung „abhanden" (V. 3) gekommen ist (mögliche Aspekte:* **Strophen, Reimschema, Wortwahl, sprachliche Gestaltungsmittel***).*

(vgl. dazu Teilaufgabe **1** d), S. 53)

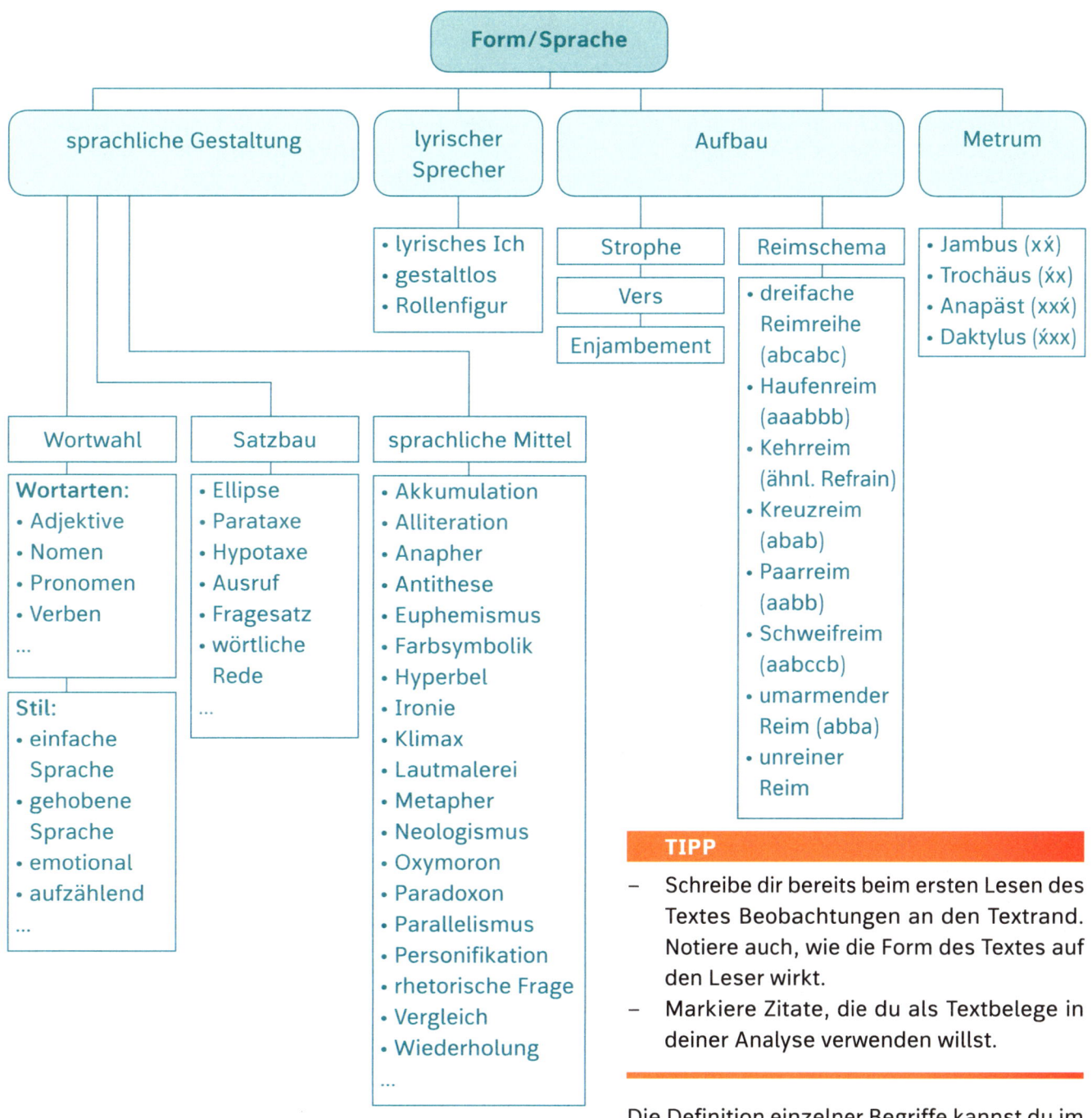

### TIPP

–  Schreibe dir bereits beim ersten Lesen des Textes Beobachtungen an den Textrand. Notiere auch, wie die Form des Textes auf den Leser wirkt.

–  Markiere Zitate, die du als Textbelege in deiner Analyse verwenden willst.

Die Definition einzelner Begriffe kannst du im Glossar (S. 139 – 144) nachschlagen.

## C 2.4 Einen Text analysieren und interpretieren

Hier findest du eine Übersicht über die **Vorgehensweise zur Bearbeitung der Schreibaufgabe zum Aufgabentyp 4a**. Orientiere dich bei der Bearbeitung der Aufgaben in den Kapiteln E 3 – E 5 daran. Die blau markierten Wörter (Arbeitstechniken, Operatoren, Fachbegriffe) kannst du im Glossar (ab S. 139) oder in den Kapiteln C 2.1 (S. 39), C 2.6 bzw. C 2.7 (ab S. 44 bzw. S. 52) nachschlagen. Im Internet unter **www.finaleonline.de** gibt es ergänzend einen **Lernbegleitbogen**, mit dessen Hilfe du deine Texte planen, schreiben und überprüfen kannst. Einfach dein Bundesland und „Mittlerer Schulabschluss" eingeben und das kostenlose Material herunterladen.

### Sechs Schritte zur Bearbeitung der Aufgabenstellung

**1. Schritt: Sich orientieren**
– Aufgabenstellung und Teilaufgaben lesen
– Teilaufgaben und **Operatoren** erfassen

– Schreibziel erkennen (→ **analysieren**)

**2. Schritt: Text erschließen und Inhalt erfassen**
– Text lesen, unbekannte Begriffe klären
– **Schlüsselwörter** und **-stellen** markieren
– Sinnabschnitte bilden und Zwischenüberschriften formulieren
– Stichworte zum Inhalt machen

– Beobachtungen zu den formalen und sprachlichen Merkmalen der Textart (**episch, lyrisch, dramatisch** oder **Sachtext**) notieren und deren Wirkungsweise festhalten

**3. Schritt: Schreibplan anlegen**      **oder**      **farbige Markierungen und Randnotizen nutzen**
– Tabelle anlegen (nach Teilaufgaben und Materialien gliedern)

– farbige Markierungen pro Teilaufgabe vornehmen
– ggf. Stichpunkte zu den Teilaufgaben am Rand notieren

**4. Schritt: Text untersuchen und Stichworte zu den Teilaufgaben im Schreibplan festhalten**
– Informationen für die Einleitung notieren: **T**itel, **A**utor, **T**extart, **E**rscheinungsjahr und **T**hema (= **TATTE-Satz**)
– Inhalt **zusammenfassen**, Handlung stichpunktartig notieren

– **Aufgaben zu Inhalt und Form** stichpunktartig bearbeiten und passende Textbelege notieren
– zu einer Aussage oder einem Zitat **Stellung nehmen** oder **einen Text aus Sicht einer Figur verfassen**

**5. Schritt: Text schreiben/Analyse verfassen**

Inhalt:
– zusammenhängenden Text verfassen
– Einleitung formulieren
– Inhalt mit eigenen Worten zusammenfassen
– Zusammenhang zwischen Inhalt und Form aufgabengeleitet darstellen, Fazit ziehen
– zu einer Aussage/einem Zitat Stellung nehmen oder einen Text aus Sicht einer Figur verfassen

Darstellung:
– **Präsens** verwenden (bei Vorzeitigkeit: **Perfekt**)
– Beobachtungen belegen, **Zitiertechniken** beachten
– nach Teilaufgaben Absätze einfügen
– Überleitungen formulieren
– in eigenen Worten formulieren

**6. Schritt: Text überarbeiten**
– Einleitung vollständig?
– Inhalt richtig und eigenständig zusammengefasst?
– Alle Teilaufgaben berücksichtigt? (→ **Operatoren**)

– Stellungnahme auf das Zitat/die Aussage abgestimmt oder Text aus Sicht einer Figur verfasst?
– Im **Präsens** geschrieben?
– **Rechtschreibung, Zeichensetzung, Grammatik** korrekt?

## C 2.5  Schreibplan zu Aufgabentyp 4a

Nutze diesen Schreibplan zur Planung deines analysierenden Textes. Ergänze in der linken Spalte die Operatoren und Schlüsselwörter aus den Teilaufgaben und notiere in der rechten Spalte stichwortartig deine Ergebnisse mit passenden Textbelegen. Überflüssige Zeilen streichst du.

| Teilaufgabe zu 1 | Stichworte zur Bearbeitung |
|---|---|
| a) Einleitung: TATTE-Satz | *Titel:* _____ *Autor:* _____ <br> *Textart:* _____ *Erscheinungsjahr:* _____ <br> *Thema:* _____ <br> _____ |
| b) Inhalt zusammenfassen | _____ <br> _____ <br> _____ <br> _____ |
| c) Aufgabe zu Form und/oder Inhalt | _____ <br> _____ <br> _____ <br> _____ <br> _____ |
| d) Aufgabe zu Form und/oder Inhalt | _____ <br> _____ <br> _____ <br> _____ |
| e) Aufgabe zu Form und/oder Inhalt | _____ <br> _____ <br> _____ <br> _____ |
| f) Stellungnahme oder Text aus Sicht einer Figur | _____ <br> _____ <br> _____ <br> _____ |

## C 2.6 Schreibaufgabe (erzählender Text) in sechs Schritten bearbeiten: Marathon

Auf den folgenden Seiten werden die wichtigsten Arbeitsschritte für das Lesen und Erschließen eines erzählenden Textes und die Schritte zur Bearbeitung der Prüfungsaufgaben dargestellt. Auf den Seiten 45 – 47 findest du den erzählenden Text, mit dem du diese Schritte üben kannst. Auch in der angeleiteten Prüfungsaufgabe zum Thema „Eine Frage der Beziehung" (Teil E) wird auf diese grundlegenden Seiten verwiesen.

### Erster Schritt: Sich orientieren

**TIPP** zum ersten Schritt

Stürze dich nicht gleich in die Arbeit, sondern verschaffe dir einen ersten Überblick:

1. Mache dir klar, was die Aufgabe von dir verlangt. Lies dazu die einzelnen Teilaufgaben und unterstreiche alle wichtigen Hinweise auf das, was du tun sollst. So erhältst du oft schon Anhaltspunkte, worauf du beim Lesen und Erschließen des Textes achten musst.
2. Worum geht es in dem Text? Was verrät dir die Überschrift?

**1** Lies die Aufgabenstellung in der Prüfungsvorlage (Seite 45) „mit dem Stift". Markiere die Operatoren und die Schlüsselwörter.

**2** Gib mit eigenen Worten wieder, was du tun sollst. Beachte die Reihenfolge der einzelnen Schritte.

_____

_____

**3** Notiere stichpunktartig, was dir zu dem Titel „Marathon" einfällt. Wovon könnte der Text handeln?

_____

_____

### Zweiter Schritt: Text erschließen und Inhalt erfassen

**4** a) Erschließe den Text wie im TIPP zum zweiten Schritt dargestellt. Setze dazu die Bearbeitung fort.
b) Kennzeichne Besonderheiten durch Unterstreichungen und Randbemerkungen (z. B. zu Satzbau, sprachlichen Gestaltungsmitteln, Erzählform und -verhalten).

**5** Worum geht es im Text? Formuliere Stichworte zum Thema.

_– Druck, den ein Vater auf seinen Sohn ausübt_

_____

_____

_____

_____

**TIPP** zum zweiten Schritt

1. Markiere alle Textstellen, die dir unklar sind. Kläre unbekannte Ausdrücke aus dem Sinnzusammenhang oder mithilfe des Wörterbuchs. Beachte auch die Worterklärungen unter dem Text.
2. Unterstreiche Schlüsselstellen im Text. Das sind Antworten auf die W-Fragen und Textstellen, die du zur Bearbeitung der Teilaufgaben heranziehen willst.
3. Bilde Sinnabschnitte. Notiere dazu jeweils eine Überschrift.
4. Notiere zu jedem Abschnitt Stichpunkte zum Inhalt.
5. Bestimme die Textart.

# Teil II

**AUFGABENSTELLUNG** Schreibaufgabe

**1** **Analysiere** den Text „Marathon" von Reinhold Ziegler. Gehe dabei so vor:

a) **Schreibe** eine Einleitung, in der du Titel, Autor, Textart und Thema **benennst**.

b) **Fasse** den Text **zusammen**.

c) **Stelle** die Entwicklung der Sportlerkarriere des Sohnes **dar** und **erkläre**, warum er die gesteckten Ziele jeweils erreicht oder nicht.

d) **Erläutere** die Beziehung des Sohnes zu seinem Vater und ziehe dazu Textbelege heran.

e) **Untersuche**, wie durch sprachliche und formale Mittel deutlich gemacht wird, dass der vom Vater in der Kindheit ausgeübte Druck den Sohn ständig begleitet (*mögliche Aspekte: Satzbau, sprachliche Gestaltungsmittel, Erzählform und Erzählhaltung*). **Erkläre** in diesem Zusammenhang auch das Ende des Textes.

f) Ein Mitschüler sagt über den Text: „*Ich finde, der Sohn war zu gemein zu seinem Vater. Der wollte doch wirklich nur sein Bestes.*" **Setze** dich mit dieser Aussage **auseinander** und überlege, ob du die Einschätzung teilen kannst. **Begründe** deine Meinung und beziehe dich dabei auf den Text.

## Marathon (2001)    *Reinhold Ziegler*

*Ich-Form*

Ob ich meinen Vater schon hasste, als ich auf die Welt kam, bezweifle ich. Ich vermute, ich fing damit erst an, als ich laufen lernen musste. Ein
5 Sohn, der nur krabbeln konnte, der sich später mühsam von einem Bein aufs andere fallend, durch die Welt hangelte, der schließlich gehen konnte, aber doch nicht lief, noch nicht
10 federnd aus den Fußgelenken, noch nicht abrollend mit der ganzen Sohle, noch nicht locker aus den Hüften heraus, noch nicht exakt im Knie geführt, der eben ging, wie ein Kind
15 geht – all das muss ihn ungeduldig geschmerzt haben in seinem großen Sportlerherz. Und diese Ungeduld ließ er mich damals schon spüren.

*Aufzählung, Vater hat große Erwartungen an den Sohn – Sportler*

[…] Wenn ich an meine Kindheit
20 denke, sehe ich nur ein Bild vor mir: Es ist mein Vater, laufend, schräg rechts vor mir. Er blickt über seine linke Schulter zurück und ruft: „Auf, auf!" Und wenn ich länger
25 hineinhöre in dieses Bild, dann höre ich sein gleichmäßiges Atmen, höre seinen Rhythmus: Schritt, Schritt, ein – Schritt, Schritt, aus. Und ich

*Ehrgeiz des Vater verfolgt den Sohn*

höre mein eigenes Keuchen, spüre mein Herz stechen und spüre den 30 Hass, der mich zurückhalten will und der mich doch immer hinter ihm hertreibt. Und dann mein Vater, wie er zu anderen redete: „Der Junge hat Talent", höre ich. „Aus dem 35 wird mal was", höre ich. Wenn er zu mir redete, hörte ich nur: „Auf, auf!"

An meinem dreizehnten Geburtstag lief ich zum ersten Mal die fünftau- 40 send Meter. Es war ein Sportfest, und ich musste mit den Achtzehnjährigen starten, weil in meiner Altersklasse und den zweien darüber niemand sonst auf diese Distanz antrat. Meine 45 Vereinskameraden standen am Rand der Bahn und feuerten mich an. Fast zehn Runden hielt ich mit den Großen mit, dann fiel ich ab. Vater wartete an Start und Ziel, bei jeder Runde 50 schrie er mir sein „Auf, auf!" ins linke Ohr, die letzte Runde lief er auf dem Rasen neben mir her. „Auf, auf, auf!", schrie er, aber ich hörte nichts mehr, lief wie bewusstlos, Schritt, Schritt, 55 ein – Schritt, Schritt, aus – bis mir

irgendwer eine Decke überwarf und ich verstand, dass es vorbei war. [...] „Gut gemacht, mein Läuferlein", flüs-
60 terte er in mein Keuchen. Und ich nahm diese Worte und schloss sie ein wie einen Edelstein, den man immer mal wieder ganz allein hervorholt, um ihn zu betrachten. „Gut gemacht,
65 gut gemacht."
Später standen wir beieinander, alle die, denen Laufen Spaß machen musste. „Viel hat da nicht gefehlt", hörte ich meinen Vater. „Nächstes
70 Jahr packen wir den ganzen Tross." Ich ging weg, nahm mein „Gut ge-macht" heraus und sah es von allen Seiten an. Es hatte viele Facetten, das wusste ich nun. Ich wollte nicht an
75 das nächste Jahr denken, aber natür-lich tat ich es. Und natürlich hatte Vater recht.
Es war dasselbe Sportfest, ein Jahr später, als ich tatsächlich zum ersten
80 Mal die fünftausend Meter gewann. Von nun an war ich, wie die Zeitun-gen schrieben, abonniert auf Sieg, das große deutsche Talent, unsere Olym-piahoffnung und vieles andere mehr,
85 was mich vergessen ließ, wie sehr ich meinen Vater hasste, vielleicht auch, dass ich ihn überhaupt hasste.
Ich studierte in einer anderen Stadt. Sport natürlich, was sonst. Ich trai-
90 nierte zweimal täglich, professionell, wie man mir sagte, obwohl es auch nicht viel mehr war als das „Auf, auf!" meines Vaters, nur besser organisiert, wissenschaftlicher verpackt und
95 anonymer. [...] Dann verpasste ich die Qualifikation, wurde nicht zur deut-schen olympischen Hoffnung. [...] Ich fing an, auf Marathon zu trainieren. Irgendjemand hatte meinen Laufstil
100 analysiert und mir von der Bahn, von fünftausend und zehntausend weg hin zu Marathon geraten. [...] Ich war gut im Marathon, aber meine Zeiten zeigten mir, für die Welt, die
105 ganz große Welt, war ich auch hier nicht gut genug.

In dieser Zeit – es war kurz nachdem ich auch diese Qualifikation verpasst hatte – fuhr ich einmal nach Hau-
110 se. Wie fremd saß ich dort an dem vertrauten Esstisch, trank Kaffee mit meinen Eltern wie früher und fand doch keine Worte, um das Versagen auszulöschen oder an die kleinen
115 Siege meiner Vergangenheit anzu-knüpfen.
Komm, lass uns laufen, sagte mein Vater, noch immer, ohne zu begreifen, wie sehr ich auch diesen Satz hasste.
120 Als wir die Schuhe aussuchten, fragte er: „Wie weit?" „Marathon", sagte ich, ohne ihn anzusehen. Er war noch nie Marathon gelaufen, das wusste ich, und er war älter geworden. Ich ließ
125 ihn voranlaufen und merkte nach den ersten paar hundert Metern, dass er es zu schnell anging. Ich ließ mich zurückfallen, aber immer wieder kam sein Kopf über die linke Schulter zu
130 mir: „Auf, auf!" Nach nicht einmal einem Viertel der Strecke begannen ihn die Kräfte zu verlassen. Wieder drehte er sich um: „Auf! Sei nicht so faul!", rief er. „Führ du mal!" ich zog
135 an ihm vorbei, hörte sein Atmen, viel zu hastig, viel zu ausgepumpt, viel zu verkrampft. [...]
Ich wollte ihn umbringen, wollte ihn winseln hören, wollte seine Ausflüch-
140 te hören, sein „Ich habe es doch nur gut gemeint." [...]
Ich zog noch ein bisschen an und er ging das Tempo mit. Sein Kopf wurde allmählich rot und fing an
145 zu pendeln, seine Füße rollten jetzt nicht mehr, sondern platschten auf den Boden wie bei einem Kind, das froh ist, überhaupt von der Stelle zu kommen. Ab und zu drehte ich mich
150 um: „Auf, auf!", rief ich ihm über die Schulter zu.
[...] Keuchend und nach Luft rin-gend, lief er hinter mir her. Wir wa-ren jetzt viel zu schnell, selbst ich
155 würde dieses Tempo nicht bis zum Ende halten können, aber es würde

ohnehin keinen Einlauf durchs große Marathontor geben, nicht heute und nie mehr. Dies war das letzte Rennen
160 meines Lebens, und nichts und niemand konnte mich daran hindern, es für immer zu gewinnen.

Plötzlich taumelte er, wie zwei Kreisel liefen seine Arme neben ihm her.
165 Ich blieb stehen, um ihn aufzufangen, aber er stolperte an mir vorbei, ließ sich ein paar Meter weiter in die Wiese fallen und übergab sich. Ich drehte ihn um, stützte ihm die Stirn,
170 verschaffte ihm mehr Luft. Sag es, dachte ich. Sag dieses verdammte: „Ich wollte doch nur dein Bestes!" Aber er konnte nicht mehr sprechen, würgte alles heraus, was in ihm war, schnappte nach Luft wie ein Kind im 175 Heulkrampf.

Allmählich kam er zur Ruhe, sah mich an, sah mir von unten her lange in die Augen. „Hasst du mich so sehr?", fragte er. Da war etwas wie 180 erstauntes Entsetzen in seinen Augen. Aber ich schwieg, sah ihn nur an in all seiner Hilflosigkeit. „Nein, nicht mehr", antwortete ich schließlich. „Nicht mehr, es ist vorbei, es ist gut." 185 Wir blieben lange sitzen, wortlos, aber zum ersten Mal in unserem Leben einig. Dann trabten wir zurück. Ganz ruhig, fast gelassen. Nebeneinander. 190

aus: Reinhold Ziegler: Der Straßengeher. Weinheim/Basel: Beltz & Gelberg 2001, S. 82 – 87.

## Dritter Schritt: Schreibplan anlegen oder Markierungen und Randnotizen nutzen

**TIPP** zum dritten Schritt

Die **Planung der Schreibaufgabe** hilft dir, die Materialien nach den Vorgaben der Teilaufgaben zu bearbeiten und deinen Text sinnvoll zu strukturieren. Entscheide, wie du vorgehen möchtest, um die Schreibaufgabe zu planen: Verwende einen Schreibplan (Tabelle) oder arbeite mit farbigen Markierungen und Randnotizen.

1. Nutze die Aufgabenstellung und deren Unterpunkte für deine Gliederung.

2. a) **Planung mit Schreibplan:** Lege in einem Schreibplan (Tabelle) die Gliederung deines Textes nach den Teilaufgaben (linke Spalte) fest.
   – In der Einleitung stellst du den Text vor, machst Angaben zu Titel, Autor, Textart, Erscheinungsjahr und Thema (Teilaufgabe **1** a). Du formulierst also den TATTE-Satz.
   – Im Hauptteil wendest du dich den Teilaufgaben **1** b) – e) zu. Das sind Aufgaben zu inhaltlichen und formalen Aspekten (z. B. Textart, Form, Sprache, Erzählweise). Beachte dazu genau die Operatoren (z. B. *darstellen, beschreiben, erklären …*) und die Schlüsselwörter in den Teilaufgaben (z. B. *Entwicklung der Sportlerkarriere, gesteckte Ziele, Beziehung …*). Zitate und Belege unterstützen deine Aussagen. Daher solltest du sie bereits in deinem Schreibplan notieren.
   – Deinen Text rundest du am Schluss mit einer Stellungnahme ab. Achte auf die genaue Formulierung der letzten Aufgabe (Teilaufgabe **1** f).

   b) **Planung anhand von Markierungen und Randnotizen:** Weise den einzelnen Teilaufgaben verschiedene Farben zu. Mit diesen Farben markierst du zugehörige Textstellen in den Materialien (siehe 2. Schritt, Aufgabe **4** b). Anschließend machst du direkt mit dem 5. Schritt weiter und schreibst deinen Text auf der Grundlage deiner farbigen Markierungen und Notizen.

**6** a) Übertrage den Schreibplan von Seite 48 auf eine DIN-A4-Seite. Lasse in den einzelnen Zeilen ausreichend Platz. Du kannst auch den vorbereiteten Schreibplan von Seite 43 kopieren (C 2.5).

   b) Vervollständige stichwortartig die linke Spalte. Orientiere dich dazu an den Teilaufgaben von Seite 45 (Operatoren und Schlüsselwörter). So behältst du die Aufgaben im Blick und vermeidest Wiederholungen.

| Teilaufgaben | Stichworte zur Bearbeitung |
|---|---|
| **1** a) Einleitung: TATTE-Satz | – <u>Titel</u>: …      – <u>Autor</u>: Reinhold Ziegler<br>– <u>Textart</u>: kurze Erzählung (epischer Text)<br>– <u>Erscheinungsjahr</u>:   – <u>Thema</u>: … |
| **1** b) Inhalt zusammenfassen | – bereits als der Sohn noch ganz klein ist, hat sein Vater große Erwartungen an ihn, denn dieser ist Sportler<br>– wenn der Sohn zurückdenkt, … |
| **1** c) Entwicklung der Sportlerkarriere (Sohn) darstellen; Erreichen und Nicht-Erreichen der Ziele erklären | – Sohn „muss" als Kind lernen, wie er richtig läuft (Z. 4); Vater trainiert ständig mit ihm und feuert ihn an (Z. 4–33) → Vater ist stolz auf ihn, hält viel von ihm, gibt mit ihm an (Z. 34–36) … |
| **1** d) Beziehung (Vater + Sohn) erläutern + Textbelege | … |
| **1** e) … | … |
| **1** f) … | … |

## Vierter Schritt: Text untersuchen und Stichworte im Schreibplan festhalten

Ein erzählender Text stellt häufig ein bestimmtes zwischenmenschliches oder gesellschaftliches Problem dar. In der Analyse sollst du diese Textaussage herausarbeiten.

1. Zuerst musst du den **Text vorstellen** und den **Inhalt zusammenfassen**.
2. Danach bearbeitest du **Aufgaben zum Inhalt** und **zur Form/Sprache** des Textes:
   a) Untersuche den Text dazu **aufgabenbezogen**. Konzentriere dich auf die Schwerpunkte, die in den Aufgaben verlangt werden. Suche dazu passende Textstellen.
   b) Mit Blick auf **Inhalt**, **Form** und **Sprache** musst du auf Folgendes achten:
      – **Inhalt:** Überschrift, Thema/Motive, Atmosphäre, Handlung, Personen und ihre Beziehungen, Gefühle, Gedanken, Konflikte.
      – **Form/Sprache:** Textart, Wortwahl (Schlüsselwörter), Satzbau, sprachliche Gestaltungsmittel, Erzählform und -verhalten.

Du ermittelst diese Gestaltungsmerkmale, um **Wirkung** und **Deutung** des Textes zu erklären. Manchmal musst du auch die **Entstehungszeit** des Textes berücksichtigen.

**7** Ergänze deinen Schreibplan stichwortartig. Beginne mit der ersten Zeile zur Einleitung (Teilaufgabe **1** a) und orientiere dich am TIPP.
   a) Notiere Titel, Autor, Erscheinungsjahr und Textart.
   b) Formuliere das Thema.

1. Stelle die Erzählung vor: Autor, Titel, Erscheinungsjahr.
2. Ermittle die Textart. Handelt es sich um einen Auszug aus einem Roman, eine Kurzgeschichte, eine Novelle, eine Parabel, …?
3. Formuliere das Thema des Textes in wenigen Sätzen. Achte darauf, dass deine Formulierung sich auf den gesamten Text bezieht.

**8** Notiere in der zweiten Zeile Stichworte zur Zusammenfassung des Inhalts (Teilaufgabe **1** b):
- Nutze dazu deine Stichpunkte aus der Texterschließung (Aufgabe **4**, S. 44).
- Notiere die Stichworte zu den Sinnabschnitten im Schreibplan. Orientiere dich an den unterstrichenen Schlüsselwörtern. So kannst du beginnen:

*1. Sinnabschnitt: (Z. 1–18)*
*— bereits als der Sohn noch ganz klein ist, hat sein Vater große Erwartungen an ihn, denn auch dieser ist Sportler*
*— der Vater hat schon in seiner Kindheit ungeduldig auf seinen Laufstil des Sohnes geachtet …*

**9** a) Markiere im Text die einzelnen Schritte in der Sportlerkarriere des Sohnes und notiere sie in der dritten Zeile deines Schreibplans (Aufgabe **1** c). Ergänze passende Textstellen als Belege.
b) Notiere hinter jedem Karriereschritt, ob dieses Ziel jeweils erreicht wurde oder nicht (Teilaufgabe **1** c). Mache dies durch einen Folgepfeil deutlich.

*— Sohn „muss" als Kind lernen, wie er richtig läuft (Z. 4); Vater trainiert ständig mit ihm und feuert ihn an (Z. 4–33) → Vater ist stolz auf ihn, hält viel von ihm, gibt mit ihm an (Z. 34–36)*
*— 13. Geburtstag: erstes Mal 5000-Meter-Lauf (Z. 39–45); läuft gegen 18-Jährige → …*

**10** Erläutere, wie du die Beziehung zwischen Sohn und Vater nach der Untersuchung des Textes einschätzt. Sammle dazu Stichwörter in der vierten Zeile der Tabelle (Teilaufgabe **1** d).

*— schwieriges Verhältnis, da Vater den Sohn von klein auf durch das Training und seine Erwartungshaltung unter Druck gesetzt hat (Z. 1–38)*
*— Ich-Erzähler meint sogar, seinen Vater später zu hassen, während er dies als Kind noch nicht tat („Ob ich meinen Vater schon hasste, als ich auf die Welt kam, bezweifle ich.", Z.1–3)*
*— kein normales Vater-Sohn-Verhältnis, sondern der Vater erscheint durch den übermäßigen Ehrgeiz wie ein Antreiber (Z. 49–53) …*

---

**TIPP** zu **10**

1. In Teilaufgabe **1** d) zeigst du, ob du die Botschaft des Ich-Erzählers und damit die Intention des Textes richtig verstanden hast, denn der Ich-Erzähler verarbeitet in diesem Text das angespannte Verhältnis zu seinem Vater.
2. Betrachte die Beziehung der beiden auf den gesamten Text bezogen. Verdeutliche die dargestellte Entwicklung und erkläre, wie es zu diesem angespannten Verhältnis gekommen ist.
3. In Teilaufgabe **1** d) wird verlangt, Textbelege heranzuziehen. Diese solltest du wiederum im Schreibplan notieren. Dabei kannst du deinen Text anschaulicher gestalten, wenn du auch wörtlich zitierst.

---

**11** a) Ergänze in Zeile 5 der Tabelle, wie durch Form und Sprache deutlich wird, dass der Druck des Vaters den Sohn ständig begleitet (Teilaufgabe **1** e).

*— Sohn muss seine Kindheit und Jugend verarbeiten, denn er denkt immer wieder an die Anweisungen seines Vaters — auch als er schon studiert → Wiederholungen: „Auf, auf!" (Z. 24, Z. 51 …), „Schritt, Schritt , ein — Schritt, Schritt, aus" (Z. 27/28); diese Äußerungen verfolgen ihn, weil der Vater sie immer beim Trainieren wiederholt hat …*

**TIPP** zu **11**

Achte bei der Untersuchung von Form und Sprache auf Satzbau, sprachliche Gestaltungsmittel, Erzählform und Erzählhaltung. Auf diese Merkmale wird oft schon in der Aufgabenstellung verwiesen.

Notiere im Schreibplan auch immer gleich die Wirkung dieser Merkmale.

*— Erzähler nutzt viele Vergleiche: „[…] der eben ging, wie ein Kind geht […]" (Z. 14/15) → macht deutlich, dass er eigentlich ein ganz normales Kind war; „[…] lief wie bewusstlos […]" (Z. 55) → zeigt, dass er alles gegeben hat, um die Erwartungen des Vaters zu erfüllen …*

b) Die Erzählung endet mit den Sätzen *„Wir blieben lange sitzen, wortlos, aber zum ersten Mal in unserem Leben einig. Dann trabten wir zurück. Ganz ruhig, fast gelassen. Nebeneinander."* (Z. 186 – 190). Erkläre, welche Entwicklung in der Beziehung von Vater und Sohn sich hier zeigt (zweiter Teil von Teilaufgabe **1** e). Ergänze deine Ergebnisse ebenfalls in der fünften Zeile des Schreibplans.

*— Sohn behandelt den Vater bei seinem Besuch zu Hause ebenso, wie dieser ihn in all den Jahren seiner Kindheit und Jugend behandelt hat …*

*— Sohn treibt Vater an, obwohl er weiß, dass dieser seine Grenzen überschreiten muss, denn er ist mittlerweile alt und noch nie Marathon gelaufen (Z. 122–124) …*

**12** a) Lies die Teilaufgabe **1** f). Mache dir klar, wozu du Stellung nehmen sollst. Erläutere die Aussage im Schreibplan kurz in eigenen Worten.

*Ein Mitschüler sagt über den Text, er finde, der Sohn … Damit meint er, dass …*

b) Welchen Standpunkt vertrittst du?

c) Sammle in Stichworten Gedanken und notiere sie geordnet in deinem Schreibplan. Schreibe auch die Textstellen auf, die du als Belege in deiner Argumentation berücksichtigen willst.

---

**TIPP** zu **12** a) und c)

Wenn eine Stellungnahme zu einer Aussage zum Text/zu einem Zitat von dir erwartet wird, gehe so vor:

1. Gib die Aussage/das Zitat direkt oder indirekt wieder und erkläre, was damit gemeint ist.
2. Stelle deinen Standpunkt eindeutig dar. Du kannst zustimmen, ablehnen oder einen Kompromiss finden. Wichtig ist, dass du die Gründe abwägst und am Ende ein zusammenfassendes Fazit ziehst.
3. Begründe deine Position nachvollziehbar und stichhaltig. Beziehe dich dabei auf den Text und führe auch Zitate an, die deine Meinung anschaulich belegen.

---

**Fünfter Schritt: Text schreiben/Analyse verfassen**

**TIPP** zum fünften Schritt

1. Formuliere deinen Text. Lasse einen **breiten Rand** an der Seite und unten, damit du Platz für die Überarbeitung und Ergänzungen hast. Schreibe so, als würde dein Leser den erzählenden Text nicht kennen.
2. Schreibe im **Präsens**. Um Vorzeitigkeit auszudrücken, nutzt du das **Perfekt**.
3. Bringe die Ergebnisse aus deinem **Schreibplan** in einen **schlüssigen und zusammenhängenden Gedankengang**. Dazu fasst du **ähnliche Beobachtungen** zusammen und beschreibst ihre **Wirkung**, damit dein Leser versteht, warum der Autor bestimmte inhaltliche, sprachliche und formale Merkmale ausgewählt hat. Vermeide **Wiederholungen**.
4. Verwende **Zitate**, wenn du etwas Typisches oder Bemerkenswertes herausstellen willst oder **um eigene Aussagen zu belegen**. Kennzeichne Zitate durch Anführungszeichen und Zeilenangaben in Klammern.
5. **Fachbegriffe** helfen, präzise zu formulieren.
6. Verwende passende **Satzverknüpfungswörter**. So wirkt dein Text zusammenhängend.
7. Setze nach jeder Teilaufgabe einen **Absatz**.

---

**13** Fasse deine Analyseergebnisse in einem geschlossenen Text zusammen. Orientiere dich am TIPP von Seite 48. Nutze die Vorarbeit aus deinem Schreibplan sowie die folgenden Textanfänge.

*Teilaufgabe* **1** *a): In der kurzen Erzählung „Marathon" von Reinhold Ziegler, die dieser im Jahre 2001 verfasst hat, geht es um das schwierige Verhältnis eines Sohnes zu seinem …*

*Teilaufgabe* **1** *b): Bereits als der Sohn noch ganz klein ist, hat sein Vater große Erwartungen an ihn, denn dieser ist ebenfalls Sportler. Wenn der Sohn zurückdenkt, erinnert er sich an …*

*Teilaufgabe* **1** *c): Der Sohn „muss" schon als Kind lernen, wie er richtig zu laufen hat (Z. 4). Der Vater trainiert ständig mit ihm und feuert ihn an (Z. 4–33). Er ist stolz auf ihn und …*

*Teilaufgabe* **1** *d): Vater und Sohn haben ein schwieriges Verhältnis, da der Vater seinen Sohn durch seine Erwartungshaltung unter Druck gesetzt hat (Z. 1–38). Der Ich-Erzähler meint …*

*Teilaufgabe* **1** *e): Durch die verwendete Form und Sprache wird deutlich, dass der Druck des Vaters den Sohn bis zu dem Ereignis bei seinem Besuch begleitet hat, denn der Sohn denkt immer wieder an die Anweisungen seines Vaters. Dies wird z. B. durch die Wiederholungen erkennbar: „Auf, auf!" (Z. 24, 37/38, 92) oder „Schritt, Schritt, ein – Schritt, Schritt …*

*Teilaufgabe* **1** *f): Ein Mitschüler sagt über den Text, er finde, der Sohn sei zu seinem Vater zu gemein gewesen. Er meint damit, dass er den Vater zum Marathonlauf gezwungen habe …*

**Sechster Schritt: Text überarbeiten**

**14** Überarbeite deinen Text. Verwende dazu die CHECKLISTE.

---

**CHECKLISTE** zur Überarbeitung von Texten (Aufgabentyp 4a)

1. **Den Text inhaltlich überprüfen (Inhaltsleistung)**
   - ☑ Hast du in deinem Text alle Unterpunkte der Schreibaufgabe und die Ergebnisse aus deinem Schreibplan berücksichtigt?
   - ☑ Sind deine Ergebnisse für den Leser nachvollziehbar formuliert, d.h. hast du erklärt, wie du etwas verstanden hast, und dieses durch Textbelege veranschaulicht?
   - ☑ Ist klar, welche Bedeutung Form und Sprache des Textes für die Aussageabsicht haben?
   - ☑ Hast du deine Ergebnisse miteinander verknüpft und Zusammenhänge hergestellt?
   - ☑ Hast du in der Stellungnahme deine Position durch Begründungen sowie durch Zitate/Belege gestützt?

2. **Den Text sprachlich überprüfen (Darstellungsleistung)**
   - ☑ Hast du den Text sinnvoll gegliedert? Ist er durch Absätze überschaubar gestaltet?
   - ☑ Hast du unnötige Wiederholungen und unklare Formulierungen vermieden?
   - ☑ Sind deine Sätze vollständig?
   - ☑ Kannst du komplizierte Sätze vereinfachen?
   - ☑ Hast du Zusammenhänge durch sinnvolle Satzverknüpfungen verdeutlicht?
   - ☑ Überprüfe auch Rechtschreibung, Zeichensetzung und Grammatik, denn sie fließen in die Bewertung ein.
   - ➡ Kontrolliere deinen Text mehrfach und berücksichtige deine persönlichen Fehlerschwerpunkte.

## C 2.7 Schreibaufgabe (Gedicht) in sechs Schritten bearbeiten: Sachliche Romanze

Auf den folgenden Seiten werden die wichtigsten Arbeitsschritte für das Lesen und Erschließen eines Gedichtes und die Schritte für die Bearbeitung der Aufgaben dargestellt. Auf der Seite 53 findest du das Gedicht, mit dem du diese Schritte üben kannst. Auch in der angeleiteten Prüfungsaufgabe zum Thema „Eine Frage der Beziehung" (Teil E) wird auf diese grundlegenden Seiten verwiesen.

**Erster Schritt: Sich orientieren**

**TIPP** zum ersten Schritt

Stürze dich nicht gleich in die Arbeit, sondern verschaffe dir einen ersten Überblick:
1. Mache dir klar, was die Aufgabe von dir verlangt. Lies dazu die einzelnen Teilaufgaben und unterstreiche alle wichtigen Hinweise auf das, was du tun sollst. So erhältst du oft schon Anhaltspunkte, worauf du beim Lesen und Erschließen des Gedichtes achten musst.
2. Worum geht es in dem Gedicht? Was verrät dir die Überschrift?

**1** Lies die Aufgabenstellung in der Prüfungsvorlage (Seite 53) „mit dem Stift".
Markiere die Operatoren und die Schlüsselwörter.

**2** Gib mit eigenen Worten wieder, was du tun sollst. Beachte die Reihenfolge der einzelnen Schritte.

_____

_____

**3** Notiere stichpunktartig, was dir zu dem Titel „Sachliche Romanze" einfällt. Um welches Thema könnte es gehen? Wovon könnte das Gedicht handeln?

_____

_____

**Zweiter Schritt: Text lesen und Inhalt erfassen**

**4** a) Erschließe das Gedicht wie im TIPP zum zweiten Schritt dargestellt. Setze dazu die Bearbeitung fort.
b) Kennzeichne Besonderheiten durch Unterstreichungen und Randbemerkungen (z.B. zu Strophen- und Versanzahl, Reimschema, Enjambements, sprachlichen Gestaltungsmitteln).

**5** Worum geht es im Text? Formuliere Stichworte zum Thema.

— _Beziehung zwischen zwei Partnern nach acht_

_Jahren_

—_Alltagstrott, Gewohnheit, verlorene Liebe, ggf._

_gescheiterte Ehe_

_____

**TIPP** zum zweiten Schritt

1. Markiere alle Textstellen, die dir unklar sind. Kläre diese Ausdrücke aus dem Sinnzusammenhang oder schlage sie im Wörterbuch nach. Beachte auch die Worterklärungen unter dem Text.
2. Unterstreiche Schlüsselstellen. Das sind Textstellen, die für das Verständnis wichtig sind.
3. Formuliere eine Überschrift und Stichworte zu den einzelnen Strophen bzw. Sinnabschnitten. Notiere auch Hinweise zu Atmosphäre und Stimmung.
4. Da auch die formale und sprachliche Gestaltung für das Verständnis wichtig sind, mache dir Notizen zu Strophen- und Versanzahl, Reimschema, Enjambements, sprachlichen Gestaltungsmitteln etc. (vgl. Glossar, Stichwort Lyrik, Seite 140).

## Teil II

**AUFGABENSTELLUNG** Schreibaufgabe

**1** **Analysiere** das Gedicht „Sachliche Romanze" von Erich Kästner. Gehe dabei so vor:

a) **Schreibe** eine Einleitung, in der du Titel, Autor, Textart, Thema und Erscheinungsjahr **benennst**.

b) **Fasse** den Inhalt des Gedichts in eigenen Worten **zusammen**.

c) **Beschreibe** die im Gedicht dargestellte Beziehung. Ziehe dazu Textbelege heran.

d) **Untersuche**, wie durch sprachliche und formale Mittel deutlich gemacht wird, dass die Liebe in der dargestellten Beziehung „abhanden" (V. 3) gekommen ist (*mögliche Aspekte: Strophen, Reimschema, Wortwahl, sprachliche Gestaltungsmittel*).

e) **Erkläre** anhand von Textbelegen, warum Erich Kästner als Titel seines Gedichts „Sachliche Romanze" ausgewählt hat.

f) **Verfasse** einen kurzen Text aus der Sicht des Mannes oder aus der Sicht der Frau:
   – Welche Gedanken hat der Mann/die Frau bezüglich ihrer Beziehung?
   – Was fühlt die Person für ihr Gegenüber?
   – Warum kann die Person die Situation „einfach nicht fassen" (V. 17)?
   **Schreibe** in der Ich-Form und **berücksichtige** die Informationen, die das Gedicht gibt.

## Sachliche Romanze (1928)   *Erich Kästner*

| | |
|---|---|
| Als sie einander <u>acht Jahre</u> kannten | *a → zwei Partner, kennen sich 8 Jahre, „sie"* |
| (und man darf sagen: sie kannten sich gut), | *b → eingeschobener Kommentar, „man"* |
| kam ihre Liebe plötzlich abhanden. | *a → Liebe geht verloren; „plötzlich" – Grund?* |
| Wie andern Leuten ein Stock oder Hut. | *b → Vergleich; Liebe als Gegenstand* |
| | *↳ Kreuzreim, Parataxe und Enjambement zwischen V. 1 und 2: wirkt amüsant, beinahe alltäglich, wie Erzählung* |
| | |
| 5 Sie waren traurig, betrugen[1] sich heiter, | *c → verhalten sich anders als sie fühlen* |
| versuchten Küsse, als ob nichts sei, | *d → Vergleich; wollen Situation nicht wahrhaben* |
| und sahen sich an und wussten nicht weiter. | *c → Ratlosigkeit* |
| Da weinte sie schließlich. Und er stand dabei. | *d → Frau reagiert emotional; Mann weiß nicht, was er machen soll; hilflos* |
| | *↳ Kreuzreim; Beschreibung wirkt sachlich, Feststellung von Tatsachen* |

Vom Fenster aus konnte man Schiffen winken.
10 Er sagte, es wäre schon Viertel nach vier
und Zeit, irgendwo Kaffee zu trinken.
Nebenan übte ein Mensch Klavier.

Sie gingen ins kleinste Café am Ort
und rührten in ihren Tassen.
15 Am Abend saßen sie immer noch dort.
Sie saßen allein, und sie sprachen kein Wort
und konnten es einfach nicht fassen.

**1 sie betrugen:** Präteritumform von sich betragen: verhalten

Aus: Erich Kästner: Lärm im Spiegel. In: Gesammelte Schriften, Band 1, Gedichte, Verlag Kiepenheuer & Witsch, Köln, 1959, S. 101. © Atrium Verlag, Zürich.

## Dritter Schritt: Schreibplan anlegen oder Markierungen und Randnotizen nutzen

**INFO** zum dritten Schritt

Die **Planung der Schreibaufgabe** hilft dir, die Materialien nach den Vorgaben der Teilaufgaben zu bearbeiten und deinen Text sinnvoll zu strukturieren. Entscheide, wie du vorgehen möchtest, um die Schreibaufgabe zu planen: Verwende einen Schreibplan (Tabelle) oder arbeite mit farbigen Markierungen und Randnotizen.

1. Nutze die Aufgabenstellung und deren Unterpunkte für deine Gliederung.
2. a) **Planung mit Schreibplan:** Lege in einem Schreibplan (Tabelle) die Gliederung deines Textes nach den Teilaufgaben (linke Spalte) fest.
   - In der **Einleitung** stellst du den Text vor, machst Angaben zu Titel, Autor, Textart, Erscheinungsjahr und Thema (Teilaufgabe **1** a). Du formulierst also den TATTE-Satz.
   - Im **Hauptteil** wendest du dich den Teilaufgaben **1** b) – e) zu. Das sind Aufgaben zu inhaltlichen und formalen Aspekten (z. B. *Art der Beziehung, Titel, Form, Sprache*). Beachte dazu genau die Operatoren (z. B. *darstellen, beschreiben, erklären …*) und die Schlüsselwörter in den Teilaufgaben (z. B. *dargestellte Beziehung, abhanden gekommene Liebe, Titel …*). Zitate und Belege unterstützen deine Aussagen. Daher solltest du sie bereits in deinem Schreibplan notieren.
   - Zum **Schluss** verfasst du einen Text aus der Sicht des Mannes/der Frau. Achte genau auf die Fragen, auf die du eingehen sollst. Schreibe in der Ich-Form (Teilaufgabe **1** f).
   b) **Planung anhand von Markierungen und Randnotizen:** Weise den einzelnen Teilaufgaben verschiedene Farben zu. Mit diesen Farben markierst du zugehörige Textstellen in den Materialien (siehe 2. Schritt, Aufgabe **4** b). Anschließend machst du direkt mit dem 5. Schritt weiter und schreibst deinen Text auf der Grundlage deiner farbigen Markierungen und Notizen.

**6** a) Übertrage den Schreibplan unten auf eine DIN-A4-Seite. Lasse in den einzelnen Zeilen ausreichend Platz. Du kannst auch den vorbereiteten Schreibplan von Seite 43 kopieren (C 2.5).

b) Vervollständige stichwortartig die linke Spalte. Orientiere dich dazu an den Teilaufgaben von Seite 53 (Operatoren und Schlüsselwörter). So behältst du die Aufgaben im Blick und vermeidest Wiederholungen.

| Teilaufgaben | Stichworte zur Bearbeitung |
|---|---|
| **1** a) Einleitung: TATTE-Satz | – <u>Titel</u>: Sachliche Romanze          – <u>Autor</u>: …<br>– <u>Textart</u>: Gedicht (lyrischer Text)<br>– <u>Erscheinungsjahr</u>:     – <u>Thema</u>: … |
| **1** b) Inhalt zusammenfassen | – ein Paar stellt nach acht Jahren Beziehung fest, dass die Liebe plötzlich nicht mehr da ist … |
| **1** c) Beziehung beschreiben + Textbelege | – die Beziehung der beiden ist dem Alltagstrott und der Gewohnheit verfallen (V. 2); sie stellen fest, dass die Liebe „abhanden" gekommen ist (V. 3) → das belastet die beiden Partner, doch sie wollen es nicht wahrhaben (V. 5) … |
| **1** d) Liebe ist „abhanden gekommen" (V. 3) – Eindruck mithilfe von Form und Sprache erklären | – Partner stellen fest, dass die Liebe ein Gefühl ist, das vergehen kann (V. 3); dieser Vorgang wird durch einen Vergleich (V. 4) als fast gewöhnlich dargestellt → alltäglich; Wirkung entsteht durch Kreuzreim und Rhythmus |
| **1** e) … | … |
| **1** f) … | … |

**Vierter Schritt: Text untersuchen und Stichworte im Schreibplan festhalten**

Ein Gedicht stellt häufig ein zwischenmenschliches oder gesellschaftliches Problem sowie Emotionen oder Stimmungen dar. In der Analyse sollst du diese Textaussage herausarbeiten:

1. Zuerst musst du das **Gedicht vorstellen** und den **Inhalt zusammenfassen**. Dazu kannst du zumeist strophenweise vorgehen.

2. Danach bearbeitest du **Aufgaben zum Inhalt** und **zur Form/Sprache** des Textes:

   a) Lies noch einmal die **Teilaufgaben** ganz genau und untersuche das Gedicht beim zweiten Lesen **aufgabenbezogen**, d.h. du konzentrierst dich auf die Schwerpunkte, die in den Aufgaben verlangt werden, z.B. *die dargestellte Beziehung* (Teilaufgabe **1** c), und suchst nach Versen, die zur Bearbeitung dieser Aufgabe hilfreich sind.

   b) Mit Blick auf **Inhalt**, **Form** und **Sprache** musst du auf Folgendes achten:
      - **Inhalt:** Überschrift, Thema/Motive, Atmosphäre/Stimmung, Handlung,Personen und ihre Beziehungen, Gefühle, Gedanken, Konflikte.
      - **Form/Sprache:** Gedichtform, Strophen- und Versaufbau sowie -anzahl, Reimschema, Metrum, Wortwahl (Schlüsselwörter), Interpunktion, Satzbau, Enjambements, Zeilenstil, sprachliche Gestaltungsmittel (Metapher, Personifikation, Wiederholung, Vergleich, Anapher …). Wenn dir Fachbegriffe unklar sind, schlage im Glossar unter dem Stichwort Lyrik nach (S. 140). Auch die Rechtschreibung kann für die Interpretation wichtig sein.

Du ermittelst diese Gestaltungsmerkmale, um die **Wirkung** und **Deutung** des Textes zu erklären. Manchmal musst du auch die **Entstehungszeit** des Textes bedenken, denn diese Information kann für das Verständnis ebenfalls von Bedeutung sein.

**7** Ergänze deinen Schreibplan stichwortartig. Beginne mit der ersten Zeile zur Einleitung (Teilaufgabe **1** a). Orientiere dich am TIPP:

a) Notiere Titel, Autor, Erscheinungsjahr und Textart.

b) Formuliere das Thema.

**8** Notiere in der zweiten Zeile Stichworte zur Zusammenfassung (Teilaufgabe **1** b):
- Nutze deine Stichpunkte aus der Texterschließung (Aufgabe **4**, S. 52).
- Notiere die Stichworte zu den Strophen im Präsens in deinem Schreibplan. Für die Vorzeitigkeit verwendest du das Perfekt. Orientiere dich an den unterstrichenen Schlüsselwörtern. Beginne so:

*1. Strophe: (Z. 1–4)*
*– ein Paar stellt nach acht Jahren Beziehung fest, dass die Liebe plötzlich fort ist*
*– die Partner wollen es nicht wahrhaben und …*

**Formulieren einer Einleitung:**

1. Stelle das Gedicht vor: Autor, Titel, Erscheinungsjahr. Du kannst auch die Quelle angeben. Sie steht meist unter dem Text.

2. Ermittle die Textart, wenn möglich, genauer: Handelt es sich um einen Songtext, eine Ballade, ein Sonett …? Die Merkmale dieser Textarten kannst du im Glossar ab Seite 139 nachlesen.

3. Formuliere das Thema des Gedichts in wenigen Sätzen. Achte darauf, dass deine Formulierung sich auf den gesamten Text bezieht, z.B. *In dem Gedicht wird eine gescheiterte Beziehung dargestellt, da die Partner nach einigen Jahren feststellen, dass die Liebe zueinander nicht mehr vorhanden ist.*

**9** Mache dir Notizen zur Stimmung der beiden Partner und markiere passende Textbelege. Ziehe Schlussfolgerungen über die dargestellte Beziehung und notiere diese in der dritten Zeile deines Schreibplans (Teilaufgabe **1** c). Ergänze passende Textstellen als Belege.

— *die Beziehung der beiden ist dem Alltagstrott und der Gewohnheit verfallen (V. 2)*
— *sie stellen fest, dass die Liebe „abhanden" gekommen ist (V. 3) → das belastet die beiden, doch sie wollen es nicht wahrhaben, denn sie verhalten sich anders als sie fühlen (V. 5)*
— *Frau und Mann gehen mit dieser Feststellung unterschiedlich um, denn …*

**10** Finde heraus, woran deutlich wird, dass die Liebe der beiden „abhanden" gekommen (V. 3) ist (Teilaufgabe **1** d). Sammle deine Stichwörter in der vierten Zeile der Tabelle:
  a) Markiere Textstellen, die besonders sachlich erscheinen und die zeigen, dass die Beziehung eher lieblos wirkt.
  b) Ermittle, welche formalen und sprachlichen Gestaltungsmittel diesen Eindruck zudem verstärken.

— *Partner stellen fest, dass die Liebe ein Gefühl ist, das vergehen kann (V. 3); dieser Vorgang wird durch einen Vergleich (V. 4) als fast gewöhnlich dargestellt → alltäglich; diese Wirkung entsteht durch den verwendeten Kreuzreim und den gleichmäßigen Rhythmus (Metrum)*
— *beide Partner versuchen dennoch weiterzumachen (Vergleich V. 6), doch auch ihre Ratlosigkeit wird durch Parataxen, die mit der Konjunktion „und" (V. 7) verknüpft sind, deutlich …*

**11** Ergänze in Zeile fünf der Tabelle, warum der Autor Erich Kästner seinem Gedicht den Titel „Sachliche Romanze" gegeben hat (Teilaufgabe **1** e).

— *der Titel „Sachliche Romanze" ist ein Oxymoron, d. h. eine Verknüpfung von eigentlich gegensätzlichen Begriffen; damit verdeutlicht Kästner …*

---

**TIPP** zu **9**

1. Orientiere dich beim Festhalten der Notizen an den Operatoren (beschreibe, erkläre) und am Wortlaut (Schlüsselwörter) der Teilaufgabe. So kannst du beim Ausformulieren der Ergebnisse Wiederholungen vermeiden.
2. Wenn du die Teilaufgaben zu Inhalt, Form und Sprache bearbeitest, ergänze im Schreibplan Textbelege, die du beim Ausformulieren heranziehen willst. So ersparst du dir das Suchen im Text. Beim Zitieren gibst du Verse an: z. B. V. 3.
3. Formuliere deine Stichwörter in eigenen Worten.

---

**TIPP** zu **10**

Achte bei der Untersuchung der Form und Sprache auf folgende Merkmale: Strophen, Reimschema, Wortwahl, sprachliche Gestaltungsmittel. Auf diese wird häufig bereits in der Aufgabenstellung hingewiesen. Du kannst zusätzlich aber auch weitere Auffälligkeiten einbeziehen, z. B. Verse, Satzbau, Enjambements, Zeilenstil etc. Manchmal weist eine Unregelmäßigkeit beim Strophenaufbau oder bei der Versanzahl auch auf inhaltlich Wichtiges hin. Notiere in deinem Schreibplan dazu auch immer die Wirkung dieser Merkmale.

---

**TIPP** zu **11**

Vergleiche deine Eindrücke aus den Analyseaufgaben mit dem Titel des Gedichts. Achte auch darauf, ob dieser ein sprachliches Gestaltungsmittel enthält.

**12** a) Lies die Teilaufgabe **1** f). Mache dir klar, aus wessen Sicht du schreiben sollst (in diesem Fall darfst du eine Person auswählen).

b) Notiere im Schreibplan stichwortartig, auf welche Inhalte du in dem inneren Monolog eingehen sollst.

*1. Darstellung der Gedanken der Frau (Ich-Form) bezogen auf die Beziehung …*

c) Beantworte die Fragen (Teilaufgabe **1** f) stichwortartig aus der Sicht des Mannes/der Frau, d. h. du schreibst in der Ich-Form und berücksichtigst die Informationen, die der Textauszug gibt. Denke auch daran, die Gedanken und Gefühle der Person darzustellen.

**TIPP** zu **12**

1. Wenn du als letzte Aufgabe einen Text aus der Sicht einer der Figuren schreiben sollst, achte darauf, dass du dich in die Figur hineinfühlst.
2. Schreibe in der Ich-Form und orientiere dich an den Informationen des Textes sowie an den Gedanken und Gefühlen, die dort deutlich werden. Du kannst auch Gefühle und Gedanken ergänzen, die nicht im Text genannt werden. Sie sollten aber zum Text passen.
3. Nutze die Fragen aus der Aufgabenstellung zur Gliederung deines Textes. Beantworte sie nacheinander.
4. Gestalte deine Schreibweise so, dass sie zu der Figur passt (z. B. *Mann/Frau: Beziehung leidet unter dem Alltagstrott; beide können nichts dagegen tun*).

**Fünfter Schritt: Text schreiben/Analyse verfassen**

**INFO** zum fünften Schritt

1. Formuliere deinen Text. Lasse einen **breiten Rand** an der Seite und unten, damit du Platz für die Überarbeitung und Ergänzungen hast. Schreibe beim Ausformulieren so, als würde dein Leser das Gedicht nicht kennen. So erreichst du, dass du genau und detailliert arbeitest.
2. Schreibe im **Präsens**. Um die Vorzeitigkeit auszudrücken, nutzt du das **Perfekt**.
3. Bringe die Ergebnisse aus deinem **Schreibplan** in einen **schlüssigen und zusammenhängenden Gedankengang**. Dazu fasst du **ähnliche Beobachtungen** zusammen und beschreibst ihre **Wirkung**, damit dein Leser versteht, warum der Autor bestimmte inhaltliche, sprachliche und formale Merkmale ausgewählt hat. **Vermeide Wiederholungen**.
4. Verwende **Zitate** – wie in den Teilaufgaben gefordert –, wenn du etwas Typisches oder Bemerkenswertes herausstellen willst oder **um eigene Aussagen zu belegen**. Kennzeichne Zitate durch Anführungszeichen und Zeilenangaben in Klammern: *„Wie andern Leuten ein Stock oder Hut." (V. 4)*.
5. Verwende die richtigen **Fachbegriffe**, denn mit ihnen kannst du präzise formulieren.
6. Verwende passende **Satzverknüpfungswörter**. So wirkt dein Text zusammenhängend.

**13** Fasse deine Analyseergebnisse zum Gedicht „Sachliche Romanze" von Erich Kästner in einem geschlossenen Text auf einem Extrablatt zusammen. Orientiere dich am TIPP und nutze deine Vorarbeit aus dem Schreibplan sowie die folgenden Textanfänge zu den Teilaufgaben.

*Teilaufgabe* **1** *a): In dem Gedicht „Sachliche Romanze" von Erich Kästner, das dieser im Jahre 1928 verfasst hat, geht es um eine Beziehung zwischen zwei Partnern, die einigen Jahren der Gewohnheit zum Opfer fällt und daher lieblos erscheint …*

*Teilaufgabe* **1** *b): Ein Paar stellt nach acht Jahren Beziehung fest, dass die Liebe plötzlich nicht mehr da ist. Obwohl sie versuchen, die Beziehung aufrecht zu erhalten, sind sie traurig, denn ihre Bemühungen haben keinen Erfolg …*

*Teilaufgabe* **1** *c): Die Beziehung der beiden ist dem Alltagstrott und der Gewohnheit verfallen (V. 2), denn Frau und Mann stellen fest, dass ihre Liebe „abhanden" (V. 3) gekommen ist. Das belastet die beiden Partner, doch sie wollen diese Tatsache nicht wahrhaben (V. 5), denn …*

*Teilaufgabe **1** d): Die Partner müssen feststellen, dass die Liebe ein Gefühl ist, das vergehen kann (V. 3). Dieser Vorgang wird durch einen Vergleich (V. 4) als gewöhnlich dargestellt. Er wirkt ein wenig alltäglich, da die Liebe hier mit einem „Hut" oder „Stock" verglichen wird. Unterstützt wird dieser Eindruck durch die verwendeten Kreuzreime sowie durch den gleichmäßig klingenden Rhythmus, der zum Teil fast ironisch klingt. Die Beschreibung „[sie] versuchten Küsse" (V. 6) zeigt, dass Frau und Mann sich durchaus bemühen, die Beziehung aufrecht zu erhalten, doch der folgende Vergleich („[...] als ob nichts sei", V. 6) zeigt, dass sie sich nicht mit den wahren Gründen auseinandersetzen …*

*Teilaufgabe **1** e): Der Titel „Sachliche Romanze" ist ein Oxymoron, d. h. eine Verbindung von sich eigentlich ausschließenden Begriffen. Damit verdeutlicht Kästner die verlorene Liebe, denn die Beziehung ist keinesfalls als romantisch oder gar liebevoll zu bezeichnen, sondern …*

*Teilaufgabe **1** f): (Text aus Sicht der Frau) Was ist nur mit uns passiert? Wir kennen uns jetzt acht Jahre und alles ist so gleichgültig geworden. Doch keiner will sich dies eingestehen. Manchmal bin ich so traurig, dass ich nicht weiterweiß. Aber er tröstet mich nicht …*

**Sechster Schritt: Text überarbeiten**

**14** Überarbeite deinen Text. Verwende dazu die CHECKLISTE.

**CHECKLISTE** zur Überarbeitung von Texten (Aufgabentyp 4a)

1. **Den Text inhaltlich überprüfen (Inhaltsleistung)**
   - ☑ Hast du in deinem Text alle Unterpunkte der Schreibaufgabe und die Ergebnisse aus deinem Schreibplan berücksichtigt?
   - ☑ Sind deine Ergebnisse für den Leser nachvollziehbar formuliert, d. h. hast du erklärt, wie du etwas verstanden hast, und dieses durch Textbelege veranschaulicht?
   - ☑ Ist klar, welche Bedeutung Form und Sprache des Textes für die Aussageabsicht haben?
   - ☑ Hast du deine Ergebnisse miteinander verknüpft und Zusammenhänge hergestellt?
   - ☑ Ist der Text aus der Sicht einer Figur in der Ich-Form verfasst und passt er zu den Informationen aus dem Text?

2. **Den Text sprachlich überprüfen (Darstellungsleistung)**
   - ☑ Hast du den Text sinnvoll gegliedert? Ist er durch Absätze überschaubar gestaltet?
   - ☑ Hast du unnötige Wiederholungen und unklare Formulierungen vermieden?
   - ☑ Sind deine Sätze vollständig?
   - ☑ Kannst du komplizierte Sätze vereinfachen?
   - ☑ Hast du Zusammenhänge durch sinnvolle Satzverknüpfungen verdeutlicht?
   - ☑ Überprüfe auch Rechtschreibung, Zeichensetzung und Grammatik, denn sie fließen in die Bewertung ein.
   - ➡ Kontrolliere deinen Text mehrfach. Berücksichtige deine persönlichen Fehlerschwerpunkte.

# C 3 Aufgabentyp 4b

## C 3.1 Was bedeutet die Aufgabenstellung „Untersuche und vergleiche ...“?

**1** Die Aufgabenstellung unten stammt aus einer Prüfungsvorlage, bei der du verschiedene Sachtexte und Schaubilder untersuchen und miteinander vergleichen musst. Lies die Aufgabenstellung (ACHTUNG: Die zugehörigen Texte und Materialien findest du auf den Seiten 127 – 129).

---

**AUFGABENSTELLUNG** Schreibaufgabe

<u>Untersuche</u> die Materialien M1, M2 und M3. Gehe dabei so vor:

- <u>Benenne</u> das gemeinsame Thema von M1, M2 und M3.
- Fasse die Informationen aus M1a und M1b zusammen.
- Stelle die Aussagen aus M2 und M3 mit eigenen Worten dar. Vergleiche die Positionen im Hinblick auf die Auswirkungen, die „Self-Tracking“ auf das Leben der Menschen haben kann. Belege deine Ausführungen am Text.
- Setze dich kritisch mit der folgenden Aussage eines Mitschülers auseinander:
  *„Jeder sollte danach streben, das Beste aus sich herauszuholen, und dafür auch digitale Hilfsmittel nutzen.“*
  – Nimm Stellung zu der Aussage.
  – Begründe deine Meinung.
  – Beziehe dich dabei auch auf die Materialien M1 – M3.

---

**2** In der Aufgabenstellung oben ist zum Teil schon unterstrichen worden, was von dir erwartet wird. Unterstreiche auch in den weiteren Aufgaben, was du tun sollst. Die Operatoren geben dir Hinweise. Lies dazu die Info rechts. Dort wird erklärt, was unter den Arbeitsanweisungen genau zu verstehen ist.

**3** Die Teilaufgabe c) gibt dir Hinweise, <u>was</u> du **untersuchen** und **vergleichen** sollst.
Markiere oben, auf was du besonders achten musst.
Notiere diese Punkte stichwortartig:

_____

_____

---

**INFO** zu **2**

*benennen:* Informationen zusammentragen
*zusammenfassen:* Inhalte, Aussagen oder Zusammenhänge komprimiert und strukturiert wiedergeben
*darstellen:* einen Sachverhalt, Zusammenhang oder eine methodische Entscheidung strukturiert formulieren
*vergleichen:* vorgegebene Materialien unter besonderen Bedingungen vergleichen (Ermitteln von Gemeinsamkeiten, Unterschieden und Abweichungen)
*Stellung nehmen:* nach eingehender Auseinandersetzung mit einem Sachverhalt oder einer Fragestellung eine eigene Einschätzung des Problems verfassen
*begünden:* eine Meinung/Einschätzung fachlich, sachlich oder durch Erfahrungswerte bzw. Weltwissen absichern

---

**INFO** zu **3**

Um einen Sachtext zu verstehen, musst du ihn **untersuchen**:
– Welche Informationen enthält er?
– Welcher Aufbau ist erkennbar?
– Um welche Textsorte handelt es sich?
– Welche Wirkung hat der Text?
– Welche Absicht liegt dem Text zugrunde?
– Welche sprachlichen Besonderheiten gibt es, welche Funktion haben sie?

**Vergleichen** bedeutet, Texte nach bestimmten Gesichtspunkten in Beziehung zu setzen:
– Was haben sie gemeinsam?
– Welche Unterschiede sind erkennbar?
– Inwieweit ergänzen sich die Texte?
Diese Vergleiche können sich auf Inhalt, Form, Absicht, Wirkung und Sprache beziehen.
In den Teilaufgaben findest du Hinweise, auf welche Aspekte du achten musst.

## C 3.2 Materialien vergleichen, deuten und bewerten – Fachwissen

Wenn du verschiedene Materialien (vgl. dazu die Übersicht über die Textarten im Glossar, Seite 144) miteinander vergleichen sollst, stellst du diese kurz vor (= TATTE-Satz) und fasst dann die wesentlichen Informationen aus den Texten getrennt voneinander zusammen. In der eigentlichen **Vergleichsaufgabe** wird dir ein Schwerpunkt vorgegeben, der deutlich macht, **was** du vergleichen sollst. Anschließend nimmst du zu einer Aussage oder einem im Text genannten Sachverhalt Stellung.

Die **Gliederung** deines Vergleichstextes wird dir durch die Teilaufgaben vorgegeben:

– **Stelle ... vor und benenne das gemeinsame Thema ...**

– **Fasse die Informationen ... zusammen**

– **Stelle dar, ...**

– **Setze M1 und M2 in Beziehung, indem du ... erläuterst.**

– **Nimm Stellung zu der Aussage und begründe ...**

→ Wenn du mehrere Materialien vorliegen hast, fasse dich bei der Vorstellung kurz. Hinweise zum Thema erhältst du oft schon in der Überschrift.

→ Beachte bei der Zusammenfassung den genannten Schwerpunkt: Was soll ich zusammenfassen/darstellen/wiedergeben?

→ Stelle Unterschiede und Gemeinsamkeiten bezogen auf den Schwerpunkt dar: Was soll ich in Beziehung setzen/vergleichen?

→ Argumentiere über die Texte hinaus, beziehe dich aber auch auf diese.
(vgl. dazu Teilaufgaben **1** a) – e), Seite 64)

**Ziele des Textes (= Funktion)**

Du zeigst, dass du die Inhalte aller Materialien und ihre Aussage verstanden hast und dass du erkannt hast, wie sie zueinander in Beziehung stehen. Dazu schreibst du **über** die Texte.

**Schreibstil und Art der Informationen**

• informativ
• beschreibend
• sachlich
• argumentativ

*Beachte dabei:*

✔ Schreibe nicht aus dem Text ab. **Zahlen**, **Daten**, **Namen** und **Fakten** solltest du aber **richtig übernehmen**.

✔ Gib im Vergleich und auch in der Stellungnahme **Textbelege** an. Dazu kannst du **wörtlich**, aber auch **indirekt Aussagen wiedergeben**. Ergänze immer das **Material** als Quelle, z. B. *M1, Z. 2.*

✔ Weise den **Vergleich sprachlich eindeutig** als solchen aus: *Während in M1 ..., wird in M2 deutlich, dass ...*

✔ Formuliere im **Präsens**.

### TIPP

– Weise bereits beim Lesen der Schreibaufgabe den einzelnen Teilaufgaben unterschiedliche Farben zu. Beim Erschließen des Textes markierst du in diesen Farben die Informationen, die du für die Bearbeitung der jeweiligen Teilaufgabe verwenden willst.

– Für den Vergleich kennzeichnest du die betreffenden Stellen am Rand. Wenn in Texten je eine Pro- bzw. Kontra-Meinung dargestellt wird, kannst du zur Kennzeichnung Symbole verwenden, z. B. +, –, =.

– **Achtung!** Nicht immer sind die Aufgaben gleich gegliedert. Zum Beispiel wird nicht immer verlangt, dass du die Materialien vorstellen sollst. Manchmal finden sich auch die Zusammenfassung der Inhalte und der Vergleich der Materialien in derselben Teilaufgabe (vgl. F 3, Seite 127). Beachte deshalb die Operatoren in den Teilaufgaben genau!

## C 3.3 Einen Textvergleich verfassen

Hier erhältst du eine Übersicht zur **Vorgehensweise bei der Bearbeitung der Schreibaufgabe zum Aufgabentyp 4b**. Orientiere dich bei der Bearbeitung der Aufgaben in den Kapiteln F 3 – F 5 daran. Die blau markierten Wörter (Arbeitstechniken, Operatoren, Fachbegriffe) kannst du im Glossar (ab S. 139) oder im Kapitel C 3.1 (S. 59) und C 3.5 (ab S. 63) nachschlagen. Im Internet unter **www.finaleonline.de** gibt es ergänzend einen **Lernbegleitbogen**, mit dessen Hilfe du deine Texte planen, schreiben und überprüfen kannst. Einfach dein Bundesland und „Mittlerer Schulabschluss" eingeben und das kostenlose Material herunterladen.

## Sechs Schritte zur Bearbeitung der Aufgabenstellung

**1. Schritt: Sich orientieren**
– Teilaufgaben und Operatoren erfassen
– Schreibziel erkennen
(→ **vergleichend untersuchen**)

**2. Schritt: Materialien erschließen und Inhalte erfassen**
– Texte, **Diagramme**, **Schaubilder** lesen (Lesemethode anwenden)
– unbekannte Begriffe und Ausdrücke klären
– **Schlüsselstellen** markieren und bewerten
– Inhalt abschnittsweise in Stichpunkten **zusammenfassen**

**3. Schritt: Schreibplan anlegen**      **oder**      **farbige Markierungen und Randnotizen nutzen**
– Tabelle anlegen (nach Teilaufgaben und Materialien gliedern)
– farbige Markierungen pro Teilaufgabe vornehmen
– ggf. Stichpunkte zu den Teilaufgaben am Rand notieren

**4. Schritt: Materialien auswerten und Stichworte zu den Teilaufgaben im Schreibplan festhalten**
– Informationen für die Einleitung notieren
– Inhalt abschnittsweise in Stichpunkten zusammenfassen, Aussagen der Schaubilder zum Thema kurz benennen
– Aufgaben zu Inhalten der Materialien stichpunktartig bearbeiten
– zu einer Aussage oder einem Zitat **Stellung nehmen**
– **Operatoren** und Wortlaut der Teilaufgaben berücksichtigen

**5. Schritt: Eigenen Text schreiben**

**Inhalt:**
– zusammenhängenden Text verfassen
– Einleitung formulieren/gemeinsames Thema der Materialien benennen
– Inhalte mit eigenen Worten zusammenfassen
– Aussagen der Schaubilder zum Thema darstellen
– vergleichende Ergebnisse am Text belegen
– zu einem Zitat/einer Aussage Stellung nehmen

**Darstellung:**
– im **Präsens** schreiben
– **Zitiertechniken** beachten
– in eigenen Worten formulieren
– Überleitungen formulieren
– Ergebnisse der Teilaufgaben miteinander verknüpfen
– nach Teilaufgaben Absätze einfügen

**6. Schritt: Text überarbeiten**
– Einleitung vollständig? Inhalt richtig/eigenständig zusammengefasst?
– Alle Teilaufgaben berücksichtigt?
(→ **Operatoren**) **Fazit** formuliert?
– Stellungnahme auf das Zitat/die Aussage abgestimmt?
– Im **Präsens** geschrieben?
– **Rechtschreibung, Zeichensetzung, Grammatik** korrekt?

## C 3.4 Schreibplan zu Aufgabentyp 4b

Nutze diese Tabelle zur Planung deines Vergleichs. Ergänze die Kategorien der Teilaufgaben und die Informationen aus den Materialien stichwortartig. Wenn in deiner Prüfungsvorlage nur zwei Materialien oder weniger Teilaufgaben vorkommen, kannst du einfach eine Spalte bzw. Zeile streichen. Ebenso streichst du die Kästchen, die du für die Bearbeitung der Teilaufgaben nicht benötigst.

| Teilaufgabe | M1 | M2 | M3 | M4 |
|---|---|---|---|---|
| **1** a) Einleitung: TATTE-Satz | | | | |
| gemeinsames Thema der Materialien benennen | | | | |
| **1** b) | | | | |
| **1** c) | | | | |
| **1** d) | | | | |
| **1** e) | | | | |

## C 3.5 Schreibaufgabe in sechs Schritten bearbeiten: Fitnesstracker – Chance oder Risiko?

Auf den folgenden Seiten werden die wichtigsten Arbeitsschritte für das Lesen und Erschließen eines Sachtextes und eines Schaubildes und die Schritte für die Bearbeitung der Prüfungsaufgaben dargestellt. Auf den Seiten 64 und 65 findest du den Sachtext und das Schaubild, mit denen du diese Schritte üben kannst. Auch in der angeleiteten Prüfungsaufgabe zum Thema „Digitale Welten" (Teil F) wird auf diese grundlegenden Seiten verwiesen.

### Erster Schritt: Sich orientieren

**1** Lies die Aufgabenstellung in der Prüfungsvorlage auf den Seiten 64 und 65 „mit dem Stift".
Markiere die Verben und die Schlüsselwörter.

**2** Gib mit eigenen Worten wieder, was du tun sollst.
Beachte die Reihenfolge der einzelnen Schritte.

_____

_____

_____

_____

**3** Notiere stichpunktartig, um was es in den einzelnen Materialien gehen könnte.

*Material 1: Umgang mit den Daten, die Fitnesstracker liefern*

_____

*Material 2: ...*

_____

### Zweiter Schritt: Materialien erschließen und Inhalte erfassen

**4** a) Erschließe die Materialien wie im TIPP zum zweiten Schritt dargestellt. Setze dazu die Bearbeitung fort.
b) Kennzeichne Besonderheiten, die dir auffallen, durch Unterstreichungen und Randbemerkungen.

**5** Gib den Inhalt von M 1 wieder.

– *Fitnesstracker als Hilfsmittel zur Erfassung von Gesundheitsdaten ...*

– *...*

**6** Notiere die wichtigsten Aussagen aus dem Schaubild (M2).

– *Ergebnisse einer Umfrage zur Erfassung von Gesundheits- und Fitnessdaten*

– *...*

---

**TIPP** zum ersten Schritt

Verschaffe dir einen ersten Überblick:
1. Was verlangen die Aufgaben von dir? Lies die einzelnen Teilaufgaben und unterstreiche alle wichtigen Hinweise auf das, was du tun sollst. Du erhältst oft schon Anhaltspunkte, auf was du beim Lesen und Erschließen der Texte achten musst.
2. Worum geht es in den Materialien? Was verraten die Überschriften?

---

**TIPP** zum zweiten Schritt

1. Markiere alle unbekannten Begriffe und Textstellen. Kläre sie mithilfe des Wörterbuchs. Beachte auch die Worterklärungen unter dem Text.
2. Unterstreiche oder kennzeichne Textstellen, die dir wichtig erscheinen.
3. Markiere Textstellen, die du zur Bearbeitung der Teilaufgaben heranziehen willst.
4. Notiere zu jedem Textabschnitt Stichpunkte zum Inhalt.
5. Werte das Schaubild aus wie in B 4 auf Seite 23.

## Teil II

Lies bitte zunächst die Aufgabe und dann die Materialien aufmerksam durch, bevor du mit dem Schreiben beginnst. Schreibe einen zusammenhängenden Text.

**AUFGABENSTELLUNG** Schreibaufgabe

**1** **Untersuche** die Materialien M1 und M2.
Gehe dabei so vor:

a) **Stelle** die beiden Materialien kurz **vor** und **benenne** das gemeinsame Thema von M1 und M2.

b) **Fasse** die Informationen aus M1 **zusammen**.

c) **Stelle dar**, welche Gesundheitsdaten die Befragten aus M2 ganz allgemein erfassen und welche Daten speziell von den Nutzer/-innen von Fitnesstrackern erfasst werden.

d) **Setze** die Aussagen von M1 und M2 **in Beziehung**, indem du anhand von Beispielen **erläuterst**, welche Chancen und Risiken das Aufzeichnen von Gesundheitsdaten mithilfe eines Fitnesstrackers für die Verbraucher/-innen mit sich bringt. **Belege** deine Ausführungen am Text.

e) **Setze dich** kritisch mit der folgenden Aussage einer Mitschülerin **auseinander**:

*„Ich denke, dass das Tragen eines Fitnesstrackers zu mehr Gesundheitsbewusstsein und einer positiven Veränderung des Bewegungsverhaltens beitragen kann."*

– **Nimm Stellung** zu der Aussage.

– **Begründe** deine Meinung.

– Beziehe dich dabei auch auf die Materialien.

---

**M1**   **Der vermessene Mensch**   *Sonja Álvarez*

**Immer mehr Deutsche nutzen Fitnesstracker, um zu verfolgen, wie gesund sie sind. An den Daten sind vor allem Versicherer interessiert, Verbraucherschützer fürchten die Benachteiligung alter und kranker Menschen.**

5 Berlin – Wenn Heiko Maas[1] (SPD) eine freie Minute hat, dann geht er gerne schwimmen, Rad fahren und laufen. Der Bundesminister für Justiz und Verbraucherschutz ist ein begeisterter Triathlet – und er will immer besser werden. Deshalb überprüft er beispielsweise seine Atemfrequenz und in welcher Zeit er wie viele Kilometer schafft, die Daten wertet er dann an seinem
10 Computer aus. Sonst aber habe niemand Zugriff auf diese Daten, „hoffe ich zumindest", sagte Maas am Dienstag. Maas meinte das zwar eher als Scherz, trifft dabei aber die Sorge vieler Menschen, die sich fragen, wer tatsächlich Zugriff auf ihre Daten hat. [...] Wie Maas nutzt fast jeder dritte Mensch in Deutschland laut einer Studie des IT-Branchenverbands Bitkom sogenannte
15 Fitnesstracker oder Apps, um Gesundheitsdaten aufzuzeichnen. Diese neuen Möglichkeiten der Selbstvermessung bieten zwar Chancen mit Blick auf Gesundheitsprävention[2], bergen jedoch Risiken vor dem Hintergrund, wie diese Daten genutzt werden – und vor allem von wem. [...] Wer seine Daten nicht messen lassen oder diese Daten nicht der Krankenkasse zur Verfügung
20 stellen wolle, dürfe keine Nachteile haben, betonte Maas. Wichtig sei, über diese sensiblen Daten „frei und selbstbestimmt" entscheiden zu können. Mit dieser Freiheit sei es aber nicht weit her, „wenn Krankenkassen Tarifmodelle[3] entwickeln, bei denen Versicherte den günstigen Tarif nur dann bekommen, wenn sie ihre kompletten Gesundheitsdaten ständig übermitteln." Er will
25 deshalb die Verwendung bestimmter Gesundheitsdaten auf Grundlage des

M1

neuen EU-Datenschutzrechts prüfen und gegebenenfalls einschränken. Die Sorge des Ministers kommt nicht ohne Anlass. Denn tatsächlich planen viele Versicherer bereits, die Gesundheitsdaten von Kunden zu nutzen und einen nachweislich positiven Lebensstil zu prämieren[4]. Zwar bieten die meisten Kassen schon heute ihren Mitgliedern Bonusprogramme[5] an, doch diese gehen 30 nicht auf elektronisch erfasste Daten zurück [...]. So will die Techniker Krankenkasse (TK) künftig Daten von Fitnesstrackern auf der Gesundheitskarte speichern. TK-Chef Jens Baas plädierte[6] in der „Süddeutschen Zeitung" für eine „elektronische Patientenakte", in der Ärzte neben Röntgenbildern und Laborbefunden auch Daten wie das Ausmaß der Bewegung abrufen können. 35 So könnten Krankheiten besser beobachtet und Prognosen über die gesundheitliche Entwicklung gegeben werden. [...]

Solche Programme, die den „gläsernen Kunden" belohnen, stoßen bei Verbraucherschützern indes auf Protest. So fürchtet die Deutsche Stiftung Patientenschutz, dass die Nutzung von Fitnesstrackern und Gesundheits-Apps 40 letztlich zulasten alter und kranker Beitragszahler gehe. „Wer gesund und fit ist, spekuliert auf Rabatte. Wer nicht mitmacht, ist schnell identifiziert und diskriminiert", erklärte Vorstand Eugen Brysch am Dienstag der Katholischen Nachrichten-Agentur. Alte, chronisch kranke und pflegebedürftige Mitglieder seien die Verlierer, wenn Krankenkassen neue Tarifmodelle für ihre gesunden 45 Kunden anbieten dürften. Sie müssten die Marketing-Zeche bezahlen. Problematisch ist jedoch nicht allein der Schutz der Daten, sondern auch die Genauigkeit der Messung. Stiftung Warentest hatte 2015 zwölf Smartwatches geprüft, keine davon war ohne Mängel. Viele Nutzer trainieren also möglicherweise auf Grundlage falscher Daten – was wiederum Gesundheitsrisiken birgt. 50

1 **Heiko Maas:** ehemaliger Bundesminister der Justiz und für Verbraucherschutz (von 2013 bis 2018)

2 **die Gesundheitsprävention:** die Vorbeugung vor Krankheiten

3 **der Tarif:** die Gebühr, der Beitrag

4 **prämieren:** belohnen

5 **der Bonus:** eine Vergütung, ein Rabatt

6 **plädieren:** sich für etwas aussprechen

Tagesspiegel Online. Verlag Der Tagesspiegel Online GmbH (https://www.tagesspiegel.de/wirtschaft/fitnesstracker-smartwatches-und-co-der-vermessene-mensch/12941006.html, erschienen 09.02.2016)

M2  **Umfrage: Erfassung von Gesundheitsdaten**

### Der Mensch vermisst sich selbst

Welche Gesundheits- oder Fitnessdaten erfassen Sie?

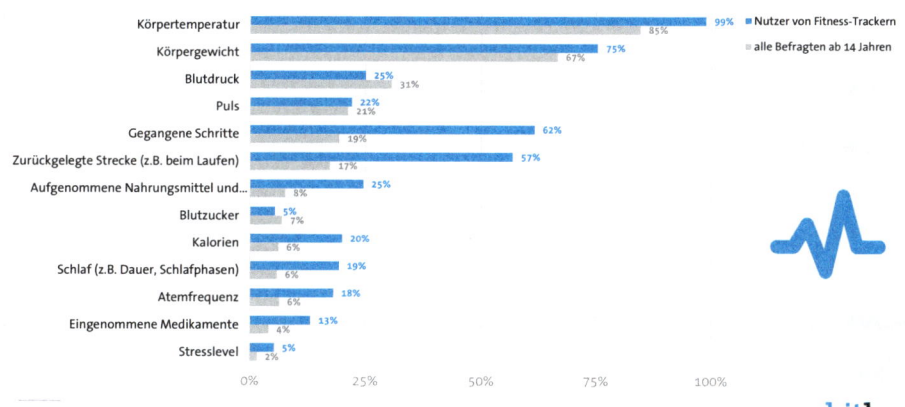

Basis: Alle Befragten (n=1.236), Nutzer von Fitness-Trackern (n=378) | Quelle: Bitkom Research

bitkom

Bitkom Research GmbH, 2016

**65**

**Dritter Schritt: Schreibplan anlegen oder Markierungen und Randnotizen nutzen**

**TIPP** zum dritten Schritt

Die **Planung der Schreibaufgabe** hilft dir, die Materialien nach den Vorgaben der Teilaufgaben zu bearbeiten und deinen Text sinnvoll zu strukturieren. Entscheide, wie du vorgehen möchtest, um die Schreibaufgabe zu planen: Verwende einen Schreibplan (Tabelle) oder arbeite mit farbigen Markierungen und Randnotizen.

1.  Nutze die Aufgabenstellung und deren Unterpunkte für deine Gliederung.
2.  a) **Planung mit Schreibplan:** Lege in einem **Schreibplan** wie unten (Tabelle) die Gliederung deines Textes (linke Spalte) fest, indem du für jede Teilaufgabe eine Zeile anlegst und die Aufgabe stichwortartig beantwortest.
    –   Zu Beginn stellst du die Materialien (M1 und M2) kurz vor, indem du jeweils Angaben zu Titel, Autor/-in, Textart und Erscheinungsjahr machst und das gemeinsame Thema formulierst (TATTE-Satz) (Teilaufgabe **1** a).
    –   In den weiteren Teilaufgaben fasst du die wichtigsten Aussagen der Materialien zusammen und vergleichst diese mit Blick auf den Schwerpunkt (hier: Teilaufgaben **1** b – d). Beachte dabei genau die verwendeten Operatoren sowie den Wortlaut der Aufgabenstellung. Sie gibt dir den Schwerpunkt des Vergleichs vor.
    –   Am Schluss musst du zu einer vorgegebenen Thematik Stellung nehmen (Teilaufgabe **1** e).
    b) **Planung anhand von Markierungen und Randnotizen:** Weise den einzelnen Teilaufgaben verschiedene Farben zu. Mit diesen Farben markierst du zugehörige Textstellen in den Materialien (siehe 2. Schritt, Aufgabe **4** b). Anschließend machst du direkt mit dem 5. Schritt weiter und schreibst deinen Text auf der Grundlage deiner farbigen Markierungen und Notizen.

**7** a) Übertrage den folgenden Schreibplan auf eine DIN-A4-Seite. Lasse in den einzelnen Zeilen ausreichend Platz. Du kannst auch den vorbereiteten Schreibplan von Seite 62 kopieren (C 3.4).
b) Vervollständige stichwortartig die linke Spalte. Orientiere dich dazu an den Teilaufgaben von Seite 64 (markierte Verben). So behältst du die Aufgaben im Blick und vermeidest Wiederholungen.

| Teilaufgaben | M1 | M2 |
|---|---|---|
| **1** a) Einleitung: TATTE-Satz | Titel: Der vermessene Mensch  Autorin: … | Titel: Umfrage: …  Quelle: … |
| Gemeinsames Thema benennen | | |
| **1** b) Informationen aus M1 zusammenfassen: | – Fitnesstracker als Hilfsmittel zur Erfassung von Gesundheitsdaten … | |
| **1** c) Darstellen, … | | |
| **1** d) … | | |
| **1** e) … | | |

**Vierter Schritt: Materialien auswerten, Stichworte im Schreibplan festhalten**

**INFO** zum vierten Schritt

1. **Vergleichen** heißt, Textaussagen, Problemstellungen und Sachverhalte aus den verschiedenen Materialien unter bestimmten Aspekten gegenüberzustellen mit dem Ziel, Gemeinsamkeiten, aber auch Unterschiede zu ermitteln.

2. Wenn du dich dafür entschieden hast, den Schreibplan nicht als Tabelle anzulegen, sondern deinen Text durch farbiges Markieren vorzubereiten, musst du die Stichwörter zu den Aufgaben **8** – **14** (S. 67/68) nicht notieren. Dann erarbeitest du die Aufgaben direkt an den Materialien, markierst passend zu den Aufgaben die Textstellen farbig und schreibst wichtige Notizen, wie z. B. das gemeinsame Thema, an den Rand. Nutze die Notizen zu den Aufgaben als Formulierungshilfen.

---

**8** Ergänze nun deinen Schreibplan stichwortartig. Beginne mit der Einleitung (Teilaufgabe **1** a):

a) Stelle M1 und M2 kurz vor. Notiere Titel, Autor/-in, Erscheinungsjahr und Textart.

*Bei M1 handelt es sich um einen Sachtext von Sonja Álvarez. Der Text trägt den Titel „Der vermessene Mensch" und ist am 09.02.2016 auf der Internetseite tagesspiegel.de erschienen.*
*M2 bildet die Ergebnisse einer Umfrage von Bitkom Research zur Frage ...*

**TIPP** zu **8**

Stelle die Materialien vor. Nenne dazu Autor/-in, Titel und Erscheinungsjahr. Ermittle die Textart genauer, wenn möglich. Notiere das Thema der Materialien in wenigen Sätzen.

b) Formuliere das gemeinsame Thema.

*Beide Materialien beschäftigen sich mit dem Thema „Erfassung von Gesundheitsdaten" und der Rolle, die Fitnesstracker dabei spielen ...*

**9** Fasse in der zweiten Zeile des Schreibplans die Informationen aus M1 zusammen (Teilaufgabe **1** b). Nutze dazu deine Stichpunkte aus dem zweiten Schritt (Aufgabe **4**, S. 63).

– *Fitnesstracker als Hilfsmittel, um Gesundheitsdaten zu erfassen*
– *fast jeder dritte Deutsche nutzt Fitnesstracker oder entsprechende Apps*
– *Möglichkeit zur Selbstvermessung bietet Chancen im Hinblick auf die Gesundheitsprävention*
– *Risiken in Bezug auf Datenschutz: Wer kann die mithilfe der Tracker erfassten Daten nutzen und wofür?*
– *...*

**10** Bearbeite nun das Schaubild M2. Stelle dar, welche Gesundheitsdaten die Befragten ganz allgemein erfassen und welche Daten speziell von den Nutzern von Fitnesstrackern erfasst werden. Nutze dazu die dritte Zeile deines Schreibplans (**1** c).

– *Ergebnisse einer Umfrage zum Thema „Welche Gesundheits- und Fitnessdaten erfassen Sie?", Quelle: Bitkom Research GmbH*
– *Befragte: Menschen ab 14 Jahren, Unterscheidung zwischen: alle Befragten und Nutzer/-innen von Fitnesstrackern ...*
– *erfasste Gesundheits- und Fitnessdaten: ...*
– *...*

**TIPP** zu **10**

1. Lies zuerst die Überschrift und den Begleittext zum Diagramm.
2. Stelle fest, ob es sich um Mengen- oder Prozentangaben handelt.
3. Untersuche nun Auffälligkeiten, z. B. auffällig hohe oder auffällig niedrige Werte.

**11** Setze M1 und M2 zueinander in Beziehung, indem du untersuchst, was die Materialien gemeinsam haben bzw. worin sie sich unterscheiden oder ergänzen (Teilaufgabe **1** d). Markiere dazu in M1 Textstellen, die sich mit den Chancen und Risiken der Nutzung von aufgezeichneten Gesundheitsdaten befassen. Notiere dann, inwieweit die Aussagen aus M2 diese Aussagen ergänzen oder unterstützen. Ergänze deine Ergebnisse zu **1** d) in der vierten Zeile des Schreibplans.

*M1:   — Chancen: Datenerhebung per Fitnesstracker als Möglichkeit zur Gesundheitsprävention ...*
*      — Risiken: Datenschutz, Krankenkassenbeiträge basierend auf Daten zum persönlichen Bewegungsverhalten ...*
*M2:   — nennt keine Chancen und Risiken, sondern informiert ganz allgemein darüber, welche Gesundheits- und Fitnessdaten die Menschen erfassen*
*      — Ergebnisse der Umfrage unterstreichen die Aussage aus M1 (-> die Nutzer/-innen von Fitnesstrackern erfassen besonders häufig Daten aus den Bereichen, die wichtig sind, wenn es darum geht, Krankheiten vorzubeugen, zum Beispiel ...)*

**12** Lies die Teilaufgabe **1** e). Mache dir klar, wozu du Stellung nehmen sollst. Erläutere die Aussage im Schreibplan kurz in eigenen Worten.

*Eine Schülerin hat gesagt, dass sie der Meinung ist, dass das Tragen eines Fitnesstrackers zu mehr Gesundheitsbewusstsein und einer positiven Veränderung des Bewegungsverhaltens führen kann ...*

**13** Notiere, welchen Standpunkt du vertrittst.

*Ich stimme der Meinung der Schülerin zu/nicht zu, weil ...*

**14** Sammle Stichworte zu Teilaufgabe **1** e). Notiere sie in deinem Schreibplan. Notiere auch die Textstellen, die du als Belege in deiner Stellungnahme berücksichtigen willst.

**TIPP** zu **12** – **14**

1. In der Stellungnahme wird von dir erwartet, dass du dich mit einer Aussage bzw. einem Zitat aus dem Text befasst.
2. Stelle deinen Standpunkt klar und eindeutig dar. Du kannst der Aussage zustimmen, sie ablehnen oder auch einen Kompromiss finden.
3. Begründe deine Position durch nachvollziehbare Argumente und veranschauliche sie durch Beispiele. Beziehe dich dabei auf den Text und auf Erfahrungen aus deinem Umfeld.

**Fünfter Schritt: Text schreiben**

**TIPP** zum fünften Schritt

1. Schreibe deinen Text auf DIN-A4-Papier. Lasse einen **breiten Rand** an der Seite, damit du für die Überarbeitung Platz hast.
2. Bringe die Ergebnisse aus deinem Schreibplan in einen **schlüssigen und zusammenhängenden Gedankengang**. Achte darauf, dass du Wiederholungen vermeidest.
   Wenn du nur markiert und dir Notizen am Rand gemacht hast, nutzt du diese Vorarbeiten als Grundlage für deinen zusammenhängenden Text. Achte beim Schreiben auch hier darauf, dass du Wiederholungen vermeidest.
3. Verwende **Zitate**, wenn du etwas Typisches oder Bemerkenswertes herausstellen willst oder **um eigene Aussagen zu belegen**. Kennzeichne Zitate durch Anführungszeichen und Zeilenangaben in Klammern: *„Maas trifft „die Sorge vieler Menschen, die sich fragen, wer tatsächlich Zugriff auf ihre Daten hat." (M1, Z. 12/13)*
4. Verwende die richtigen Fachbegriffe, denn mit ihnen kannst du präzise formulieren. Damit dein Text zusammenhängend wirkt, verwende passende **Satzverknüpfungswörter**. Setze nach jeder Teilaufgabe einen **Absatz**.

**15** Verfasse deinen Textvergleich auf einem Extrablatt. Orientiere dich am TIPP zum fünften Schritt auf Seite 68 und nutze die Ergebnisse deiner Vorarbeit sowie die folgenden Textanfänge zu den Teilaufgaben.

_Teilaufgabe_ **1** _a): Es liegen zwei Materialien vor: M1 ist … / Das gemeinsame Thema lautet …_

_Teilaufgabe_ **1** _b): Die Autorin von M1 schildert, dass Fitnesstracker …_

_Teilaufgabe_ **1** _c): Das Schaubild M2 bildet die Ergebnisse einer Umfrage zur Frage … ab. Darin wird aufgeführt, dass …_

_Teilaufgabe_ **1** _d): Während M1 sowohl Chancen und Risiken der Erfassung und Weiterleitung von Gesundheitsdaten per Fitnesstracker erläutert, wird in M2 dargestellt, dass …_
_Die M2 in dargestellten Ergebnisse der Umfrage zum Thema …  unterstützen …_

_Teilaufgabe_ **1** _e): Die Aussage der Schülerin, die sagt, dass …, kann ich nachvollziehen/nicht nachvollziehen …_

### Sechster Schritt: Text überarbeiten

**16** Überarbeite deinen Text. Verwende dazu die CHECKLISTE.

**CHECKLISTE** zur Überarbeitung von Texten (Aufgabentyp 4b)

1. **Den Text inhaltlich überprüfen (Inhaltsleistung)**
   - ☑ Hast du in deinem Text alle Unterpunkte der Aufgabenstellung und die Ergebnisse aus deinem Schreibplan berücksichtigt (Operatoren)?
   - ☑ Sind deine Ergebnisse für den Leser nachvollziehbar formuliert?
   - ☑ Wurden nachvollziehbare Schlussfolgerungen gezogen, die sich sinnvoll aus den Materialien ergeben?
   - ☑ Hast du deine Aussagen am Text belegt?
   - ☑ Hast du deine Ergebnisse verknüpft und Zusammenhänge hergestellt?
   - ☑ Hast du in der Stellungnahme deine Position durch Begründungen gestützt und Bezug auf die Materialien genommen?

2. **Den Text sprachlich überprüfen (Darstellungsleistung)**
   - ☑ Hast du den Text sinnvoll gegliedert? Ist er durch Absätze überschaubar gestaltet?
   - ☑ Hast du unnötige Wiederholungen und unklare Formulierungen vermieden?
   - ☑ Kannst du komplizierte Sätze vereinfachen?
   - ☑ Hast du Zusammenhänge durch sinnvolle Satzverknüpfungen verdeutlicht?
   - ☑ Überprüfe auch Rechtschreibung, Zeichensetzung und Grammatik, denn sie fließen in die Bewertung ein.

   ➡ Kontrolliere deinen Text mehrfach und berücksichtige deine persönlichen Fehlerschwerpunkte.

# D Prüfungsaufgaben zum Themenbereich „Medien und Kultur"

In diesem Kapitel bearbeitest du zu dem Thema „Medien und Kultur" mehrere Prüfungsbeispiele.
Notiere die benötigte Arbeitszeit (siehe Seite 7).

## D 1 Leseverstehen: Lernt langsam lesen! (angeleitetes Üben)

### Teil I
Lies den Text sorgfältig durch und bearbeite die Aufgaben **1** – **14**.

### Lernt langsam lesen! *Johan Schloemann*

(1) Das ist natürlich ganz prima, dass jetzt all die Buchmenschen zur Buchmesse
fahren, weil es wieder Zehntausende dicke neue Bücher anzuschauen gibt.
Aber es stellt sich verschärft die Frage: Wer soll das alles lesen? Die Frage ist
zwar schon uralt. Und seit Erfindung des Buchdrucks wurde sie immer neu
5 mit wachsendem Unmut gestellt. Doch heute spüren Menschen, die gerne
lesen oder lesen würden, neben der Konkurrenz zwischen den unzähligen
Titeln zusätzlich noch die unglaubliche Macht der digitalen Ablenkung, von
Jahr zu Jahr stärker. Alles fühlt sich irgendwie so weggewischt, ausgeflimmert
und herumgezwitschert an.

10 (2) Was also tun? Man könnte sich in Frankfurt auf der Messe verabreden,
zu Hause einen „Slow Reading Club" zu gründen. Das ist gerade ziemlich
angesagt. [...] Man trifft sich in einem Café oder einer Bar, macht es sich
gemütlich, schaltet sein Telefon aus, keiner darf reden – und dann gilt, wie
es in der Ankündigung eines dieser Klubs heißt: „Genießt eine Stunde leisen,
15 ununterbrochenen Lesens!" Nach der stillen Lesezeit darf, wer will, bleiben
und sich unterhalten. Zur Vorbereitung gibt es nur eine Anforderung: BYOB.
Also „Bring your own book", bring dein eigenes Buch mit. Die Slow-Reading-
Bewegung folgt dabei von ferne dem Vorbild der aus Italien stammenden
Slow-Food-Bewegung – nur dass man in den Leseklubs, anders als beim Slow
20 Food, auch nichtregionale Produkte verzehren darf.

(3) Das moderne Gefühl der Hast und Beschleunigung war stets mit medialen
Umbrüchen[1] verbunden. [...] Es liegen naturgemäß noch keine Langzeitstudien[2] darüber vor, was die Echtzeit-Kommunikation im Netz mit unserem
Leseverhalten und unserer Konzentrationsfähigkeit genau anstellt. Facebook,
25 das nunmehr Milliarden Menschen verbindet, gibt es erst seit zehn Jahren;
und außerdem hängt vieles von individuellen Eigenschaften und Prägungen
ab. Aber es mehren sich doch die Klagen und Erfahrungsberichte, dass es
insgesamt viel schwieriger geworden sei, sich auf längere Lektüren voll und
ganz einzulassen [...].

30 (4) Vor einigen Jahren schon berichtete die Leseforscherin Maryanne Wolf
über ihren Versuch, ihr einstiges Lieblingsbuch wiederzulesen, nämlich einen
Roman des Schriftstellers Hermann Hesse: „Ich las dreißig Seiten, aber wie
eine Maschine. Es war, als würde ich nur Informationen aufnehmen, ohne sie
zu verarbeiten und darüber nachzudenken. Ich las wie ein Prozessor[3], ohne
35 Gefühl, ohne Fantasie. Es war ein Schock." [...]

(5) Eine Studie mit Jugendlichen, die 2013 im International Journal of Educa-
tional Research veröffentlicht wurde, stellt fest, dass das Hin- und Herhüpfen

zwischen verschiedenen Fenstern und Angeboten auf Computerbildschirmen die geistige Erfassung der einzelnen Inhalte deutlich beeinträchtigt.

(6) Der Wiener Germanist[4] und Medienforscher Günther Stocker schreibt 40 über die Fähigkeit zum ungestörten Lesen: „Inwiefern Romane, die für die Lektüre gedruckter Bücher verfasst wurden, in der von digitalen Medien geprägten Welt tatsächlich unlesbar – im Sinne eines vertiefenden Lesens – werden, hängt auch von individuellen Nutzungsentscheidungen ab." [...] So eine Nutzungsentscheidung haben die „Slow Reading"-Liebhaber getroffen. 45 Ihre Lösung lautet: Wenn die Leute zwischen Berufsleben und Familie, zwischen vielen abendlichen Internetstunden und vierhundert amerikanischen Qualitäts-Fernsehserien selbst keine Lücke mehr finden für etwas, das sie eigentlich wahnsinnig gerne tun oder getan haben, nämlich gute Bücher zu lesen – dann muss man sich eben, für den Anfang zumindest, gemeinsam 50 zu einem festen Termin treffen, wie zu einem wöchentlichen Yoga-Kurs. [...]

(7) Natürlich ist das „langsame", also ungehetzte und sehr aufmerksame Lesen für sich genommen nichts Neues. [...] Umgekehrt sind Ablenkungen, Abbrüche und Abschweifungen beim Lesen auch nicht erst mit Fernsehen und Internet in die Welt gekommen – darauf hat der Germanist Heinz Schlaffer 55 in mehreren Beiträgen hingewiesen. Das diagonale Lesen, so Schlaffer, habe nicht das moderne Management erfunden, sondern „der Romanleser, der langweilige Textabschnitte überfliegt, um möglichst schnell zu den spannenden zu kommen". [...]

(8) Die „Slow Reading"-Bewegung dürfte jedem sympathisch sein, der sich 60 medial und sonstwie gehetzt fühlt. Aber noch bleibt unklar, wohin sie will. Der amerikanische Literaturprofessor David Mikics gibt in seinem Buch „Slow Reading in a Hurried age"[5] viele Ratschlage, darunter: Stellen rausschreiben, Wörterbuch benutzen, die Gliederung des Textes erkennen. Na, das ist aber eher klassischer Literaturunterricht durch die Hintertür! Die „Slow Reading 65 Clubs" hingegen wollen nur einen Schutzraum für entspanntes Lesen schaffen. Gegen eine allgemeine Atmosphäre, in der man sich fürs versunkene Lesen fast schon schämen muss.

1 **mediale Umbrüche:** deutliche Veränderungen im Medienbereich

2 **Langzeitstudie:** Untersuchung über einen längeren Zeitraum

3 **Prozessor:** zentraler Teil des Computers, der die Eingaben steuert und verarbeitet

4 **Germanist:** Wissenschaftler, der sich mit der deutschen Sprache und Literatur beschäftigt

5 **„Slow Reading in a Hurried Age":** sinngemäß übersetzt: langsames Lesen in einem beschleunigten Zeitalter

„Lernt langsam lesen!", Johan Schloemann, SZ.de vom 13.10.2015 (http://www.sueddeutsche.de/kultur/ slow-reading-bewegung-lernt-langsam-lesen-1.2689979?reduced=true, Zugriff: 07.02.2018), verändert

## LÖSUNGSHILFEN zu 1 – 14

1 Nicht gleich in die Aufgaben stürzen! Erschließe zuerst den Text wie in B 3 (S. 21) dargestellt.
- Markiere wichtige Schlüsselstellen.
- Formuliere am Rand Überschriften oder Stichwörter zu den Sinnabschnitten. Du findest zu den Aufgaben dann schnell die passenden Textstellen.

**AUFGABEN  1 – 14**

**TIPP**  Richtige Aussagen ankreuzen

Suche zu jeder Aussage die passende Stelle im Text und unterstreiche sie. Oft findest du in der Aufgabenstellung bereits einen Hinweis darauf, in welchem Abschnitt du die Textstellen findest. Überprüfe genau, ob die Textstelle mit der Aussage unten übereinstimmt bzw. worin sich Text und Aussage unterscheiden. Achte auf Wortwahl, Fragestellung und Schlüsselwörter.

**1**  Kreuze die richtige Antwort an.
Die Frage *„Wer soll das alles lesen?"* (Z. 3) bedeutet im Textzusammenhang, dass ...

a)  es zu viele Buchmessen gibt.  ☐

b)  die meisten Bücher zu dick sind.  ☐

c)  eine Fülle an Lesestoff existiert.  ☐

d)  der Kreis der Leser unbekannt ist.  ☐

**2**  Kreuze die richtige Antwort an.
Eine zusätzliche Herausforderung für Menschen, die gerne lesen, ist die (Abschnitt 1) ...

a)  Menge an verfügbaren Daten.  ☐

b)  Schwierigkeit von langen Texten.  ☐

c)  Zerstreuung durch die neuen Medien.  ☐

d)  Unverständlichkeit der Informationen.  ☐

**3**  Kreuze die richtige Antwort an.
Für die neue Bewegung ist es vor allem wichtig (Abschnitt 2), ...

a)  gemütlich zu Hause zu lesen.  ☐

b)  mit engen Freunden zu lesen.  ☐

c)  fremdsprachige Bücher zu lesen.  ☐

d)  still und ungestört zu lesen.  ☐

**4**  Kreuze die richtige Antwort an.
Die Slow-Reading-Bewegung unterscheidet sich von der Slow-Food-Bewegung durch (Abschnitt 2) ...

a)  die Lust am gemeinschaftlichen Tun.  ☐

b)  den besonders langsamen Genuss.  ☐

c)  das Nutzen überregionaler Erzeugnisse.  ☐

d)  die Vorliebe für italienische Produkte.  ☐

**Quelle (Aufgaben):** Qualitäts- und UnterstützungsAgentur – Landesinstitut für Schule, Soest 2018

**5** Kreuze die richtige Antwort an.
Es gibt noch keine Langzeitstudien über den Zusammenhang von Leseverhalten (Abschnitt 3) und …

a) dem Missbrauch von Computerspielen. ☐

b) der Nutzung sozialer Netzwerke. ☐

c) den Folgen gemeinsamen Lesens. ☐

d) der Entwicklung individueller Eigenschaften. ☐

---

**TIPP** zu **6** : Textzusammenhang berücksichtigen

1. Markiere die angegebene Textstelle.
2. Mache dir klar, was das Zitat/die Textaussage bedeutet (z. B. Was bedeutet *Prozessor*?).
3. Schlage unbekannte Begrifflichkeiten im Wörterbuch nach, erschließe sie aus dem Textzusammenhang oder orientiere dich an den vorhandenen Worterklärungen unter dem Text.
4. Lies die Textaussagen, die vor oder hinter der angegebenen Textstelle stehen, und unterstreiche die zu der Textaussage passenden Aussagen bzw. Schlüsselwörter (z. B. … *ohne Gefühl,* …).
5. Formuliere die Antwort mit eigenen Worten: *Mit dem Zitat „Ich las wie ein Prozessor …" (Z. 34) ist gemeint, dass …*

---

**6** Erläutere das Zitat *„Ich las wie ein Prozessor …"* (Z. 34) im Textzusammenhang.

_____

_____

_____

_____

_____

_____

**7** Kreuze die richtige Antwort an.
Durch das Lesen und Kommunizieren am Bildschirm wird das Verständnis von Gelesenem (Abschnitt 5) …

a) erschwert. ☐

b) verbessert. ☐

c) erleichtert. ☐

d) vertieft. ☐

---

**TIPP** zu **7** : Wortbedeutungen unterscheiden

Bei vorgegebenen Antworten, die nur aus einem Wort bestehen, vergewissere dich, dass du die Bedeutung der Wörter und die Unterschiede zwischen den Bedeutungen im Zusammenhang ermittelst.

**8** Kreuze die richtige Antwort an.
Der Germanist und Medienforscher Günther Stocker sagt, dass die Fähigkeit zum ungestörten Lesen auch bestimmt ist durch (Abschnitt 6) ...

a) die Menge an Literatur. ☐

b) den Einfluss neuer Medien. ☐

c) das Verhalten des Lesers. ☐

d) die Qualität des Buches. ☐

**9** Kreuze die richtige Antwort an.
„Slow Reading Clubs" dienen dazu, dass Menschen (Abschnitt 6) ...

a) nicht nur im Kreise der Familie lesen. ☐

b) sich Zeit zum Lesen nehmen. ☐

c) Beruf und Freizeit voneinander trennen. ☐

d) Lesen mit Yoga verbinden. ☐

**10** Kreuze die richtige Antwort an.
Diagonales Lesen bedeutet nach Schlaffer (Abschnitt 7), dass der Leser ...

a) Schwieriges nicht erkennt. ☐

b) Uninteressantes überspringt. ☐

c) Kompliziertes nicht versteht. ☐

d) Spannendes verarbeitet. ☐

**11** Kreuze die richtige Antwort an.
Für das „Slow Reading" empfiehlt der amerikanische Professor David Mikics (Abschnitt 8) ...

a) klassische Bücher zu lesen. ☐

b) Ratschläge aufzuschreiben. ☐

c) den Text zu verkürzen. ☐

d) Wörter nachzuschlagen. ☐

**12** Erläutere die Aussage, dass man sich in der heutigen Zeit *„fürs versunkene Lesen fast schon schämen muss."* (Z. 67/68), im Zusammenhang des gesamten Textes.

_____

_____

_____

_____

_____

_____

---

**TIPP** zu **13**

Falls der Abschnitt nicht angegeben ist, in dem du die passende Aussage findest, gehe so vor:

1. Markiere in der Aussage das Schlüsselwort (z. B. „Slow Reading-Bewegung").
2. Überfliege den Text, suche nach dem Schlüsselwort und unterstreiche es.
3. Lies die Textstellen rund um das unterstrichene Schlüsselwort genau und entscheide, welche Aussage am besten zu dem dargestellen Kontext passt.

---

**13** Kreuze die richtige Antwort an.
Die im Text beschriebene „Slow Reading"-Bewegung spricht in erster Linie Menschen an, die …

a) die Lektüre eines Textes genießen möchten.  ☐

b) einen gemütlichen Raum zum Lesen suchen.  ☐

c) komplizierte Bücher verstehen wollen.  ☐

d) sich einen langen Text erarbeiten wollen.  ☐

**14** Ein Schüler sagt nach dem Lesen des Textes:

*„Slow Reading-Clubs sind eine gute Alternative zum einsamen Lesen zu Hause."*

Schreibe eine kurze Stellungnahme zu dieser Aussage.
Du kannst dieser Auffassung zustimmen oder nicht. Wichtig ist, dass du deine Meinung begründest. Beziehe dich dabei auf den Text.

*Ich stimme der Aussage des Schülers, dass …*
_____
_____

*zu / nicht zu, denn …*

**TIPP** Zu einer Aussage Stellung nehmen

1. Entscheide dich für eine der beiden Möglichkeiten: *Ich stimme zu/nicht zu.*
2. Überfliege den Text noch einmal und markiere Textaussagen, die deine Auffassung unterstützen.
3. Greife zu Beginn die Aussage, zu der du dich äußern willst, noch einmal auf.
4. Beziehe dich bei deiner Begründung auch auf die markierten Textaussagen *(Slow Reading Clubs stellen ein attraktives Angebot für Leser dar, denn so kommen Treffen von Buchinteressierten zustande, die …).*

_____
_____
_____
_____
_____
_____
_____
_____
_____
_____
_____
_____

## D 2  Original-Prüfung 2022: Leseverstehen: Die Gewissenhaften (selbstständiges Üben)

### Teil I

Lies zunächst den Text sorgfältig durch und bearbeite anschließend die Aufgaben **1** – **14**.

### Die Gewissenhaften  *Boris Herrmann*

*Die in der Mitte bemerkt man nicht – aber sie bekommen alles mit: Über die Stenografen[1] und ihre Arbeit im Bundestag.*

(1) Henning van de Loo, 51, wird gleich seinen Arbeitsplatz in der ersten Reihe des Deutschen Bundestags einnehmen – dort also, wo in Deutschland zum Bei-
5  spiel neue Gesetze diskutiert und beschlossen werden. [...]  Zu seinem Job als Stenograf gehört es, stets so unscheinbar wie möglich dabei zu sein. Er darf den Sitzungsverlauf des Parlaments in keiner Weise beeinflussen, er soll ihn proto-kollieren. Und zwar lückenlos. [...]  Kein gesprochenes Wort, kein Klatscher, kein Zuruf, keine Ironie am Rande, keine atmosphärische Störung darf ihm entgehen.
10  Und spätestens am nächsten Morgen um neun Uhr muss das Protokoll der Öf-fentlichkeit in „maschinengeschriebener Form" zur Verfügung stehen. [...]
(2) Jemand hat die Stenografie einmal als die verkannte Schönheit des geis-tigen Leistungssports bezeichnet. Das passt auch deshalb, weil die gut 30 Mitarbeiterinnen und Mitarbeiter des Stenografischen Dienstes im Bundes-
15  tag wie Staffelläufer arbeiten. Im Fünf-Minuten-Takt wechseln sie sich beim Protokollieren im Plenarsaal[2] ab. Mit Spitzengeschwindigkeiten von mehr als 400 Silben pro Minute bringen sie das Geschehen zu Papier, fünf bis acht Mal schneller als mit einer üblichen Handschrift. Sie hören dem Hauptredner zu und versuchen gleichzeitig, bis zu 709 Abgeordnete im Blick zu haben.
20  Natürlich sind längst nicht immer alle da, aber dafür sitzen die, die da sind, stets woanders. Das macht es nicht einfacher, den Zwischenrufen in Sekun-denbruchteilen einen Namen zuzuordnen. „Stopp, bitte nicht so schnell", kann van de Loo nicht sagen. [...]
(3) Henning van de Loo bewegt den Kopf wie ein Tennis-Schiedsrichter, wäh-
25  rend er stenografiert. Als der Bundestagspräsident den nächsten Tagesord-nungspunkt aufruft, sind van de Loos fünf Minuten Protokollzeit schon wieder um. Er hat in dieser Zeit eine Rede, den Verlauf einer Abstimmung sowie 15 Zwischenrufe und Zwischenbemerkungen [...] notiert. All das passt bei ihm auf zwei DIN-A5-Zettel. [...] Damit eilt er zurück in sein Büro, wo bereits
30  eine Schreibkraft auf ihn wartet. [...] Die beiden haben jetzt etwa eine Stunde Zeit, um aus der stenografischen Kurzschrift eine lesbare Langschriftversion zu machen. [...] Dabei redigiert[3] van de Loo bereits im Kopf. [...] Das gespro-chene Deutsch enthält fast immer Füllwörter, Versprecher und Halbsätze, die ins Nichts führen. Zu den Aufgaben des Stenografen gehört es daher, den
35  Text während des Diktats an die Schreibkraft in eine druckreife Fassung zu verwandeln. Dabei dürfen aber weder der Inhalt noch der Duktus[4] der Rede verändert werden. Das ist die eigentliche Kunst der Parlamentsstenografie.
(4) All das geschieht unter enormem Zeitdruck. „Punkt, Diktat Ende." Kurze Pause. Dann muss van de Loo wieder in den Plenarsaal für seine nächsten
40  fünf Minuten. Sechs solcher Einsätze haben er und jeder seiner Kollegen an diesem Arbeitstag. [...] „An einem Parlamentsprotokoll arbeiten 30 Leute, es

soll am Ende aber wie aus einem Guss klingen", sagt van de Loo. Durch diesen ständigen Wechsel von der Mitschrift im Plenarsaal und dem Diktat im Schreibbüro ist es möglich, dass jede Rede bereits eine Stunde, nachdem sie gehalten wurde, schriftlich vorliegt. Wenn der Text fertig ist, haben die Redner 45 noch zwei Stunden Zeit für kosmetische Korrekturen, inhaltlich dürfen sie nichts mehr verändern. Der Stenografische Dienst des Bundestags ist stolz darauf, zu den schnellsten der Welt zu gehören. [...]

(5) Der Beruf des Stenografen existiert praktisch nur noch im Bundestag und in den Landtagen. Selbstverständlich wird auch dort alles von Kameras 50 und Mikrofonen aufgezeichnet. Aber keine Kamera kann den Namen eines Zwischenrufers erfassen. Und wenn mehrere Abgeordnete gleichzeitig reden, fängt ein Mikrofon meist nur unverständlichen Brei ein. Es gibt nicht mehr viele Orte, an denen die Maschinen den Menschen unterlegen sind, aber das unübersichtliche, mitunter auch chaotische Treiben im Parlament gehört of- 55 fenbar dazu. Sechs Fraktionen[5] [...] , sieben Parteien, eine Rekordzahl von 709 Abgeordneten. Es liegt auf der Hand, dass da auch die Zahl der Zwischenrufe deutlich zugenommen hat. Umso wichtiger ist, dass die Stenografen ihr Handwerkszeug beherrschen: schnell schreiben und Gesichter kennen. [...]

(6) Über eine Stellenanzeige gelangte Petra Augustin, 54, in den Stenografischen 60 Dienst des niedersächsischen Landtages und stieg später in den Bundestag auf. Van de Loo und Augustin gehören heute zu einer Gruppe von vielleicht 200 Eingeweihten in Deutschland, die die sogenannte Redeschrift beherrschen. Das ist die schnellste und höchste Form der Stenografie. [...] Augustin sagt: „Bei der Redeschrift gibt es nicht mehr für jedes Wort ein festgelegtes Zei- 65 chen." Vieles ist so reduziert, dass es sich später nur im Textzusammenhang wieder entziffern lässt. Jeder findet seine eigenen Wege, um zu kürzen. Was Augustin aufschreibt, kann sogar van de Loo nicht ohne Weiteres lesen. [...]

(7) Was die Stenografen im Bundestag machen, ist an geistiger Komplexität mit Hochleistungsschach oder Free-Jazz[6] vergleichbar. Tatsächlich rekrutiert[7] 70 der Stenografische Dienst auch aus diesen Bereichen seinen Nachwuchs. „Wer ein Instrument spielt, der hat es im Kopf und in der Hand. Das sind bei uns gute Einstellungsvoraussetzungen, und da gibt es immer mehr Quereinsteiger", sagt Augustin. Inzwischen ist ihre Abteilung jedoch auch zunehmend auf den immer kleiner und älter werdenden Kreis von Sportstenografen angewiesen, 75 die in ihrer Freizeit um die Wette kürzeln. [...]

1 **Stenografen** beherrschen eine besondere Schrift (Stenografie), die einzelne Buchstaben oder Gruppen von Buchstaben durch verkürzte Schriftzeichen wiedergibt. Deshalb wird Stenografie auch Kurzschrift genannt.

2 **Plenarsaal:** *hier:* Raum, in dem das Parlament die regelmäßigen Sitzungen abhält

3 **redigieren:** einen Text fehlerfrei gestalten

4 **Duktus:** *hier:* sehr persönliche und charakteristische Art zu sprechen

5 **Fraktion:** eine Gruppe von Abgeordneten einer Partei im Parlament

6 **Free-Jazz:** hochkonzentriertes und zugleich freies Zusammenspiel von Musikern, bei dem sich diese auf ihren jeweiligen Instrumenten sowohl musikalisch entfalten als auch spontan aufeinander reagieren

7 **rekrutieren:** *hier:* beziehen, gewinnen

Süddeutsche Zeitung, Nr. 295, 21./22.12.2019, S. 3 (Text gekürzt und geringfügig verändert)

**AUFGABEN 1 – 14**

**1** Kreuze die richtige Antwort an.

Als Stenograf muss Henning van de Loo (Abschnitt 1) ...

a) insbesondere Texte von neuen Abgeordneten überarbeiten. ☐
b) unter anderem Reden im Bundestag genau mitschreiben. ☐
c) Bundestagssitzungen öffentlich zusammenfassen. ☐
d) Sitzungsverläufe im Bundestag koordinieren. ☐

**2** Kreuze die richtige Antwort an.

Das Besondere an der Stenografie ist, dass (Abschnitt 2) ...

a) sie Schön- und Kurzschrift miteinander verbindet. ☐
b) man beim Schreiben nicht auf das Blatt schauen muss. ☐
c) sie sich von der üblichen Langschrift kaum unterscheidet. ☐
d) durch ihre Anwendung ein hohes Schreibtempo erreicht wird. ☐

**3** Kreuze die richtige Antwort an.

Über die Stenografie wurde gesagt, sie sei „die verkannte Schönheit des geistigen Leistungssports"
(Z. 12/13). Damit ist gemeint (Abschnitt 2), dass Stenografie eine ...

a) von vielen unterschätzte Disziplin des Leistungssports ist. ☐
b) besonders anspruchsvolle Variante des Schönschreibens ist. ☐
c) Kunst ist, bei der Gehörtes unter extremen Bedingungen verschriftlicht wird. ☐
d) Art Wettkampf ist, bei dem sich mehrere Protokollanten im Schnellschreiben messen. ☐

**4** Erläutere im Textzusammenhang (Abschnitte 2 und 3) die Aussage „*Henning van de Loo bewegt den Kopf wie ein Tennis-Schiedsrichter, während er stenografiert.*" (Z. 24/25)

**5** Kreuze die richtige Antwort an.

Nach einer 5-minütigen Protokollzeit im Plenarsaal muss van de Loo seine Mitschrift im Schreibbüro
(Abschnitt 3) ...

a) einem bereits auf ihn wartenden Stenografen überreichen. ☐
b) inhaltlich kürzen und anschließend in den Druck geben. ☐
c) einer Schreibkraft zur grammatischen Korrektur vorlegen. ☐
d) einer Schreibkraft diktieren und dabei druckreif machen. ☐

**6** Erläutere die Aussage „*[Das Protokoll] soll am Ende aber wie aus einem Guss klingen*" (Z. 42) im
Textzusammenhang (Abschnitt 4).

**7** Kreuze die richtige Antwort an.

Nachdem die Rede eines Abgeordneten protokolliert wurde (Abschnitt 4), ...

a) wird sie dem Redner zur Überprüfung vorgelegt. ☐
b) ist die Arbeit des Stenografen abgeschlossen. ☐
c) korrigiert das Schreibbüro inhaltliche Fehler. ☐
d) bringt der Stenograf sie schnell zum Druck. ☐

**Quelle (Aufgaben):** Qualitäts- und UnterstützungsAgentur – Landesinstitut für Schule, Soest 2022

**8** Kreuze die richtige Antwort an.

Der Einsatz beruflicher Stenografen (Abschnitt 5) …

a) setzt ein rücksichtsvolles Verhalten aller Abgeordneten voraus. ☐
b) wird bei einer neuen Rekordzahl von Abgeordneten verdoppelt. ☐
c) verringert in den meisten Fällen das chaotische Treiben im Parlament. ☐
d) ist im Wesentlichen auf Sitzungen im Bundestag und Landtag begrenzt. ☐

**9** Kreuze die richtige Antwort an.

Bild- und Tonaufnahmen im Bundestag und im Landtag können Stenografen nicht ersetzen,
weil diese (Abschnitt 5) …

a) eingreifen können, wenn mehrere Abgeordnete gleichzeitig reden. ☐
b) die einzelnen Zwischenrufer voneinander unterscheiden können. ☐
c) entscheiden dürfen, welche Zwischenrufe protokolliert werden. ☐
d) die Wortbeiträge der Abgeordneten kommentieren dürfen. ☐

**10** Kreuze die richtige Antwort an.

Petra Augustin und Henning van de Loo (Abschnitt 6) …

a) lernten sich über eine Stellenanzeige kennen. ☐
b) arbeiteten beide für den niedersächsischen Landtag. ☐
c) beherrschen beide eine besondere Form der Stenografie. ☐
d) können stenografierte Texte des jeweils anderen ohne Probleme lesen. ☐

**11** Kreuze die richtige Antwort an.

Anders als die übliche Kurzschrift ist die sogenannte Redeschrift (Abschnitt 6) …

a) die für ausgewählte Stenografen verbindliche Protokollform. ☐
b) ein längerer Text auf der Grundlage festgelegter Zeichen. ☐
c) eine für wenige Eingeweihte entwickelte Geheimschrift. ☐
d) die individuell abgeänderte Kurzschrift eines Stenografen. ☐

**12** Erläutere im Textzusammenhang (Abschnitte 6 und 7), weshalb das Beherrschen eines Instruments laut Petra Augustin eine gute Einstellungsvoraussetzung für eine Tätigkeit beim Stenografischen Dienst darstellt.

**13** Kreuze die richtige Antwort an.

Heutzutage wird die Kunst der Stenografie (Abschnitt 7) …

a) überwiegend von Nachwuchsmusikern ausgeübt. ☐
b) von Quereinsteigern zeitgemäß weiterentwickelt. ☐
c) oft als Freizeitbeschäftigung für Ältere abgewertet. ☐
d) nicht nur von ausgebildeten Stenografen beherrscht. ☐

**14** Ein Schüler sagt nach dem Lesen des Textes: *„Stenografen im Bundestag sind Einzelkämpfer."*

Schreibe eine kurze Stellungnahme zu dieser Aussage. Du kannst der Auffassung zustimmen oder nicht. Wichtig ist, dass du deine Meinung begründest. Beziehe dich dabei auf den Text.

## D 3 Original-Prüfung 2022: Aufgabentyp 2: Wikipedia als Quelle zur Informationsbeschaffung (angeleitetes Üben)

### Teil II

Lies bitte zunächst die Aufgabe und dann die Materialien aufmerksam, bevor du mit dem Schreiben beginnst.

**Situation:**

Eine Sonderausgabe der Schülerzeitung, die Schülerinnen und Schüler, Lehrkräfte und Eltern lesen, befasst sich mit den verschiedenen Möglichkeiten der Recherche.

Du bist gebeten worden, für diese Ausgabe einen informierenden Text über das Online-Lexikon Wikipedia zu verfassen. Zu diesem Zweck wird dir eine Materialsammlung (M1–M6) zur Verfügung gestellt.

---

**AUFGABENSTELLUNG**

**1** **Verfasse** auf der Grundlage der Materialien M1–M6 einen informierenden Text zum Thema „Wikipedia als Quelle zur Informationsbeschaffung". Schreibe nicht einfach aus den Materialien ab, sondern achte auf eine eigenständige Darstellung in einem zusammenhängenden Text.

Gehe dabei so vor:

a) **Formuliere** für deinen Text eine passende, zum Lesen anregende Überschrift.

b) **Erkläre** einleitend, welche Ideen die Gründer des Online-Nachschlagewerks Nupedia verfolgten und mit welchem Ergebnis dieses zu Wikipedia weiterentwickelt wurde.

c) **Erläutere**, worin heute die Stärken der Wikipedia liegen.

d) **Stelle dar**, wie sich die Autorenschaft der Wikipedia zusammensetzt, und **erkläre**, welche möglichen Probleme durch diese Zusammensetzung entstehen können, insbesondere mit Blick auf die Qualität und Glaubwürdigkeit der Artikel.

e) **Beurteile** anhand der Materialien und eigener Überlegungen, inwiefern die Nutzung der Wikipedia zur Informationsbeschaffung sinnvoll sein kann.

---

**M1a** **Die Geschichte der Wikipedia**    *Denis Gießler*

[...] Das eigentliche Projekt der Wikipedia-Gründer Jimmy Wales und Larry Sanger war die Online-Enzyklopädie[1] Nupedia, die sie 2000 gründeten. Weil Fachartikel auf Nupedia erst zwischen mehreren Gutachterinnen und Gutachtern mehrfach hin und her geschickt werden mussten, wie es auch in der
5  Wissenschaft üblich ist, entwickelte sich die Plattform nur sehr langsam: In drei Jahren entstanden 27 Artikel.

Sanger und Wales überlegten sich also etwas Neues, Schnelleres. Zwar sollten Artikel auf Nupedia künftig immer noch aufwendig zwischen mehreren Gutachterinnen und Gutachtern ausgetauscht werden, als Vorstufe bauten
10  sie aber auf das sogenannte Wiki-Prinzip. Der Begriff ist aus dem Hawaiianischen entlehnt, „wikiwiki" steht dort für „sehr schnell" und findet sich etwa auf Expressbussen am Flughafen Honolulu. Im Web bezeichnet er Seiten, die

---

**Quelle (Aufgaben):** Qualitäts- und UnterstützungsAgentur – Landesinstitut für Schule, Soest 2022

kollaborativ[2] von Userinnen und Usern bearbeitet werden können, die oft
anonym[3] agieren.

Der Grundgedanke von Sanger und Wales, dass nämlich auf Wikipedia künftig 15
nicht nur einige wenige Personen Beiträge schreiben können, sondern alle, war
die Demokratisierung von Wissen im Netz; ein freies und nichtkommerzielles[4]
Angebot, das für alle verfügbar sein sollte. Wikipedia ist eines der wenigen
Webprojekte, die nichtkommerziell geblieben sind. Mehr noch: Die niedrige
Einstiegsschwelle und das kollaborative Schreiben machen das Nachschlage- 20
werk zu einem einmaligen Gemeinschaftsprojekt im Netz.

Wikipedia überholte Nupedia innerhalb weniger Monate. 2003 wurde Nupedia
eingestellt. Zu diesem Zeitpunkt hatte Wikipedia schon eine Million Beiträge.
Bis heute ist es eine der weltweit meistbesuchten Webseiten. [...]

1 **Enzyklopädie:** ein sehr umfassendes Nachschlagewerk ohne thematische Eingrenzung

2 **kollaborativ:** gemeinsam, in Zusammenarbeit

3 **anonym:** ohne Nennung des eigenen (richtigen) Namens

4 **nichtkommerziell:** kein geschäftliches Interesse verfolgend, nicht auf Gewinn bedacht

https://taz.de/Wikipedia-wird-20-Jahre-alt/!5739248/, 15.01.2021 (Zugriff: 25.02.2022)
(Text gekürzt und geringfügig verändert; Überschrift geändert)

### M1b  Der schnelle Weg zum Weltwissen   *Torsten Kleinz*

[...] Kurt Jansson, zur Zeit der Gründung der Wikipedia Soziologie-Student an
der Freien Universität Berlin, stieß schnell auf das Projekt: „Ich war begeistert: Man musste nur auf ‚Bearbeiten' klicken und das Ergebnis stand sofort
online", sagt Jansson. Die Idee, das Web nicht nur zu konsumieren, sondern
an der Erstellung einer neuen Art von Enzyklopädie teilzunehmen, faszinierte 5
ihn und viele andere. Wie die Wikipedia in den ersten Monaten aussah, hat
Jansson für die Allgemeinheit festgehalten: Auf seiner Webseite veröffentlich-
te er eine Momentaufnahme der deutschen Wikipedia in ihrem ersten Jahr.
Noch musste das Projekt fast ganz ohne Grafiken auskommen – alleine das
Logo der Nupedia prangte[1] auf der Wikipedia-Startseite. Auch die Qualität 10
der Texte war noch eher schlicht: Ein halbes Jahr nach Gründung umfasste
der Eintrag zu Deutschland ganze fünf Zeilen und enthielt im Wesentlichen
nur eine Aufzählung der Bundesländer, wichtiger Städte und angrenzender
Staaten. Zum Vergleich: Der heutige Artikel ist 75 Druckseiten lang und deckt
die Geschichte Deutschlands genauso ab wie Kultur und Politik. [...]    15

1 **prangen:** in auffälliger Weise sichtbar sein

https://www.bpb.de/gesellschaft/digitales/wikipedia/145807/der-schnelle-weg-zum-weltwissen,
10.10.2012 (Zugriff: 25.02.2022) (Text gekürzt und geringfügig verändert)

### M2  Lexikonmacher auf Schultournee   *Birger Menke*

Hausaufgabe, Referat, Klausurvorbereitung? Schlag nach bei Wikipedia. Lehrer
sehen das Online-Lexikon als gewaltigen Spickzettel, weil viele Jugendliche es
blind und kritiklos plündern. Bei Aktionstagen zeigen Wikipedianer[1] Schülern,
wie tückisch[2] Wissen aus dem Internet ist.

Der Auftritt von Denis Barthel hat etwas von einer Werbeveranstaltung, doch 5
seine Mission ist anders: Er will warnen, nicht werben. Ein Freitagmorgen,

acht Uhr, erste Stunde in der Carl-von-Ossietzky-Gesamtschule in Berlin-Kreuzberg. In grauem Anzug spricht Barthel mit 21 Schülerinnen und Schülern der 10. Klasse. Der Projektmanager und Administrator[3] von Wikipedia zeigt
10  in einer PowerPoint-Präsentation verschiedene Einträge aus dem Online-Lexikon. Was die gemeinsam haben: Alle sind schlecht.
„Hier, das sind alles technische Spezialausdrücke, das versteht kein Mensch", sagt er und zeigt den Eintrag zu FREDFET, einem speziellen Transistor[4]. „Noch ein Beispiel: Weihnachtsmarkt Naumburg, da heißt es: ‚festlich geschmückt,
15  gemütliche und stimmungsvolle Atmosphäre', das ist nicht neutral." [...]
Der Aktionstag an der Kreuzberger Schule ist Teil eines Projekts, an dem der Trägerverein Wikimedia bereits seit 2006 feilt und das nun in die Testphase geht. „Wir wollen Schülerinnen und Schüler zum bewussteren Lesen und Mitdenken animieren", sagt Wikimedia[5]-Sprecherin Catrin Schoneville. Le-
20  sekompetenz und kritisches Denken, das sind die klassischen Kernziele einer jeden Schule [...].

1  **Wikipedianer:** die Autorinnen und Autoren der Wikipedia (selbst gewählter Name)

2  **tückisch:** *hier:* mit vielen verborgenen Problemen verbunden

3  **Administrator:** *hier:* jemand, der erweiterte Zugriffs- und Änderungsrechte für Websites besitzt, etwa bestimmte Inhalte freischalten oder auch löschen kann

4  **Transistor:** elektronisches Bauteil

5  **Wikimedia:** weltweit tätige, gemeinnützige Organisation, die sich für die freie Verfügbarmachung von Wissen einsetzt

https://www.spiegel.de/lebenundlernen/schule/lexikonmacher-auf-schultournee-fuer-lehrer-ist-wikipedia-einrotes-tuch-a-615029.html, 24.03.2009 (Text gekürzt und geringfügig verändert)

### M3  Nutzung von Wikipedia und Bewertung der Verlässlichkeit dort angebotener Inhalte

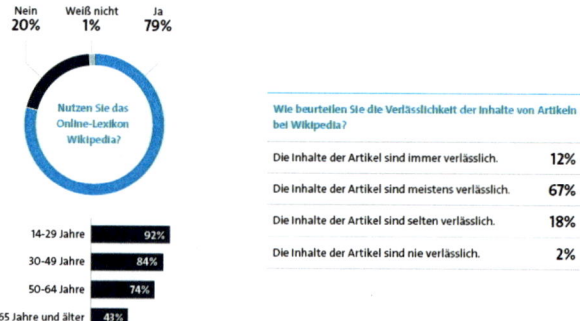

Bitkom Research GmbH, 2016

**Hinweis zur Grafik:** Befragt wurden 1007 Bundesbürger ab 14 Jahren, darunter 808 Internetnutzer und 637 Wikipedia-Nutzer.

### M4  Im Netz der Wikipedianer  *Maren Schürmann*

Gereon Kalkuhl suchte den vom Erdboden verschwundenen Geburtsort seiner Uroma und fand ihn bei Wikipedia. Seine Neugier auf das Projekt Wikipedia war geweckt: „Ich habe gesehen, jeder kann da Artikel schreiben." Wirklich jeder? Und über jedes Thema?
5  Das Besondere: Nicht nur Akademiker[1] schreiben die Texte. Ob ein Professor

oder ein Schüler, ein Handwerker oder ein Millionär – jeder kann ein Wikipedianer werden, wie sich die Autoren auch nennen. Zumindest theoretisch. Denn ein paar Regeln gibt es schon. Und was relevant ist, das schreibt die Wikipedia-Gemeinde vor. Kontrolliert von so genannten Administratoren. Gereon Kalkuhl selbst hat inzwischen 1740 Artikel für Wikipedia geschrieben. 10 Der erste, Anfang 2007, handelte von dem Dänen Curt Hansen. „Er war zu dem Zeitpunkt der beste Schachspieler. Mich hat es gewundert, dass es keinen Artikel über ihn gab." Also schrieb er – und der Beitrag verschwand. Denn Kalkuhl hatte nicht alles richtig gemacht, wie ihm sogleich ein erfahrener Wikipedianer mitteilte. Übel nahm er es ihm nicht, im Gegenteil. Von nun an wusste Kalkuhl, 15 dass er zum Beispiel die Position der Weltrangliste eines Schachspielers nicht tagesaktuell ohne zeitliche Einordnung benennen sollte.

„Wenn ich einen Artikel schreibe, muss ich eigentlich alles lesen, was je über das Thema geschrieben wurde." Im Netz oder aber auch in den guten alten Büchern, die er sich über Fernleihe bestellt. „Ich gucke, woher die Information 20 stammt, und vergleiche die Quellen." Die sind wichtig, betont Kalkuhl. Denn nur Sachverhalte, die sich belegen lassen und auf die er in den Fußnoten verweist, dürfe er verwenden. Für die vielen Texte erhält er keinen Cent, alle Wiki-Autoren arbeiten ehrenamtlich.

Er ist davon überzeugt, dass die Fehlerquote bei Wikipedia gering ist, und 25 zwar aufgrund der Schwarmintelligenz: „Wenn bei Wikipedia ein Fehler auftaucht, dann sehen das 100.000 Leute, 10.000 davon fällt der Fehler vielleicht auf, 1.000 denken sich, da müsste man etwas tun, 100 wissen, wie es geht, und 10 korrigieren es – und zwar in Sekundenschnelle." Studien, bei denen klassische Enzyklopädien mit Wikipedia vergleichen wurden, bestätigen seine 30 Einschätzung zur geringen Fehlerquote.

Entdeckt ein Wikipedianer eine falsche Behauptung, dann wird er sie in der Regel löschen. Aber wie sieht das bei Sachverhalten aus, bei denen Menschen verschiedene Ansichten haben? Bei einem Streit kann schon mal ein erfahrener Wikipedianer entscheiden, einer von rund 190 ehrenamtlichen Administratoren 35 in Deutschland, einer wie Gereon Kalkuhl.

1 **Akademiker:** jemand, der eine Universitäts- oder Hochschulausbildung hat

Westdeutsche Allgemeine Zeitung (Text gekürzt und geringfügig verändert)

## M5 Wie ein erfundener Dämon[1] auf Wikipedia überlebte *Samuel Schumacher*

Wikipedia bezeichnet den Versuch, Artikel zu verfälschen, als „Form des Vandalismus[2]". [...] Die allermeisten dieser Fälschungen werden rasch erkannt und entfernt. Manche aber halten sich jahrelang unbemerkt im digitalen Wissensspeicher. Der langlebigste Falsch-Artikel – ein Beitrag über den frei erfundenen Dämonen „Bine", der vor seinem Abstieg ins Dämonenreich ähnlich 5 wie Jesus Christus als Schreiner gearbeitet haben soll – war mehr als zwölf Jahre lang abrufbar.

[...] Dass die Wikipedia-Vandalen mit ihren Spaßeinträgen zuweilen ganz reale Probleme schaffen, zeigte 2005 der Fall des amerikanischen Journalisten John Seigenthaler. Ein Wikipedianer schrieb in einem Artikel, Seigenthaler gelte als 10 Verdächtiger im Fall der bis heute nicht restlos aufgeklärten Ermordung von US-Präsident John F. Kennedy. Seigenthaler wurde daraufhin massiv bedroht.

M5

Wikipedia reagierte auf den Fall und erlaubt es seither nur noch registrierten Nutzern, neue Artikel zu erstellen.

15 Wikipedia ermutigt seine Nutzer, verfälschte Beiträge zu melden. In manchen Fällen werden diese umgehend gelöscht. Häufig aber folgen auf solche Meldungen lange Debatten unter den Wikipedia-Nutzern. [...]

1 **Dämon:** böser Geist mit übermenschlichen Kräften

2 **Vandalismus:** blinde Zerstörungswut

https://www.tagblatt.ch/leben/digital/kampf-gegen-falsche-eintrage-wie-ein-damone-und-ein-krokodil-inwikipedia-uberlebten-ld.1319264, 09.10.2018 (gekürzt und geringfügig verändert)

M6a **Wikipedia – aktuelle Herausforderungen.
Lukas Mezger im Gespräch mit Jens Tönnesmann von
ZEIT ONLINE**

*Lukas Mezger ist Wikipedia-Autor und ehrenamtlicher Vorsitzender von Wikimedia Deutschland.*

**ZEIT ONLINE:** Warum fällt es Wikipedia so schwer, jüngere Autorinnen und Autoren anzulocken?

**Mezger:** Es stimmt schon, dass die meisten Wikipedianer ältere, weiße Männer sind – und das meine ich nicht negativ, das sind ja
5                 leidenschaftlich engagierte Menschen. Aber die Gruppe der Jung-Wikipedianer setzt sich gezielt dafür ein, mehr jüngere Menschen für die Wikipedia zu begeistern – auch wenn die ihre Zeit vielleicht lieber in anderen sozialen Netzwerken verbringen. Wir sind froh, dass es bei uns nicht um schnelle
10                 Likes[1] geht; aber wir müssen auch überlegen, was Wikipedia zum Beispiel von Instagram lernen kann.

**ZEIT ONLINE:** Ein anderes Problem ist, dass es viel weniger Wikipedianerinnen gibt als Wikipedianer. Nimmt Wikipedia eine zu männliche Sicht auf die Welt ein?

15 **Mezger:** Das Ungleichgewicht ist ein ernstes Thema. Und der bekannte Fall von Donna Strickland zeigt, dass es sich auf die Inhalte auswirkt. Die Physikerin wurde zuerst für zu irrelevant[2] für die englischsprachige Ausgabe der Wikipedia befunden und der Eintrag über sie gelöscht – bis sie den Nobelpreis gewonnen
20                 hat. Das war natürlich ein Skandal. Aber es gab auch eine weitere Erklärung dafür: Die englischsprachige Wikipedia setzt voraus, dass eine Persönlichkeit auch in den Medien rezipiert[3] wird, damit sie einen Eintrag erhalten kann. Und die Medien berichten mehr über Männer als über Frauen,
25                 was sich wiederum auf die Inhalte von Wikipedia auswirkt. [...]

1 **Likes:** Damit bringen Internetnutzerinnen und Internetnutzer zum Ausdruck, dass ihnen ein Inhalt auf einer Seite gefällt (von engl. *to like*).

2 **irrelevant:** bedeutungslos, nicht von allgemeinem Interesse

3 **rezipieren:** etwas zur Kenntnis nehmen, erfassen, z. B. einen Text, ein Bild oder einen Sachverhalt

https://www.zeit.de/digital/internet/2021-03/wikipedia-enzyklopaedie-autoren-nutzer-google-lukas-mezger/komplettansicht, 21.03.2021 (Text gekürzt und geringfügig verändert; Überschrift geändert)

**M6b**  **Fachkräftemangel**  *Thomas Urban*

*Auf Wikipedia toben sich auch Autoren aus, die Halb- und Unwahrheiten, Beschönigungen und Diffamierungen[1] verbreiten.*

Kann man der Wikipedia noch trauen? Auf jeden Fall ist es in den vergangenen Jahren schwieriger geworden. Das Problem der veralteten, überholten Artikel ist das augenscheinlichste – aber es ist nicht das einzige.  5

Grundsätzlich kann an der Wikipedia jeder mitarbeiten. Wer einen Artikel verändern will, gelangt über einen Reiter[2] am Kopf jedes Textes in den Bearbeitungsmodus. Unter dem Reiter „Versionsgeschichte" kann man sich außerdem ansehen, welche Änderungen an einem Artikel vorgenommen wurden seit seiner Entstehung. Wenn ein neuer Autor etwas ändert, muss ein erfahrener  10 Wikipedianer die Änderungen sichten und freischalten, bevor sie veröffentlicht werden. Jede Aussage muss vom Autor belegt werden. Als weitere Kontrollstufe können schließlich die Administratoren eingreifen.

Wikipedia steht jedem offen – und doch fehlt es dem Projekt an neuen Autoren, an Experten, die ihr Wissen einbringen. Die Folge dieses Fachkräftemangels:  15 Bei einem so wichtigen Themenkomplex wie „Nationalsozialismus" gehören nicht etwa die angesehensten Experten und Historiker, sondern ein arbeitsloser Klavierlehrer und ein aus dem Schuldienst ausgeschiedener Lateinlehrer zu den aktivsten Autoren. [...] Auch gezielte Manipulation ist in Wikipedia-Artikeln zu finden, durch „Schönschreiber" etwa, die Artikelinhalte „optimieren". Ein  20 Beispiel aus der Wirtschaft: Im Artikel über eine Unternehmensgruppe, die im Bereich der Aufstellung von Spielautomaten arbeitet, wurde der Begriff „Spielsucht" durch die harmlosere Wendung „vorübergehend übertriebenes Spielverhalten" ersetzt. [...] Oder: Im Themenbereich Medizin wurde ein Vielschreiber als Angestellter eines Pharmakonzerns enttarnt; ihm konnte  25 nachgewiesen werden, dass er Informationen über Nebenwirkungen von Medikamenten in Wikipedia verharmlost hat. Zudem wird ihm vorgeworfen, das Kapitel über die Geschichte seines Arbeitgebers während der Zeit des Nationalsozialismus geschönt zu haben: Er hat das Thema in einen neuen Artikel ausgelagert, auf den man aber nur bei gezielter Suche stößt. Auf den Artikel  30 über den Konzern wird täglich etwa 350-mal geklickt, auf den ausgelagerten Text über die Geschichte des Konzerns nur 16-mal. [...]

1 **Diffamierung:** Abwertung, üble Nachrede

2 **Reiter:** *hier:* anklickbares Steuerelement im Navigationsbereich einer Internetseite, z. B. zum Aufrufen von Bearbeitungsfunktionen

Süddeutsche Zeitung, Nr. 230, 05./06.10.2019, S. 12 (Text gekürzt und geringfügig verändert)

---

**LÖSUNGSHILFEN** zu **1** a) – e)

**1** Führe die ersten Schritte „Sich orientieren" und „Materialien lesen und Inhalte erfassen" durch (siehe C 1.5, S. 30). Halte deine Notizen (z. B. zu Textart, Thema und Inhalten) am Rand fest.

**2** Lege dir eine Tabelle als Schreibplan an (siehe C 1.5, S. 36) oder nutze die Kopiervorlage C 1.4 auf S. 29.

**TIPP** zu **2**

Wenn du sicher im Umgang mit farbigen Markierungen bist, arbeite direkt mit Aufgabe **8** weiter und nutze deine Markierungen als Schreibplan.

**3** Notiere im Schreibplan Stichpunkte für eine passende Überschrift (Teilaufgabe **1** a).

*Beispiele: Wikipedia — ein Online-Nachschlagewerk ohne Grenzen?/Sei wachsam! — Ein genauer Blick auf die Möglichkeiten der Recherche mit Wikipedia/Schnelle Informationen aus dem Netz! — Wikipedia ist eine der weltweit meistbesuchtesten Webseiten …*

---

**TIPP** zu **3**

Formuliere eine  Überschrift für deinen Text. Orientiere dich an den Überschriften der Materialien oder werde selbst kreativ.

---

**4** Halte in deinem Schreibplan fest, welche Ideen die Gründer von Nupedia verfolgten und mit welchem Ergebnis diese zu Wikipedia weiterentwickelt wurde (Teilaufgabe **1** b). Beachte, dass diese Teilaufgabe zweiteilig ist. Berücksichtige dies auch beim Anlegen deines Schreibplans.

*Ideen der Gründer von Nupedia:*
*— Jimmy Wales und Larry Sanger gründeten die Plattform Nupedia vor etwa 22 Jahren (2000)*
*— Online-Enzyklopädie ohne thematische Eingrenzung*
*— …*

*Weiterentwicklung zu Wikipedia:*
*— mehrere digitale Fachgutachter sollten die Artikel prüfen, um wissenschaftlichen Kriterien gerecht zu werden*
*— falsche/irreführende Neuigkeiten, die allgemein verbreitet werden*
*— problematisch, da damit eine Täuschungsabsicht verfolgt wird …*
*— …*

---

**TIPP** zu **4** / **5** und **6**

1.  Markiere in den Materialien alle Informationen, die sich auf eine Teilaufgabe beziehen, in der gleichen Farbe. So kannst du die Textstellen den Teilaufgaben übersichtlich zuordnen.
2.  Für die Teilaufgaben **1** b) und **1** d) solltest du verschiedene Farben verwenden, da mehrere Aspekte zu berücksichtigen sind.

---

**5** Notiere deinem Schreibplan, worin heute die Stärken von Wikipedia liegen (Teilaufgabe **1** c). Da du für die Bearbeitung dieser Aufgabe viele Materialien heranziehen musst (M1a/1b, M2, M3, M4, M6a), ist es wichtig, dass du nach dem Erschließen der Aufgabe die Texte mithilfe von Farben und Symbolen bearbeitest, um die benötigten Informationen später wiederfinden zu können.

*Stärken von Wikipedia:*
*— viele Menschen möchten einen Beitrag zur Online-Enzyklopädie leisten => das Nachschlagewerk wächst recht schnell*
*— die Ergänzung von Wikipedia ist ganz einfach, denn wenn Artikel erweitert, ergänzt oder verändert werden sollen, muss man nur auf „Bearbeiten" klicken*
*— Beiträge sind zügig online, wenn die Administratoren sie freischalten*
*— Schüler und Schülerinnen nutzen es, um zu recherchieren (Hausaufgaben, Referate, Klausuren)*

**6** Notiere in deinem Schreibplan, wer die Autoren bei Wikipedia sind (= Zusammensetzung der Autorenschaft), und erkläre, welche Probleme dadurch entstehen können, insbesondere bezüglich Qualität und Glaubwürdigkeit (Teilaufgabe **1** d). Auch hier musst du darauf achten, in der Spalte in deinem Schreibplan zwei Aspekte zu berücksichtigen.

*Zusammensetzung der Autorenschaft:*
*— im Prinzip kann jede oder jeder Autorin oder Autor bei Wikipedia werden*
*— d. h. alle, ob sie Akademiker sind oder Leute wie du und ich, können Beiträge einstellen*
*— dazu müssen allerdings Regeln beachtet werden: …*
*Probleme, die daraus entstehen (Qualität und Glaubwürdigkeit):*
*— zwar sind die Nutzer dazu verpflichtet, gut zu recherchieren, Quellen zu prüfen und zu vergleichen, dennoch müssen Informationen, die nicht nachprüfbar sind, durch Administratoren entfernt werden*
*— …*

**7** Notiere abschließend im Schreibplan Stichpunkte dazu, inwiefern die Nutzung von Wikipedia zur Informationsbeschaffung sinnvoll sein kann (Aufgabe **1** e).

— *Nutzung ist sinnvoll, wenn man sich einen schnellen Überblick über ein bestimmtes Thema verschaffen will*
— *Informationen sollten aber immer mit einem kritischen Blick betrachtet werden*
— *…*

**TIPP** zu **7**

1. Suche in den Materialien gezielt nach Informationen, die verdeutlichen, wann die Informationsbeschaffung durch Wikipedia sinnvoll sein kann.
2. Der Operator „Beurteile" zeigt an, dass in der Aufgabe **1** e) ein selbstständiges Urteil von dir erwartet wird. Die Bewertung soll nicht nur anhand der Materialien erfolgen, sondern auch aufgrund „eigener Überlegungen". Hier kannst du dich auch an deinen Ausführungen zu den Teilaufgaben **1** c) und d) orientieren und daraus Schlussfolgerungen ableiten.

**8** Schreibe deinen informierenden Text mithilfe der folgenden Formulierungsvorschläge. Achte darauf, adressatenbezogen zu schreiben. Beziehe Beispiele aus den Materialien ein, um deinen Text anschaulich zu gestalten. Auch solltest du Fragen formulieren und diese dann beantworten, um deinen Text deutlich zu strukturieren.

**1** a) Überschrift: *Schnelle Informationen aus dem Netz! — Die Online-Enzyklopädie Wikipedia*

**1** b) Einleitung (Ideen der Gründer von Nupedia und Weiterentwicklung zu Wikipedia):
— *Wer nutzt es nicht zur Informationsbeschaffung? Das Online-Lexikon Wikipedia ermöglicht …*
— *Aber sind die vielen Informationen wirklich immer zuverlässig — und woher stammen sie wirklich? Diese Fragen sollen in diesem Informationstext näher beleuchtet werden.*
— *Vor etwa 22 Jahren — im Jahre 2000 — gründeten Jimmy Wales und Larry Sanger …*

**1** c) Hauptteil (Stärken der Wikipedia):
— *Aus dieser Darstellung lassen sich klar die Stärken von Wikipedia erkennen, denn wenn wir Artikel erweitern, ergänzen oder verändern wollen, müssen wir nur auf „Bearbeiten" klicken — und sofort sind die Einträge online, wenn die Administratoren sie freistellen. Viele Menschen waren davon fasziniert, einen Beitrag …*
— *Auch wir Schülerinnen und Schüler werden schnell fündig, wenn es um Hausaufgaben, Referate oder Klausurvorbereitung geht. In einer Befragung aus „computertoday" (2022) von 1007 Bundesbürgern zur Nutzung von Wikipedia und der Bewertung der dort angegebenen Inhalte ergab sich, dass 79% angaben, dass sie das Online-Lexikon nutzen würden …*

**1** d) Hauptteil (Zusammensetzung der Autorenschaft — mit Blick auf Qualität/Glaubwürdigkeit der Artikel):
— *Das liegt auch daran, dass nahezu jede oder jede Autorin oder Autor bei Wikipedia werden kann. Das bedeutet, dass nicht nur Akademiker, sondern auch Leute wie du und ich Beiträge einstellen können …*
— *Gereon Kalkuhl, der selber 1740 Artikel verfasst hat, gibt an, dass er als Autor dazu verpflichtet ist, seine Artikel besonders gut zu recherchieren, die Quellen zu prüfen und zu vergleichen. Er gibt nur Sachverhalte an, die er zum Beispiel …*
— *Ebenso werden Nutzer ermutigt, verfälschte Beiträge zu melden, die in vielen Fällen dann gelöscht werden …*

**1** e) Schluss (Urteil: Kann die Nutzung von Wikipedia zur Informationsbeschaffung sinnvoll sein?):
— *Die Nutzung von Wikipedia ist immer sinnvoll, wenn man sich einen schnellen Überblick verschaffen will. Allerdings muss man die Informationen immer mit einem kritischen Blick betrachten …*
— *Wir Nutzerinnen und Nutzer dieses Online-Lexikons sollten die Einträge ganz bewusst lesen, mehrere Quellen hinzuziehen und sie vergleichen, besonders in den Bereichen, in denen sich der Wissensstand schnell weiterentwickelt, wie z. B. …*

**9** Überarbeite deinen Text mithilfe der Checkliste auf Seite 38.

## D 4  Aufgabentyp 2: Sherlock Holmes (selbstständiges Üben)

### Teil II

Unter der Rubrik „Europäische Romanhelden" sollen auf der Homepage deiner Schule bekannte Romanfiguren vorgestellt werden, die unsterblich sind. Du bist gebeten worden, einen Homepagebeitrag zu Sherlock Holmes als britischem Helden zu schreiben. Dieser Text soll Schülerinnen und Schüler sowie Lehrkräfte und Eltern über den Meisterdetektiv informieren. Verfasse deinen Text auf der Grundlage der Materialsammlung (M1–M6).

Lies bitte zunächst die Aufgabenstellung und dann die Materialien aufmerksam durch, bevor du mit dem Schreiben beginnst.

#### AUFGABENSTELLUNG

**Verfasse** auf der Grundlage der Materialien M1–M6 einen **informierenden Text** über Sherlock Holmes. Schreibe nicht einfach aus den Materialien ab, sondern achte auf eine eigenständige Darstellung in einem zusammenhängenden Text. Gehe dabei so vor:
- **Formuliere** eine passende Überschrift.
- **Schreibe** eine Einleitung, in der du die Figur Sherlock Holmes vorstellst (*Wer ist Sherlock Holmes? Wer ist sein Begleiter? Welcher Autor hat die Figur erfunden?*).
- **Stelle** die sogenannte Holmes-Methode **dar**.
- **Erläutere** die Beziehung des Autors Arthur Conan Doyle zu seiner Figur. Beziehe dazu auch Holmes' Tod und seine „Auferstehung" mit ein.
- **Erkläre**, wodurch die Kunstfigur Holmes am Leben gehalten wird (z. B. Filme, Serien etc.).
- **Schlussfolgere** anhand der Materialien und eigener Überlegungen, warum von dem „typisch britischen Superhelden" diese besondere Faszination ausgeht, die immer noch aktuell ist.
- **Notiere** unterhalb deines Textes die von dir genutzten Materialien.

---

**M1**  **Romanfigur mit Postanschrift**  *Alfried Schmitz*

Sherlock Holmes wohnte in der Londoner Baker Street 221b – natürlich nur in der Phantasie und in den Geschichten seines Erfinders Sir Arthur Conan Doyle. 1990 ist Doyles Phantasievorstellung allerdings Wirklichkeit geworden: In unmittelbarer Nähe der Romanadresse entstand in der Baker
5 Street ein Sherlock-Holmes-Museum. Es präsentiert die Wohnung des Meisterdetektivs genau so, wie Doyle sie sich ausgedacht und in seinen Erzählungen beschrieben hat: ein Wohnzimmer, gemütlich möbliert im Stil der Viktorianischen Zeit[1] und vollgestopft mit vielen Erinnerungsstücken des Kriminalisten. Es gibt zwei Schlafräume in der Wohnung, einen für Hol
10 mes selbst, den anderen für seinen treuen Weggefährten Dr. Watson. [...] Sherlock Holmes ist wohl eine der wenigen Romanfiguren, die es in der wirklichen Welt zu einer realen Wohnungsadresse gebracht haben. Noch heute erreichen Hunderte von Briefen die Londoner Baker Street 221b. Dort befindet sich zwar das nüchterne Verwaltungsgebäude einer Bausparkasse, doch die
15 stellte eigens einen Mitarbeiter ab, der stellvertretend für den Meisterdetektiv die Post seiner vielen Fans nach bestem Wissen und Gewissen beantwortet.

**1 Viktorianische Zeit:** Epoche in der britischen Geschichte, Zeitabschnitt der Regierung Königin Victorias von
    1837 bis 1901

Planet Wissen, Westdeutscher Rundfunk, Köln (https://www.planet-wissen.de/kultur/literatur/sherlock_holmes_ein_literarisches_phaenomen/index.html#Postanschrift, Zugriff: 03.01.2021)

**M2**  **Sherlock Holmes**  *Alfried Schmitz*

*Als Arthur Conan Doyle 1886 seine erste Sherlock-Holmes-Geschichte schrieb,
ahnte er nicht, wie berühmt die Figur in der Literatur werden würde. Der eigen-
willige Detektiv besitzt heute Kultstatus. [...]*

Arthur Conan Doyle entwickelte neben seinem Beruf als Mediziner eine Leidenschaft für die Schriftstellerei. Die Figur, die ihn berühmt machen sollte,  5
ersann er zunächst allerdings ohne die Absicht, sie zum Helden einer ganzen
Serie werden zu lassen: 1886 tauchte der Detektiv Sherlock Holmes zum ersten Mal in der Erzählung „A Study in Scarlet" („Eine Studie in Scharlachrot")
auf. [...] Holmes ermittelte den Täter schon in seinem ersten Fall mit viel
Sachverstand und mit für die damalige Zeit sehr fortschrittlichen Methoden  10
der Kriminalwissenschaft. [...]
Doyle hatte sich längst anderen literarischen Stoffen und seinem Hauptbe-
ruf als Mediziner zugewandt, als er zwei Jahre später die Nachricht eines
amerikanischen Verlegers erhielt. Dieser [...] wollte nun mit Doyle wegen
weiterer Episoden von Sherlock Holmes ins Geschäft kommen [...]. Es waren  15
aber nicht die insgesamt vier langen Kriminalgeschichten um den Londoner
Detektiv, [...] die am populärsten wurden. In der Gunst der Leser standen
die 56 kurzen Episoden um Sherlock Holmes ganz oben. Sie erschienen als
Fortsetzungsgeschichten vor allem im „Strand Magazine" [...]. Die enorme
Beliebtheit von Sherlock Holmes und seinen Fällen bescherte [...] seinem Autor  20
enormen Wohlstand. Die Geschichten wurden in mehr als 50 Sprachen übersetzt und dienten als Vorlage für Filme, Theaterstücke, Hörspiele und Comics.
Geschrieben hat Doyle die vielen Kriminalepisoden allerdings nur widerwillig
und auf Druck seines Verlegers und seiner vielen Leser. Schon 1893 war Doyle
der Sherlock-Holmes-Figur überdrüssig geworden und arbeitete auf das Ende  25
seines Helden hin. [...] Als Doyle 1893 beschloss, Sherlock Holmes seinen letzten Fall lösen und darin sterben zu lassen, ging ein Aufschrei des Entsetzens
durch die Welt. Es hagelte Protestbriefe, mit oft bitterbösen und enttäuschten
Kommentaren. [...] In vielen Städten sah man Holmes-Fans, die zum Zeichen
der Trauer schwarze Armbinden trugen [...]. Auch die Tagespresse nahm Anteil  30
am Phänomen Holmes. Die „Kölnische Tageszeitung" schrieb: „Es ist sicher,
dass das gegenwärtige Europa an einer Krankheit leidet, die man den Sherlockismus nennen kann ..." Nachdem die vielen „Sherlockianer" wütend und
enttäuscht ihren Kummer [...] zum Ausdruck gebracht hatten und der Verlag
Doyle mit einer größeren Geldsumme überredet hatte, ließ der Schriftsteller  35
seinen Romanhelden wieder auferstehen. [...] 1902 erschien dann mit „The
Hound of the Baskervilles" („Der Hund von Baskerville") wieder ein Roman
mit Sherlock Holmes. Es sollte die bekannteste Kriminalgeschichte um den
Meisterdetektiv aus London werden.

Planet Wissen, Westdeutscher Rundfunk, Köln (https://www.planet-wissen.de/kultur/literatur/sherlock_
holmes_ein_literarisches_phaenomen/index.html, Zugriff: 03.01.2021)

**M3**  **Holmes' Methode: Beobachtung und Logik**  *Christoph Teves*

*Für Dr. Watson ist ein alter Hut ein eben solcher. Für Sherlock Holmes erzählt
ein Hut die Lebensgeschichte seines Besitzers. Er ist ein Meister der Beobachtung
und der Logik, der mit Deduktion[1] arbeitet.*

**M3**

Holmes sammelt durch Berichte seiner Klienten und eigene Beobachtungen
5  zunächst möglichst viele objektive Tatsachen. Dann lässt er der Logik freien
Lauf. Ein winziges Detail reicht ihm, um eine ganze Reihe von verblüffenden
Schlussfolgerungen zu ziehen. Trotz gründlicher Untersuchung kann Watson
in „Der blaue Karfunkel"[2] an dem verstaubten, fleckigen Hut keine Informationen über dessen Besitzer entdecken – Holmes schon: [...] Da der Hut eine
10  sehr gute Qualität hat und rund drei Jahre alt ist, war der Besitzer vor drei
Jahren wahrscheinlich wohlhabend. Nun macht er allerdings schlechte Zeiten
durch, denn sonst hätte er sich schon längst einen neuen Hut zugelegt. [...]
Hausstaub auf dem Hut verrät dem Meisterschnüffler, dass der Mann nur
selten fortgeht, Schweißflecken im Hutinneren, dass er schnell schwitzt und
15  darum in körperlich schlechter Form ist. Der Mann hat graue Haare, die vor
kurzem noch geschnitten wurden und die er mit Zitronencreme pflegt – das
erkennt Holmes an den winzigen Haarspitzen, die er im Hut findet. Und: Der
Hutbesitzer hat wahrscheinlich keinen Gasanschluss im Haus – auf dem Hut
befinden sich Talgspritzer[3]. Also, folgert Holmes, hat der Mann häufig Kontakt
20  mit Talglichtern, „wenn er nachts die Treppe hinaufgeht, wahrscheinlich den
Hut in der einen Hand, eine tropfende Kerze in der anderen." Fast überflüssig
zu erwähnen, dass Holmes mit seinen Vermutungen recht behält. [...]

**1 die Deduktion:** Herleitung des Besonderen vom Allgemeinen

**2 „Der blaue Karfunkel":** Sherlock-Holmes-Kurzgeschichte von Sir Arthur Conan Doyle

**3 die Talgspritzer:** gelbliches Fett, das für Kerzen verwendet wird

Planet Wissen, Westdeutscher Rundfunk, Köln (https://www.planet-wissen.de/kultur/literatur/sher-lock_holmes_ein_literarisches_phaenomen/pwieholmesmethodebeobachtungundlogik100.html, Zugriff: 03.01.2021)

**M4**  ## Holmes als Denkmal  *Alfried Schmitz*

Geoffrey Taunton,
Alamy Stock Photo

*Nicht nur in London gibt es ein Sherlock-Holmes-Denkmal, sondern auch auf
dem europäischen Festland. Wo steht es? Und warum gerade dort?*
[...] Bei einem Urlaub in der Schweiz, im Berner Oberland, kam ihm [Arthur
Conan Doyle] die Idee, wie er sich Sherlock Holmes entledigen könnte: In „The
5  Final Problem" (deutsch: „Das letzte Problem") kommt es an den Reichenbachfällen in der Nähe des schweizerischen Ortes Meiringen zwischen Holmes und
seinem Widersacher Professor Moriarty zu einem Kampf auf Leben und Tod.
Beide stürzen dabei den 100 Meter tiefen Abgrund hinunter, in die tosende Gischt
des Wasserfalls. Der Todestag ist im Roman auf den 4. Mai 1891 datiert [...]. Als
10  Doyle seinen Meisterdetektiv einige Jahre später dann doch wieder [...] auferstehen
ließ, begründete er das Überleben seines Helden so: Holmes habe sich an einem
Grasbüschel mit letzter Kraft festhalten können. In der Nähe des Schauplatzes
dieses spektakulären Kampfes [...] erinnert heute ein Museum an den Detektiv.
Genau wie das Museum in der Londoner Baker Street wurde auch dieses Mu-
15  seum im schweizerischen Ort Meiringen zur Pilgerstätte für Holmes-Fans. Vor
dem Museum steht auf dem sogenannten „Conan Doyle Square" eine lebens-
große Holmes-Statue, die der englische Bildhauer John Doubleday 1988 für ein
Honorar von 60.000 Schweizer Franken anfertigte. Außerdem erinnert am Fuße
der nahegelegenen Reichenbachfälle eine Gedenktafel an jenen 4. Mai 1891 [...].

Planet Wissen, Westdeutscher Rundfunk, Köln (https://www.planet-wissen.de/kultur/literatur/sherlock_holmes_ein_literarisches_phaenomen/pwiewissensfrage524.html, Zugriff: 03.01.2021)

### M5  Sherlock Holmes als urbritischer Held

„Wenn du das Unmögliche ausgeschlossen hast, dann ist das, was übrig bleibt, die Wahrheit, wie unwahrscheinlich sie auch sein mag." Mit solch nüchternen Betrachtungen wurde Sherlock Holmes zum wohl bekanntesten Detektiv der Literaturgeschichte. Und nicht nur das: Sein Name wurde zum Synonym des analytisch-rational denkenden Stereotyps des Detektivs. Die Romane haben 5 unser Bild davon geprägt, wie ein Detektiv auszusehen hat: Inverness-Mantel[1], Jagdkappe [...] und Pfeife im Mund. [...] „Sherlock Holmes ist das, was einem typisch britischen Superhelden am nächsten kommt", erklärt Toby Finlay, einer der Autoren der erfolgreichen BBC-Serie „Sherlock" [...]. Je länger es her ist, dass die ersten Bände im späten 19. Jahrhundert erschienen sind, desto realer 10 scheint Holmes zu werden, desto mehr meint man, dass sich dahinter eine historische Figur verstecken müsste. Das liegt daran, dass Conan Doyle für seinen Sherlock Holmes eine fiktive Welt geschaffen hat, die aber so genau durchdacht ist, dass man sie ohne Weiteres als Realität anerkennen kann. Bis ins 21. Jahrhundert hinein gab es deshalb eine große Schar von Anhängern, 15 die fest davon überzeugt waren, dass Sherlock Holmes wirklich gelebt hat. Vor dem geistigen Auge des Lesers passt dann alles wunderbar zusammen: die Details des viktorianischen Lebens in England, historische Ereignisse, die ihre Schatten in die Geschichten um den Detektiv werfen, detailgenaue Beschreibungen von Figuren und Orten [...] Conan Doyle hat die Welt des 20 Sherlock Holmes mit genau solcher forensischer Genauigkeit kreiert, wie er seinen Detektiv in dessen Fällen ermitteln lässt. Ein weiterer Beweis für die anhaltende Faszination, die von Sherlock Holmes ausgeht, sind die zahllosen neuen Verarbeitungen und Interpretationen der Romane [...]. Viele der von Arthur Conan Doyle verfassten Geschichten wurden auch verfilmt [...]. Aus all 25 diesen Verfilmungen sticht aber die BBC-Fernsehserie „Sherlock" (2011/2012) deutlich heraus. Dafür hat die BBC ein interessantes Experiment gewagt und die klassischen Kriminalgeschichten aus dem viktorianischen Umfeld herausgeholt und in ein modernes, elektronisch gestaltetes Umfeld verpflanzt [...]

Mary Evans Picture Library,
Picture Alliance GmbH

1 Inverness-Mantel: wetterfester, ärmelloser Außenmantel; die Arme ragen aus den Armlöchern unter einem
  Umhang heraus

England.de, apromo® Limited, Derbyshire, Unitedt Kingdom (https://www.england.de/london/london-buchtipps/sherlock-holmes, Zugriff: 03.01.2021)

### M6  „Sherlock Holmes" – Bald singt er wieder in Hamburg

Seit Januar 2019 gibt es nun auch ein Musical rund um den berühmten Detektiv Sherlock Holmes – *Next Generation* heißt das Stück. Darin singt der popkulturberühmte, aber spleenige Detektiv am First Stage Theater in Hamburg-Altona an der Seite von Dr. Watson. Beide sind auf der Suche nach Professor Moriarty, dem üblichen Verdächtigen, dem kriminellen Genie. Gespickt sind 5 die Texte mit aktuellen politischen Anspielungen auf Merkel, Brexit und Co. Es dauerte ganze sieben Jahre, den Plot zu entwerfen, und das Musical musste sich zwangsläufig auch mit der BBC-Serie Sherlock um Schauspieler Benedict Cumberbatch messen lassen. Aber die Story von Regisseur Rudi Reschke funktioniert auch gesungen zur exzellenten Livemusik der Band, die hinter 10 einem Vorhang spielt. Very British! Autorentext, 2021

## D 5 Aufgabentyp 2: Sprachenreichtum an unserer Schule (selbstständiges Üben)

### Teil II

Am 1. Juli findet an deiner Schule ein Projekttag „Sprachenreichtum an unserer Schule" statt. Dafür wird ein Ordner zur Vorbereitung erstellt, der allen Schülerinnen und Schülern sowie Lehrkräften zur Verfügung steht. Du bist gebeten worden, für den Vorbereitungsordner einen informierenden Text zum Thema „Mehrsprachigkeit" zu verfassen. Um deinen Text schreiben zu können, bekommst du eine Materialsammlung (M1–M7).

**AUFGABENSTELLUNG**

**Verfasse** auf der Grundlage der Materialien M1–M7 einen **informierenden Text** zum Thema „Mehrsprachigkeit". Schreibe nicht einfach aus den Materialien ab, sondern achte auf eine eigenständige Darstellung in einem zusammenhängenden Text.

Gehe dabei so vor:
- **Formuliere** für den Text eine passende Überschrift.
- **Schreibe** eine Einleitung, in der du kurz **erklärst**, was Mehrsprachigkeit ist.
- **Stelle** die Vorteile und die Herausforderungen **dar**, wenn man von Geburt an mehrsprachig aufwächst.
- **Erläutere**, wie sich die Meinungen zu „Mehrsprachigkeit ab Geburt" geändert haben.
- **Schlussfolgere** anhand der Materialien und eigener Überlegungen, warum Mehrsprachigkeit in der Zukunft noch wichtiger wird.
- **Notiere** unterhalb des Textes die von dir genutzten Materialien.

---

### M1 Definitionen

**a) Mehrsprachigkeit von Geburt an**

Hinsichtlich von zweisprachig aufwachsenden Kindern ist damit gemeint, dass zwei Sprachen zur gleichen Zeit erworben werden: Zweisprachig aufwachsende Kinder lernen also die Laute, Wörter und die Grammatik von mindestens zwei unterschiedlichen Sprachen gleichzeitig.

Deutscher Bundesverband für Logopädie e.V.: Mehrsprachigkeit von Geburt an (http://www.dbl-ev.de/service/eu-tag-der-logopaedie/2014/mehrsprachigkeit-was-ist-das.html; Seitenaufruf 18.01.16), verändert

**b) Mehrsprachigkeit durch Fremdsprachenunterricht**

Mehrsprachigkeit, die durch das gesteuerte Unterrichten einer fremden Sprache im Klassenzimmer entsteht.

Dieter Wolff: Spracherwerb und Sprachbewusstheit: Sind mehrsprachige Menschen bessere Sprachenlerner? Bergische Universität Wuppertal, 2010

**c) Unterscheidungsmerkmale bei Mehrsprachigkeit**

Es handelt sich um unterschiedliche Arten von Mehrsprachigkeit, je nachdem, ob man mehrere Sprachen von Kind auf gleichzeitig erwirbt oder sie nacheinander lernt. Dann bestehen die Unterschiede darin, ob man die Sprache in einer natürlichen Umgebung erwirbt oder ob man sie in der Schule lernt. Und schließlich muss man noch unterscheiden, ob man die Sprachen als Kind oder als Erwachsener erwirbt.

Claudia Maria Riehl: Mehrsprachigkeit. Eine Einführung. Darmstadt: Wissenschaftliche Buchgesellschaft, 2015. S. 11.

**Quelle (Aufgaben):** Qualitäts- und UnterstützungsAgentur – Landesinstitut für Schule, Soest 2016

## M2  Wanderer zwischen den Wortwelten  *Bas Kast*

*Mit mehr als einer Sprache groß zu werden, ist für Kinder ein Problem – so eine verbreitete Ansicht. Das widerlegen aktuelle Studien: Wer von klein auf nicht nur eine Muttersprache hat, ist im Schnitt sogar schlauer!*

Zweisprachigkeit macht blöd! So lautet etwas salopp die These, von der die Psychologen Elizabeth Peal und Wallace Lambert ausgingen, als sie Anfang der 5 1960er Jahre untersuchten, wie sich zweisprachige Erziehung auf die Kindesentwicklung auswirkt. Die Forscher von der McGill University im kanadischen Montreal vertraten damit nichts anderes als die einstige Lehrmeinung unter Pädagogen. Seit dem 19. Jahrhundert hatten Erziehungsexperten eindringlich vor den vermeintlichen Gefahren des Bilingualismus[1] gewarnt. „Wenn es für ein 10 Kind möglich wäre, in zwei Sprachen gleichzeitig zu leben – umso schlimmer! Sein intellektuelles Wachstum wird dadurch nicht verdoppelt, sondern halbiert", urteilte etwa der Schotte Simon Somerville Laurie (1829 – 1909), erster Professor für Theorie, Geschichte und Kunst der Erziehung an der University of Edinburgh. Die Sache schien also schon ausgemacht, ehe das kanadische 15 Forscherduo knapp ein halbes Dutzend Montrealer Schulen betrat, um die geistige Fitness der zehnjährigen Schüler per IQ-Test auf die Probe zu stellen. Amtssprache in Montreal ist Französisch; nicht wenige Kinder jedoch hatten das „Pech", zusätzlich mit Englisch aufzuwachsen. Sie würden nicht nur bei der Intelligenzprüfung (vor allem in deren sprachlichen Teilen) schlechter 20 abschneiden, sondern auch in den schulischen Leistungen ihren Klassenkameraden hinterherhinken, glaubten Peal und Lambert. Die Überraschung folgte: Keine der Hypothesen ließ sich bestätigen! Die zweisprachigen Kinder hatten im Gegenteil sogar bessere Noten als die einsprachigen, und sie waren in fast jedem IQ-Test, ob verbal oder nichtverbal, ihren Mitschülern teils weit 25 überlegen. Bei keinem Aufgabentyp hatten einsprachige Schüler die Nase vorn. Heute wissen wir: Ja, eine zweisprachige Erziehung hat Nebenwirkungen – allerdings sind diese in den meisten Fällen nicht bedenklich, sondern überaus wünschenswert. Die möglichen negativen Folgen sind schnell erzählt. Sie betreffen das Vokabular. Zweisprachige Kinder kennen in den einzelnen Sprachen 30 im Schnitt etwas weniger Wörter als einsprachige. Zeigt man ihnen einen bestimmten Gegenstand, brauchen Zweisprachige außerdem einen Tick länger, um die entsprechende Bezeichnung aus den Tiefen des Wortgedächtnisses hervorzuholen. Das war's! Die Furcht vor einem verzögerten Spracherwerb oder anderen geistigen Schwächen hat sich in empirischen Studien als un- 35 begründet erwiesen. Zweisprachig aufwachsende Kleinkinder sprechen ihr erstes Wort im Alter von etwa einem Jahr, genau wie einsprachige. Auch im weiteren Entwicklungsverlauf zeigten sich keine nennenswerten Auffälligkeiten – zumindest keine negativen. Vielmehr haben zahlreiche Untersuchungen der vergangenen Jahre immer neue Pluspunkte zu Gunsten der Zweisprachig- 40 keit offenbart. Die Vorteile reichen dabei von den ersten Lebensmonaten bis ins hohe Alter.

**1 Bilingualismus:** Mehrsprachigkeitsform, bei der eine Person zwei Sprachen auf muttersprachlichem Niveau beherrscht

Bas Kast, „Wanderer zwischen den Wortwelten". Gehirn&Geist; 06/2013, Nutzung genehmigt durch Spektrum der Wissenschaft Verlagsgesellschaft mbH, Heidelberg 2021

## M3 Wie hoch ist der Anteil mehrsprachiger Personen in Deutschland?

Mehrsprachigkeit nimmt weltweit zu. Es wird geschätzt, dass mehr als die Hälfte aller Kinder inzwischen mit zwei oder mehr Sprachen aufwachsen. [...] Auch in Deutschland nimmt der Anteil mehrsprachiger Personen und insbesondere mehrsprachig aufwachsender Kinder stetig zu. Eine genaue Schätzung
5 ist problematisch, weil die Sprachlichkeit in den offiziellen Statistiken nicht direkt ausgewiesen wird. Die [...] übliche Gleichsetzung von Mehrsprachigkeit und Migrationshintergrund ist jedoch sehr ungenau, da nicht alle Kinder aus Familien mit Migrationshintergrund auch mehrsprachig aufwachsen. Und umgekehrt nicht alle mehrsprachig aufwachsenden Kinder aus Familien mit
10 Migrationshintergrund stammen. So können die geschätzten Angaben von aktuell etwa einem Drittel mehrsprachig aufwachsender Vorschulkinder (Studie aus dem Jahr 2010) nur einen ungefähren Anhaltspunkt geben.

Ritterfeld, Ute & Lüke, Carina: Wie hoch ist der Anteil mehrsprachiger Personen in Deutschland? Aus: Ritterfeld, Ute & Lüke, Carina: Mehrsprachen-Kontexte. Erfassung der Inputbedingungen von mehrsprachig aufwachsenden Kindern. Aus: http://www.sk.tu-dortmund.de/media/other/Mehr sprachen-Kontexte.pdf (Seitenaufruf 11.08.15), verändert

## M4 Veraltete Vorurteile

Es gibt noch immer viele Vorurteile gegen Mehrsprachigkeit und mehrsprachige Menschen. Aus der Forschung wissen wir, dass diese Vorurteile nicht stimmen.
– Für ein Kind ist es nicht verwirrend, zwei oder mehrere Sprachen zu hören und zu sprechen. Der Spracherwerb wird durch Mehrsprachigkeit nicht er-
5 schwert.
– Der gleichzeitige Erwerb von mehreren Sprachen führt nicht zu Problemen in der sprachlichen oder körperlichen Entwicklung.
– Mehrsprachigkeit führt nicht zu Sprachstörungen und verschlimmert nicht bereits vorhandene Störungen.

Berliner Interdisziplinärer Verbund für Mehrsprachigkeit (Herausgeber): Veraltete Vorurteile. Aus: Info-Flyer Nr. 2. So geht Mehrsprachigkeit. Vorurteile überwinden & Vorteile nutzen; Berlin 2014 (http://www.zas.gwz-berlin.de/fileadmin/projekte/bivem/Flyer%20So%20gehts/BIVEM-Flyerreihe2_deutsch.pdf; Seitenaufruf am 22.02.2021)

## M5 Mehrsprachigkeit als Normalfall

| Deutschland | Deutsch |
|---|---|
| Ghana | Englisch, afrikanische Sprachen |
| Gibraltar | Englisch (Schule und amtliche Zwecke), Spanisch, Italienisch, Portugiesisch |
| Grönland | Grönländisch (East Inuit), Dänisch, Englisch |

Welt auf einen Blick: Mehrsprachigkeit als Normalfall. SeBaWorld, Berlin. Hrsg.: Sebastian Barzel (http://www.welt-auf-einen-blick.de/bevoelkerung/sprachen.php, Seitenaufruf 18.01.2016)

### M6  Die Bedeutung von Mehrsprachigkeit für die Gesellschaft

Mehrsprachigkeit ist gesellschaftlich wichtig:

– Sprachenvielfalt im eigenen Land erleichtert und fördert Wirtschaftsbeziehungen. Für internationale Unternehmen und Organisationen zählt zwei- und mehrsprachiges Personal als wichtiger wirtschaftlicher Vorteil.

– Politisch gesehen haben Mehrsprachige eine Brückenfunktion als Vermittler   5 zwischen verschiedenen Kulturen. Mit der Sprache lernt man auch Sichtweisen, Gespräche führen und kulturell geprägtes Verhalten. Man lernt daher auch ein Stück weit, andere Kulturen zu verstehen, und damit auch eine gewisse Toleranz.

– Auch die durch Tests bewiesene höhere Kreativität mehrsprachiger Sprecher   10 und Gruppen kann positiv für die Gesellschaft genutzt werden.

Claudia Maria Riehl: Mehrsprachigkeit. Eine Einführung. Darmstadt: Wissenschaftliche Buchgesellschaft, 2015. S. 18 – 19.

### M7  Meinungen mehrsprachiger Jugendlicher

„Ich bin zweisprachig aufgewachsen, weil meine Mutter Deutsche ist und mein Vater Italiener. Obwohl sie auch Italienisch sprechen kann, hat meine Mutter immer Deutsch und mein Vater immer Italienisch mit mir gesprochen. Als ich noch klein war, habe ich meistens nicht auf Italienisch geantwortet, aber mein Vater hat es trotzdem mit mir gesprochen. Verstanden habe ich es auch   5 und dann einfach auf Deutsch geantwortet – ich war einfach zu faul. [...] In Italien selbst habe ich trotzdem keine Probleme, mich zu verständigen, und ich verstehe auch alles. Nur manchmal fehlen mir Vokabeln für besondere Dinge – darin bin ich nicht ganz so gut wie jemand, der dort aufgewachsen ist."

„Ich habe eine deutsche Mutter und einen ägyptischen Vater. In Ägypten, wo ich geboren und aufgewachsen bin, hat meine Mutter mit mir Deutsch geredet, mein Vater mit mir Arabisch. Untereinander haben sie Englisch gesprochen. Deshalb bin ich praktisch mit drei Sprachen aufgewachsen. [...]
Hin und wieder habe ich schon Aussetzer. Dann fange ich einen Satz an   5 und komme zu einem Wort, das ich gerade nur auf Englisch und nicht auf Deutsch weiß. Das ist eben ein Problem, wenn die einzelnen Sprachen nicht so ausgeprägt sind. Mit deutschen Fachbegriffen bin ich zum Beispiel nicht so gut. Da merkt man dann schon einen Unterschied. Ich habe auch versucht, Französisch zu lernen. Aber dadurch, dass ich die anderen drei Sprachen so   10 nebenbei gelernt habe, keine Karteikarten mit Vokabeln auswendig lernen musste, fiel mir das schon schwer."

Karoline Kuhla: Sprachenmix in der Familie. Mehrsprachig aufgewachsen. Meinungen eines mehrsprachig aufgewachsenen Jugendlichen. fluter – Magazin der Bundeszentrale für politische Bildung, 18.06.2011

# E  Prüfungsaufgaben zum Themenbereich „Eine Frage der Beziehung"

In diesem Kapitel bearbeitest du zu dem Thema „Eine Frage der Beziehung" mehrere Prüfungsbeispiele. Notiere die benötigte Arbeitszeit (siehe Seite 7).

## E 1  Leseverstehen: Wie das Minenfeld der Peinlichkeit umgangen wird (angeleitetes Üben)

### Teil I

Lies zunächst den Text sorgfältig durch. Bearbeite anschließend die Aufgaben **1** – **16**.

### Wie das Minenfeld der Peinlichkeit umgangen wird

**(1) Jugendliche drucksen oft herum, wenn es um miese Zensuren, mobbende Mitschüler oder die erste Liebe geht. Mit einer cleveren Strategie wird's nicht ganz so peinlich. Auch Eltern ist manches unangenehm.**
Es gibt Themen, die Jugendlichen peinlich sind und nur schwer über die Lippen
5 gehen. Worüber muss man trotzdem mit ihnen reden? „Eltern müssen nicht alles wissen, es ist aber gut, wenn sie einschätzen können, wie es ihrem Kind geht", sagt Ulric Ritzer-Sachs von der Bundeskonferenz für Erziehungsberatung. Ob Jugendliche sich den Eltern gerne anvertrauen, ist von Fall zu Fall unterschiedlich, erklärt der Experte. Gibt es in einer Familie schon immer einen
10 regen Austausch, dann herrscht eine Kultur des Erzählens. In der fällt es leicht, auch peinliche Themen anzusprechen. Doch was, wenn es eine solche Erzählkultur nicht gibt?
**(2)** Besonders schwierig ist oft das Thema Liebe und Sexualität. Ob Jugendliche mit ihren Eltern über ihren heimlichen Schwarm, die erste Beziehung oder das
15 erste Mal sprechen, sollten sie nach Gefühl entscheiden, rät Psychotherapeut und Buchautor Joachim Braun. Ein Richtig und Falsch gibt es nicht: „Es ist natürlich toll, wenn man das Gefühl hat, mit den Eltern über Liebe und Sexualität sprechen zu können – es ist aber auch völlig in Ordnung, es nicht zu tun." Jugendliche haben ein Recht auf Intimsphäre[1], sagt Braun. Alternativ könne
20 man auch mit den Freunden darüber sprechen. Geht es um die Erlaubnis, bei der Freundin oder dem Freund zu übernachten, muss man die Eltern natürlich fragen. Halten die ihren Nachwuchs noch für zu jung dafür, kann man versuchen, ihnen die Ängste zu nehmen, erklärt Psychotherapeutin Christiane Wempe. Wer sagt: „Macht euch keine Sorgen, ich habe in der Schule gelernt,
25 wie Verhütung funktioniert", kann die Eltern eventuell beruhigen.
**(3)** Bei schlechten Noten in der Schule oder einer gefährdeten Versetzung gilt: So früh wie möglich erzählen, meint Ritzer-Sachs. Die meisten Eltern finden es besonders schlimm, erst kurz vor einem miesen Zeugnis oder einer gefährdeten Versetzung informiert zu werden. Erfahren sie rechtzeitig von
30 Problemen, können sie noch reagieren. Christiane Wempe rät, schlechte Noten eventuell getrennt zu beichten: Reagiert ein Elternteil absehbar gereizt darauf, sprechen Kinder vielleicht zuerst mit dem anderen.
**(4)** Andere Schulprobleme sind möglicherweise noch unangenehmer: Vielen Jugendlichen fällt es besonders schwer, darüber zu sprechen, wenn sie ge-
35 mobbt oder ausgegrenzt werden. Trotzdem sollte man sich den Eltern in so

einem Fall unbedingt anvertrauen, rät Joachim Braun. „Nur wenn man sich den Eltern öffnet, haben die auch eine Chance zu helfen." Und das können die Eltern meistens ganz gut: „Bei Mobbing ist es wichtig, dass Jugendliche, Eltern und Lehrer zusammenarbeiten und ein Netzwerk bilden", erklärt der Buchautor. Häufig ist es einfach, Mobbing zu unterbinden, wenn man es öf- 40 fentlich macht, sagt auch Ulric Ritzer-Sachs. Und manchen Jugendlichen hilft es beim Berichten von Hänseleien, den Eltern vorher zu sagen: „Ich möchte erst mal nur erzählen – ohne dass ihr euch direkt einmischt." Danach können Eltern und Kinder gemeinsam und in Ruhe überlegen, wie es weitergeht.

(5) Ein besonders sensibles Thema für Jugendliche ist die Scheidung der Eltern. 45 „Viele Jugendliche belastet es, wenn die Eltern sich trennen", sagt Christiane Wempe. „Das Thema zu Hause anzusprechen ist ihnen aber unangenehm, weil sie den Eltern aber nicht noch mehr Sorgen bereiten wollen." Dazu fürchten sie häufig negative Reaktionen, zum Beispiel die Abwertung des anderen Elternteils, erklärt Wempe. 50

Tatsächlich sind viele Eltern, die gerade in der Hochphase der Scheidung stecken, nicht objektiv. „Manchmal ist es dann sinnvoller, wenn sich Jugendliche Beratung von außen holen – etwa bei Freunden, deren Eltern auch geschieden sind, oder bei einem Therapeuten", sagt Wempe.

(6) Bei manchen Themen haben Jugendliche keine Wahl: Immer wenn es 55 um Vereinbarungen und Erlaubnisse geht, muss man die Zähne auseinander bekommen und mit den Eltern sprechen, sagt Joachim Braun. Ausgehzeiten, das Taschengeld, das erste Mal bei der Freundin oder dem Freund übernachten: „Wer etwas aushandeln will, sollte den Konflikt mit den Eltern wagen – auch wenn das manchmal schwer fällt", rät Braun. 60

(7) Vor so einem Gespräch sollten sich Jugendliche fragen, wie sie die Eltern überzeugen können, empfiehlt Ritzer-Sachs. Außerdem sucht man sich am besten einen ruhigen Moment, in dem die Eltern selbst entspannt sind, vielleicht sogar mit einem fest vereinbarten Termin.

Wer fürchtet, die Eltern könnten die Bitte abschlagen, ohne dass man sein 65 Anliegen überhaupt richtig erklärt hat, kann auch Regeln für das Gespräch festlegen – etwa, dass er erst eine Viertelstunde zum Reden bekommt und die Eltern zuhören müssen. Das ist zwar nicht immer leicht, sagt Ritzer-Sachs. Aber auch bei Verhandlungen mit den Eltern gilt: Übung macht den Meister. 70

1  **die Intimsphäre:** der private Lebensbereich eines Menschen; die intimsten, innersten bzw. persönlichsten Gedanken und Gefühle

Marie Blöcher: Peinliche Themen: Was die Eltern wissen müssen und was nicht. Welt Online 19.12.2015 (http://www.welt.de/gesundheit/psychologie/article150142580/Wie-das-Minenfeld-der-Peinlichkeit-umgangen-wird; Stand: 21.12.2015) © dpa

## LÖSUNGSHILFEN zu 1 – 16

**1**  Bevor du dich den Aufgaben zuwendest, solltest du das Textmaterial sorgfältig erschlossen haben:
- unbekannte Begriffe sind geklärt,
- Schlüsselwörter markiert,
- Sinnabschnitte gebildet und Zwischenüberschriften formuliert.

Oftmals sind die vorgegebenen Texte zu deiner Orientierung schon in Sinnabschnitte gegliedert.

**2** Lies jede Aufgabe: Markiere dazu Verben und Schlüsselwörter. Achte darauf, ob in der Aufgabe Singular oder Plural verwendet wird. *Kreuze die richtige/n Antwort/en an.* So erhältst du einen Hinweis darauf, wie viele Antworten du ankreuzen musst.

## AUFGABEN 1 – 16

**1** Welche der folgenden Aussagen ist richtig? Beziehe dich dabei auf den Text.
Kreuze die richtige Antwort an.
Laut Text …

a) gibt es Gesprächsthemen, die Eltern und Jugendlichen gleichermaßen peinlich sind. ☐

b) sprechen Eltern mit ihren Kindern gerne offen über alle Probleme aus dem Alltag. ☐

c) sind Jugendliche durchgängig gesprächsbereit, weil sie Tipps zum richtigen Handeln von ihren Eltern haben möchten. ☐

**TIPP** zu **1** bis **4**

1. Die Aufgaben kannst du mithilfe deiner Vorarbeit (= Texterschließung) bearbeiten. Je genauer du Schlüsselwörter und Zwischenüberschriften formuliert hast, desto leichter kannst du dich zur Rückversicherung im Text orientieren.

2. Wenn deine Anzahl an Sinnabschnitten von der vorgegebenen Anzahl (vgl. Aufgabe **2**) abweicht, fasse Abschnitte zusammen oder teile sie weiter auf.

3. Wenn du Textaussagen umschreiben sollst, formuliere in eigenen Worten und in ganzen Sätzen. Greife dazu den Wortlaut der Aufgabenstellung auf, z. B. Aufgabe **3**: *Mit der Überschrift ist gemeint, dass …*

**2** Der Text lässt sich in sieben Sinnabschnitte einteilen. Notiere zu jedem Sinnabschnitt eine passende Überschrift.

| Abschnitt | Zeilenangaben | Überschrift |
|---|---|---|
| 1 | Z. 1 – 12 | |
| 2 | Z. 13 – 25 | |
| 3 | Z. 26 – 32 | |
| 4 | Z. 33 – 44 | |
| 5 | Z. 45 – 54 | |
| 6 | Z. 55 – 60 | |
| 7 | Z. 61 – 70 | |

**3** Im Text heißt es in der Überschrift: „Wie das Minenfeld der Peinlichkeit umgangen wird".

a) Kreuze an, welches sprachliche Gestaltungsmittel hier verwendet wird:

☐ Personifikation ☐ Alliteration ☐ Euphemismus ☐ Metapher ☐ Antithese

b) Erkläre die Überschrift in eigenen Worten.

_____

_____

_____

_____

**4** Im Text werden verschiedene Themen genannt, die Jugendlichen peinlich sind.
Kreuze die richtigen Antworten an.

a) schlechte Zensuren in der Schule ☐

b) Kriminalität ☐

c) erste Liebe ☐

d) Sexualität ☐

e) mobbende Mitschüler ☐

f) gefährdete Versetzung ☐

g) Diebstahl ☐

h) Streit in der Familie ☐

i) Trennung der Eltern ☐

j) Drogenmissbrauch ☐

---

**TIPP** zu **5** bis **14**

1. Wenn du Aufgaben zu einer bestimmten Textstelle bearbeiten sollst, lies noch einmal nach. Beachte auch die Passagen kurz vor und nach dieser Textstelle, z. B. Aufgaben **5** – **14**.
2. Häufig werden dir auch Aufgaben zur formalen oder sprachlichen Gestaltung des Textes sowie zur Textart und ihrer Wirkungsweise gestellt. Schaue dir zur Bearbeitung dieser Aufgaben noch einmal die Quelle des Textes an und beachte die Schreibweise, z. B. Aufgaben **12** – **14**.
3. Ebenso wird überprüft, ob du verstanden hast, warum der Autor den Text verfasst hat. Beachte dazu die Funktion des Textes: *unterhaltend, informativ, appellativ, argumentativ, expressiv ...*, z. B. Aufgabe **14**.

---

**5** In Zeile 10 wird von einer „Kultur des Erzählens" gesprochen. Was ist damit gemeint?
Kreuze die richtige Erklärung zu diesem Zitat an.

a) Damit ist gemeint, dass Jugendliche den Eltern lieber von anderen Dingen erzählen,
weil ihnen manches peinlich ist. ☐

b) Jugendliche wollen ihren Eltern nicht alles anvertrauen. Deshalb erzählen sie ihnen
nicht von allen Problemen. ☐

c) Damit ist der rege Austausch zwischen Jugendlichen und Eltern über Probleme gemeint,
die die Jugendlichen im Alltag beschäftigen. ☐

**6** Erkläre mit eigenen Worten, welche Folgen eine solche „Erzählkultur" haben kann.

_____

_____

**7** In Zeile 19 heißt es: *„Jugendliche haben ein Recht auf Intimsphäre (...)".* Kreuze an, welchen Vorschlag der Psychotherapeut Joachim Braun macht, um dennoch Gespräche zu ermöglichen.

a) Jugendliche sollen sich ihren Freunden anvertrauen. ☐

b) Jugendliche sollen mit ihren Lehrern reden. ☐

c) Jugendliche sollen diese Dinge lieber für sich behalten. ☐

**8** Welche Tipps gibt der Experte Joachim Braun bei Mobbing oder Ausgrenzung in der Schule? Kreuze an, welche Strategien im vierten Sinnabschnitt (ab Z. 36) empfohlen werden.

a) Jugendliche sollten sich in jedem Fall den Eltern anvertrauen, denn nur dann können Eltern unterstützen. ☐

b) Mobbing sollte man für sich behalten, da Eltern in der Schule nichts ausrichten können. ☐

c) Jugendliche, Eltern und Lehrer sollten zusammenarbeiten und gemeinsam überlegen, wie man vorgehen könnte. ☐

d) Im Fall von Mobbing in der Schule können nur Freunde helfen, denen man alles erzählen sollte. ☐

e) Mobbing muss öffentlich gemacht werden, um es unterbinden zu können. ☐

f) Jugendliche sollten vor dem Gespräch die Eltern darum bitten, in Ruhe erzählen zu können, ohne dass die Eltern sie unterbrechen. ☐

**9** Nenne drei Gründe dafür, warum die Trennung oder die Scheidung der Eltern ein besonders sensibles Thema für viele Jugendlichen ist (Z. 45 – 54).

_____

_____

_____

_____

**10** Der Text enthält viele Ratschläge dazu, wie Jugendliche sich auf schwierige Gespräche mit ihren Eltern vorbereiten können. Kreuze an, welche Strategien vom Verfasser vorgeschlagen werden.

a) vor dem Gespräch Argumente sammeln ☐

b) einen ruhigen Moment abwarten ☐

c) die Eltern am besten abends ansprechen ☐

d) ggf. einen festen Termin vereinbaren ☐

e) Regeln für das Gespräch vereinbaren, z. B. feste Redezeiten ☐

f) statt ein Gespräch zu führen, lieber einen Brief schreiben ☐

g) Gespräche miteinander mehrmals üben ☐

h) möglichst mit den Großeltern sprechen ☐

i) Beratung von außen holen, wenn Gespräch mit Eltern nicht möglich ☐

**11** Erkläre in diesem Zusammenhang die letzte Aussage des Textes in eigenen Worten: „Übung macht den Meister." (Z. 69/70).

_____

_____

_____

_____

**12** Im Text werden verschiedene Experten zitiert. Kreuze an, aus welchen Bereichen diese stammen.

☐ Erziehungsberatung   ☐ Schule   ☐ Psychotherapie   ☐ Familienberatung

**13** Welche Funktion haben die Zitate im Text? Kreuze die richtigen Wirkungsweisen an.

a) Die Zitate werden genutzt, um den Text ausführlicher und komplexer zu gestalten, denn die Probleme kennt jeder Leser schon. ☐

b) Die Tipps und Ratschläge tragen dazu bei, dass die Darstellung im Text glaubwürdiger und fundierter wirkt. ☐

c) Die Zitate der Experten machen den Text anschaulicher und deuten auf eine gute Recherche des Reporters hin. ☐

d) Die Meinungen der Experten sind Hinweise, nach denen sich jeder Jugendliche richten muss, damit er keine Probleme bekommt. ☐

**14** Kreuze an, um welche Textart es sich handelt.

☐ Sachtext   ☐ Erzählung   ☐ Glosse   ☐ Leserbrief   ☐ Interview

**15** Kreuze an, welche Absicht der Verfasser des Textes mit der Veröffentlichung verfolgt.

a) Der Verfasser des Textes möchte vorrangig kritisieren, dass Jugendliche mit ihren Eltern zu wenig über ihre Alltagsprobleme reden, und darauf hinweisen, dass Eltern sich mehr Zeit für ihre Kinder nehmen sollen. ☐

b) Der Autor möchte an die Jugendlichen appellieren, dass sie sich ihren Eltern gegenüber öffnen und häufiger über persönliche Probleme reden. Dabei versucht er davon zu überzeugen, alle Probleme offen zu thematisieren. ☐

c) Im Text soll über die Alltagsprobleme Jugendlicher informiert und darüber aufgeklärt werden, welche Strategien zur Verbesserung der Gesprächskultur zwischen Jugendlichen und Eltern beitragen können. ☐

---

**TIPP** zu **16**

1. Am Schluss sollst du zumeist zu einem Zitat aus dem Text oder zu einer Aussage eines Schülers Stellung nehmen. Mache dir zunächst klar, ob du diese Ansicht teilen kannst.

2. Notiere nachvollziehbare und stichhaltige Argumente, die deine Position stützen. Beziehe dich dabei auf Textaussagen. Gib dazu die betreffenden Zeilenangaben an, z.B. *„Im Text werden je nach Problem unterschiedliche Strategien empfohlen. Beispielsweise sollte man sich während der Trennung der Eltern lieber Beratung von außen holen (Z. 51 – 53), weil Eltern nicht objektiv sind."*

---

**16** Eine Schülerin äußert sich über diesen Zeitungsartikel: *„Das sind mit Sicherheit gute Tipps. Doch enden die Gespräche mit meinen Eltern zumeist im Streit. Hier gibt der Text keine Hinweise dazu, wie ich das vermeiden kann."* Kannst du diese Meinung nachvollziehen? Begründe deine Position nachvollziehbar und beziehe dich dabei auf den Text.

☐ Ja, ich bin auch dieser Meinung.   ☐ Nein, ich bin nicht dieser Meinung.

_____

_____

_____

## E 2  Leseverstehen: Erfolgreiche Teamarbeit. Diesen Typ braucht jede Gruppe (selbstständiges Üben)

### Teil I
Lies zunächst den Text sorgfältig durch und bearbeite anschließend die Aufgaben **1** – **13**.

### Erfolgreiche Teamarbeit. Diesen Typ braucht jede Gruppe
*Julia Merlot*

*Die US-Weltraumbehörde NASA untersucht für ihre bemannte Marsmission[1] das Zusammenwirken in Gruppen. Die Erkenntnis: Soll ein Team erfolgreich sein, muss ein bestimmter Charakter[2] auf jeden Fall vertreten sein.*

(1) Oft lässt sich der Nutzen der Raumfahrt für den Menschen auf der Erde
5 nicht sofort erkennen. Doch als Forscher am Sonntag auf einer Wissenschaftskonferenz in Washington neue Erkenntnisse zur Marsmission der NASA vorstellten, wurde schnell klar, dass diese den Alltag von uns allen verbessern könnten.
Die NASA will 2033 erstmals Raumfahrer auf die ungefähr 400 Millionen Ki-
10 lometer lange Reise zum Mars schicken. Eine der größten Herausforderungen dabei ist der Faktor Mensch. Denn für die Mission müssen die Astronauten mindestens drei Jahre lang Tag und Nacht auf engstem Raum zusammenleben und -arbeiten. Damit das klappt, erforscht die NASA nicht nur das Weltall, sondern auch die Psyche des Menschen. [...]
15 (2) Über zehn Jahre hat der Anthropologe[3] Jeffrey Johnson von der University of Florida in Gainesville die Dynamik[4] in kleinen Gruppen von 10 bis 28 Personen auf Forschungsstationen in der Antarktis untersucht und alte Dokumente von Südpolexpeditionen ausgewertet. „Was in den Teams passiert, kennt jeder: Die Gruppe schreibt einigen Mitgliedern inoffiziell Rollen zu, einer ist
20 der Anführer, einer Partykönig und einer der Clown", erklärt Johnson. Seine Forschung zeigt: Wie diese inoffiziellen Ämter besetzt werden, entscheidet über den Erfolg der gesamten Gruppe.
(3) Eine besonders große Rolle spielen dabei die Clowns, die Geschichtenerzähler und Komiker, berichtet Johnson. Das sei schon vor hundert Jahren
25 entscheidend gewesen – Roald Amundsen[5], der erste Mann, der es je zum Südpol geschafft hat, wäre wohl nie angekommen, wenn er nicht seinen humorvollen Koch dabei gehabt hätte. „Adolf Lindstrøm war ein robuster Typ, kindisch und unvoreingenommen, er hat viel gelacht und gut gekocht", erklärt Johnson. „Jeder mochte ihn." Wann immer es auf der Expedition
30 ins ewige Eis ein Problem gab, Crewmitglieder stritten oder Amundsen die Geduld verlor, habe Lindstrøm die Spannungen auflösen und die Gruppe zum Weiterziehen bewegen können. „Er hat mehr zur norwegischen Polarexpedition beigetragen als jeder andere", schrieb Amundsen 1911 in sein Tagebuch. [...]
35 (4) Wie wichtig eine Person mit Humor für eine positive Gruppendynamik ist, zeigt sich auch bei heutigen Südpolexpeditionen. Über Jahre hat Johnson auf Forschungsstationen in der Antarktis Daten von 15 verschiedenen Teams unterschiedlicher Nationalitäten gesammelt. Die Gruppe, die die Isolation am

besten wegsteckte, hatte gleich vier Leute in für den Zusammenhalt wichtigen inoffiziellen Ämtern. „Drei Frauen kümmerten sich um Veranstaltungen – organisierten gemeinsame Abendessen oder Sportkurse", sagt Johnson. Im Zentrum der Gruppe stand aber auch hier ein „lustiger, sehr kluger Typ, der gern Geschichten erzählt." Diesmal war es ein Handwerker, der die Mannschaft zusammenhielt. „Er wirkte als Bindeglied zwischen den Forschern und dem Rest der Gruppe." [...] 45

(5) Den Expeditionsteams mit geringem Zusammenhalt fehlte dagegen genau diese Funktion, berichtet Johnson. Das Problem dabei ist, dass Gruppen dazu neigen, sich in möglichst homogene[6] Untergruppen aufzuspalten. Nach dem Motto „gleich und gleich gesellt sich gern" hängen Forscher mit anderen Forschern herum, Russen mit Russen, Amerikaner mit Amerikanern. „Deshalb 50 braucht es die Clowns und Geschichtenerzähler – sie schaffen es mit Humor, die Untergruppen zu einem großen Team zu vereinen."

(6) Unklar war bislang allerdings, ob Clowns auch auf Marsflügen mit vier bis sechs Besatzungsmitgliedern die Stimmung retten können. Im Johnson Space Center in Houston beobachtet die NASA derzeit Gruppen in einem 55 Simulator, der die Bedingungen auf dem Mars nachstellt. Bis zu 45 Tage müssen die Testkandidaten mit Schlafmangel, Gewackel und verzögerter Kommunikation zur Außenwelt klarkommen – und miteinander. Nun bestätigen die ersten Datensätze aus Houston die Beobachtungen vom Südpol, erzählt Johnson. [...] 60

(7) Ein weiteres Erfolgskriterium, das für alle Gruppengrößen gilt: „Die inoffizielle Rollenverteilung muss zur offiziellen Funktion der Leute passen", so Johnson. „Der offizielle Chef sollte auch inoffiziell von der Gruppe als Anführer anerkannt werden. Gelingt es ihm nicht, die Rolle auszufüllen, führt das zwangsläufig zu Auseinandersetzungen." 65

Im NASA-Versuch wich die inoffizielle Rollenverteilung bei zwei Gruppen von der offiziellen ab. Am Ende des Versuchs gaben die Mitglieder dann auch an, nicht freiwillig für drei Jahre gemeinsam zum Mars fliegen zu wollen.

1 **Marsmission:** Flug eines Raumschiffs zum Mars zu Forschungszwecken

2 **Charakter:** *hier:* Menschentyp

3 **Anthropologe:** Wissenschaftler, der sich mit dem Menschen und seiner Entwicklung beschäftigt

4 **Dynamik:** *hier:* Kräfte, die in der Gruppe wirken

5 **Roald Amundsen (1872 – 1928):** norwegischer Seemann und Polarforscher

6 **homogen:** gleichartig

Julia Merlot, DER SPIEGEL, 18.02.2019, http://www.spiegel.de/wissenschaft/mensch/marsmission-der-nasa-das-geheimnis-guter-teamarbeit-a-1253717.html (Text geringfügig gekürzt und verändert)

## AUFGABEN 1 – 13

**1** Kreuze die richtige Antwort an.

Auf der Wissenschaftskonferenz wurde deutlich, dass Erkenntnisse aus der Raumfahrt möglicherweise (Abschnitt 1) ...

a) den Alltag auf der Erde positiv beeinflussen. ☐
b) einige Nachteile für den Alltag auf der Erde haben. ☐
c) nicht auf den Alltag auf der Erde übertragbar sind. ☐
d) geringe Bedeutung für den Alltag auf der Erde haben. ☐

**Quelle (Aufgaben):** Qualitäts- und UnterstützungsAgentur – Landesinstitut für Schule, Soest 2021

**2** Kreuze die richtige Antwort an.

Die Aussage „*Eine der größten Herausforderungen dabei ist der Faktor Mensch.*" (Z. 10/11) bedeutet im Textzusammenhang, dass das Gelingen der Marsmission auch davon abhängt, ob …

a) die Forscher ihre Arbeit rechtzeitig beenden. ☐
b) es genügend Spezialisten für die Mission gibt. ☐
c) der menschliche Körper die lange Reise verträgt. ☐
d) die Astronauten langfristig die Nähe zueinander ertragen. ☐

**3** Kreuze die richtige Antwort an.

Die erfolgreiche Zusammenarbeit in einer Gruppe hängt ab von der (Abschnitt 2) …

a) Ausstattung der Forschungsstationen. ☐
b) Rollenverteilung innerhalb der Gruppe. ☐
c) Ausbildung der teilnehmenden Personen. ☐
d) Bereitschaft der Teilnehmer zur Mitarbeit. ☐

**4** Kreuze die richtige Antwort an.

Rollen wie „Anführer", „Partykönig" oder „Clown" (Abschnitt 2) …

a) ergeben sich gruppenintern. ☐
b) werden demokratisch gewählt. ☐
c) werden regelmäßig ausgewechselt. ☐
d) ergeben sich durch offizielle Auswahl. ☐

**5** Kreuze die richtige Antwort an.

Jemand, der in einer Gruppe die Rolle des Clowns, Geschichtenerzählers oder Komikers innehat (Abschnitt 3), …

a) ist beliebt. ☐
b) wird belächelt. ☐
c) ist bescheiden. ☐
d) wird benachteiligt. ☐

**6** Erläutere Amundsens in seinem Tagebuch geäußerte Ansicht „*Er [der Koch Adolf Lindstrøm] hat mehr zur norwegischen Polarexpedition beigetragen als jeder andere*" (Z. 32/33) im Textzusammenhang.

**7** Kreuze die richtige Antwort an.

Beobachtungen des Wissenschaftlers Jeffrey Johnson auf heutigen Forschungsstationen in der Antarktis sind (Abschnitt 4) …

a) der Anfang eines neuen Forschungsvorhabens. ☐
b) von 15 verschiedenen Teams ausgewertet worden. ☐
c) ein weiterer Beleg für seine Ansichten zur Gruppendynamik. ☐
d) von unterschiedlichen Nationalitäten positiv aufgenommen worden. ☐

**8** Kreuze die richtige Antwort an.

Im Vergleich zur Rolle der drei Frauen innerhalb der Gruppe wird die Rolle des Handwerkers von der Autorin (Abschnitt 4) ...

a)  gering geschätzt.  ☐
b)  vernachlässigt.  ☐
c)  hervorgehoben.  ☐
d)  genauso gewürdigt.  ☐

**9** Erläutere den Zusammenhang zwischen der Grafik und dem Text (Abschnitt 5)

Illustration: Thies Schwarz, Hannover
(Die Abbildung weicht aus lizenzrechtlichen Gründen von der Darstellung in der Original-Prüfung ab.)

**10** Kreuze die richtige Antwort an.

Eine Expedition zum Mars wird erschwert durch fehlenden Schlaf, Erschütterungen beim Flug sowie (Abschnitt 6) ...

a)  Verständigungsschwierigkeiten untereinander und dauerhafte Beanspruchung.  ☐
b)  fehlende Verständigungsmöglichkeiten mit der Erde und ständige Beobachtung.  ☐
c)  Verständigungsschwierigkeiten mit der Erde und mögliche Beziehungskonflikte.  ☐
d)  fehlende Verständigungsmöglichkeiten untereinander und begrenzte Bezugspersonen.  ☐

**11** Kreuze die richtige Antwort an.

Die Erkenntnisse über Gruppenprozesse (Abschnitte 6 und 7) ...

a)  gelten für unterschiedlich große Gruppen.  ☐
b)  beschränken sich auf die Raumfahrtforschung.  ☐
c)  verlieren ihre Gültigkeit außerhalb des Simulators.  ☐
d)  beziehen sich auf Gruppen mit mindestens drei Frauen.  ☐

**12** Kreuze die richtige Antwort an.

In einer gut funktionierenden Gruppe (Abschnitt 7) ...

a)  ist eine Führungsperson überflüssig.  ☐
b)  gibt es eine anerkannte Führungsperson.  ☐
c)  wechseln offizielle und inoffizielle Rollen.  ☐
d)  kann es mehrere Führungspersonen geben.  ☐

**13** Ein Schüler sagt nach dem Lesen des Textes: *„Wenn Gruppenbildung gelingen soll, muss jemand die Rolle des Clowns einnehmen."*
Schreibe eine kurze Stellungnahme zu dieser Aussage. Du kannst der Auffassung zustimmen oder nicht. Wichtig ist, dass du deine Meinung begründest. Beziehe dich dabei auf den Text.

## E 3  Aufgabentyp 4a: Schneeriese (angeleitetes Üben)

### Teil II

Lies bitte zunächst den Text, bevor du die Aufgaben bearbeitest.
Schreibe einen zusammenhängenden Text.

---

**AUFGABENSTELLUNG**

**1**  **Analysiere** den Textauszug aus dem Roman „Schneeriese" von Susan Kreller. Gehe dabei so vor:

a)  **Schreibe** eine Einleitung, in der du Textsorte, Titel, Autorin und Erscheinungsjahr **benennst** sowie das Thema **formulierst**.

b)  **Fasse** den Text **zusammen**.

c)  **Stelle dar**, welche Erwartungen Adrian an Stella hat und wie er sich ihr gegenüber verhält.

d)  **Untersuche**, wie Adrian Stellas Körpersprache bei ihrer Begegnung wahrnimmt.

e)  **Erläutere**, auf welche Weise durch sprachliche Mittel deutlich wird, wie enttäuscht Adrian von Stellas Verhalten ist (*mögliche Aspekte: Wortwahl, stilistische Mittel, Satzbau*).

f)  **Schreibe** einen kurzen Text aus der Sicht Stellas am Ende der Begegnung.
   – Welche Gedanken hat Stella, als sie noch einmal über ihre Begegnung mit Adrian nachdenkt?
   – Wie bewertet sie ihr eigenes und Adrians Verhalten?
   **Schreibe** in der Ich-Form und berücksichtige die Informationen, die der Textauszug gibt.

---

### Schneeriese (Textauszug)   *Susan Kreller*

*Adrian hat sich in Stella verliebt, seine Freundin aus Kindertagen, die ihn wegen seiner Größe „Einsneunzig" nennt; er sagt es ihr aber nicht. Die beiden lernen den neuen Nachbarn Dato kennen, mit dem Stella eine Beziehung beginnt. Daraufhin sehen sich Adrian und Stella eine Zeit lang nicht. Eines Tages nimmt Adrian allen Mut zusammen und geht zu Stella, um mit ihr zu sprechen.*

Adrian öffnete die Tür, räusperte sich und sah Stella auf ihrem Bett sitzen, im [...] Schneidersitz [...]. Sie war von sehr vielen Kleidungsstücken umgeben, mehr, als Adrian je in Stellas Zimmer gesehen hatte.
Und da war noch etwas anderes, das neu war.
5  Stellas Blick war neu.
Denn als sie verstanden hatte, wer da in der Tür stand, ließ sie für einen winzigen Moment ihre Mundwinkel sinken, es dauerte wirklich nicht lange, und trotzdem, am Ende entschied sich alles in diesen winzigen Mundwinkelmomenten. Und danach konnte der andere lächeln und lächeln, konnte
10  nette Dinge sagen und sonst wie freundlich sein, aber am Ende, da zählten eben einzig und allein diese läppischen[1] anderthalb Sekunden vom Anfang, und nur die.
Adrian, du bist's, sagte Stella und klang enttäuscht, aber wenigstens nicht unfreundlich. Sie überlegte kurz, dann sprach sie in ihr Handy: Lass uns mal
15  aufhören, ich ruf dich später zurück.
Was gibt's?, fragte sie, sah Adrian kurz und lächelnd an und wühlte dann wieder in den Kleidungsstücken.

**Quelle (Aufgaben):** Qualitäts- und UnterstützungsAgentur – Landesinstitut für Schule, Soest 2016

Mich, sagte Adrian.

Dich, sagte Stella, ohne auch nur den Kopf zu heben. Sie studierte mit allergrößter Sorgfalt einen hellen blauen Pullover, hielt ihn gegen eine Jeans, 20
schüttelte den Kopf und zog dann ein anderes Oberteil aus dem Klamottenberg, ein grünes T-Shirt. Zu genau diesem T-Shirt sagte sie sehr erwachsen:
Kann ich irgendetwas für dich tun?

Und Adrian dachte, ja, tatsächlich, es gäbe da zwei oder zehn Kleinigkeiten,
die dringend mal für mich zu tun wären. Du könntest mich fragen, ob ich 25
dein Gesicht zeichnen will, ich selber frag ja nicht, du könntest mich anrufen
jeden Tag, du könntest vor meiner Zimmertür stehen und Los, Beeilung! rufen,
du könntest mit mir und der Misses[2] auf der Schaukel sitzen und gar nichts
tun, du könntest laut sagen, Dato, was für ein bescheuerter Name aber auch,
wie kann einer bloß Dato heißen, du könntest mich einfach mal ansehen, du 30
könntest mich Einsneunzig nennen, du könntest sagen, tut mir leid, dass ich
dich aus Versehen vergessen hab, das kommt nie wieder vor in den nächsten
fünf Wochen.

Nein, sagte Adrian. Alles bestens. Ich hatte einfach nie Zeit die letzten Wochen,
keine freie Minute, du weißt schon, es war hoffnungslos.                          35

Sein Herz. Es schnappte nach Atem, es schlug.

Schlug.

Doch Adrian machte weiter:

Ich hab gedacht, ich seh mal nach dem Rechten, aber scheint ja alles in Ordnung zu sein, mit wem hast du telefoniert?                                        40

Stella richtete den Blick auf irgendein neues Kleidungsstück, das sie aus dem
Klamottenhaufen gefischt hatte, und lächelte es an:

Ja, du hattest es immer ziemlich eilig!

Das Kleidungsstück blieb stumm und Adrian fragte:

Und mit wem hast du telefoniert?                                                   45

Stella sah ihn verwundert an und machte sich gar nicht erst die Mühe, einen
handelsüblichen[3] Satz zu bilden.

Freundin, Schule, kennst du nicht. [...]

Stella sah Adrian freundlich an, fast weich, und sagte: Ich hab aber gar keine
Zeit, muss gleich wieder los.                                                      50

Zu deiner Freundin?

Stella biss sich auf die Lippen, und erst jetzt sah Adrian, wie rot ihre Wangen
waren und wie sehr ihre Augen darüber leuchteten, und da war keiner, der
ihm hätte weismachen können, dass das ein gutes Zeichen war, Adrian spürte
nun mal, dass das Leuchten nicht für ihn bestimmt war.                             55

Ich geh rüber, sagte Stelle mit matter Stimme. Ich geh zu Dato. [...]

Ich komm mit! [...]

Es war erstaunlich, wie schnell ein gerötetes Gesicht seine Farbe verlieren
und bleich werden konnte. Stellas Augen wurden dumpf und sahen ihn ungläubig an. Aber Adrian wusste, was zu tun war, einatmen, ausatmen, ein, 60
aus, ein, aus. Er hielt seinen Blick genau in den von Stella hinein und gab sich
nicht geschlagen, obwohl er sich nicht ausstehen konnte in diesen Minuten,
obwohl ihm seine eigene Anwesenheit genauso verhasst war, wie sie es für
Stella sein musste.

Einatmen, aus.                                                                     65

Ein, aus.

Ein, aus.

Und nicht mal dann aufgeben, nicht mal dann.

Doch da veränderte sich Stellas Gesicht schon wieder, ihre Augen sahen jetzt
70 traurig aus und fremd und ängstlich, alles auf einmal. Sie probierte ein Lächeln [...].

1 **läppisch:** einfach, harmlos

2 **Misses:** Gemeint ist Stellas Großmutter, die den beiden Freunden früher immer auf der Schaukel sitzend Märchen vorgelesen hat.

3 **handelsüblich:** *hier:* vollständig

**Aus:** Susan Kreller: Schneeriese. Hamburg: Carlsen Verlag 2016, S. 52 – 55, verändert

---

**LÖSUNGSHILFEN** zu **1** a)– **1** b)

**1** Führe den ersten Bearbeitungsschritt durch (vgl. dazu C 2.6: Erster Schritt: Sich orientieren, S. 44).

**2** Erschließe den Text mit der Lesemethode für literarische Texte (vgl. B 2, S. 19) und schreibe deine Notizen an den Rand, z. B.:

*1. Abschnitt (Z. 1–12): Adrian besucht seine alte Freundin Stella zu Hause; er findet sie in*

*ihrem Zimmer inmitten einem Haufen von Kleidungsstücken; er findet, sie schaue anders, und*

*meint, sie habe bei seinem Anblick für einen kurzen Moment enttäuscht geguckt …*

*2. Abschnitt (Z. 13 – 23): als sie ihn erkennt, begrüßt sie ihn enttäuscht, doch …*

**3** Sammle Stichworte zum Thema.

*unbefriedigend verlaufender Besuch von Adrian bei seiner Jugendfreundin Stella; unerwiderte*

*Liebe Adrians gegenüber Stella; Adrian fühlt sich überflüssig; Stella scheint nicht wahrzuneh-*

*men, dass Adrian in sie verliebt ist …*

**4** a) Lege dir einen Schreibplan zur Planung deines analysierenden Textes an. Orientiere dich dabei am dritten Schritt (vgl. C 2.6, S. 47). Du kannst auch die Vorlage aus C 2.5 (S. 43) verwenden.

b) Ergänze deine Stichworte zu den Aufgaben **1** a) und **1** b) in den ersten beiden Zeilen.

**TIPP** zu **4** a)– **4** b)

1. Die Teilaufgaben können auch mehrere Bearbeitungsschritte enthalten. So wird dir die Gliederung deines Textes im Prinzip schon durch die Formulierung der Teilaufgaben vorgegeben.

2. Wichtig ist, dass du die einzelnen Arbeitsschritte erkennst und sie in die linke Spalte deines deines Schreibplans aufnimmst. Beachte dazu die Anzahl der Operatoren, hier z. B.:
   - Stelle dar … (**1** c)
   - Untersuche … (**1** d)
   - Erläutere … (**1** e)

3. In diesen Teilaufgaben werden explizit keine Textbelege erwartet. Dennoch kannst du Zeilenangaben machen, um deine Ergebnisse zu belegen. Dies ist besonders wichtig, wenn du in **1** e) sprachliche Mittel untersuchen sollst.

## LÖSUNGSHILFEN zu 1 c)

**5** a) Unterstreiche im Text zunächst die Gedanken von Adrian in einer Farbe. Berücksichtige dazu auch den Text zur Vorgeschichte des Romans.

b) Wähle eine zweite Farbe und unterstreiche das, was er tatsächlich macht (Verhalten). So kannst du feststellen, inwieweit es hier Unterschiede gibt.

**6** Mache dir danach in der dritten Zeile deines Schreibplans Notizen zu seiner Erwartungshaltung. Du kannst auch Textstellen ergänzen, um deine Beobachtungen zu belegen und um diese Stellen beim Schreiben leichter wiederzufinden. Beginne so:

*– die Erwartungen Adrians bezüglich seines Besuches bei Stella widersprechen seinem tat-*

*sächlichen Verhalten ihr gegenüber; auch sie wird seinen Erwartungen nicht gerecht, da sie ihn*

*als eher störend empfindet (Z. 5 – 12)*

*– Adrian hat sich in Stella verliebt (vgl. Vortext); sie ist seine Freundin aus Kindertagen*

*– er hat all seinen Mut zusammengenommen, um sie zu besuchen und mit ihr zu sprechen*

*(s. Vortext) …*

**7** Der zweite Schwerpunkt der Aufgabe besteht in der Darstellung von Adrians Verhalten gegenüber Stella. Übertrage deine Ergebnisse dazu ebenfalls in die dritte Zeile deines Schreibplans:

*– als Adrian in Stellas Zimmer eintritt, beobachtet er sie zunächst genau (Z. 1–5); er stellt*

*fest, dass ihr Blick „neu" ist (Z. 5); das ist für ihn ungewohnt*

*– seine Antwort auf ihre Frage, was es gäbe, ist sehr einsilbig: „Mich" (Z. 18)*

*– anstatt weiter etwas zu sagen oder sein Anliegen zu erläutern, beobachtet er nur und bleibt*

*zunächst stumm, weil ihm zu viele Gedanken durch den Kopf gehen (Z. 24 – 33) …*

**8** Formuliere zur Aufgabe **1** c) ein zusammenfassendes Fazit, in dem du den Wortlaut der Aufgabenstellung aufgreifst. Beginne so:

*→ Zusammenfassend ist festzustellen, dass*

*Adrians Erwartungshaltung und sein tatsäch-*

*liches Verhalten ihr gegenüber sich deutlich*

*voneinander unterscheiden, denn …*

### TIPP zu 8

Um zu verdeutlichen, dass du eine Teilaufgabe abschließt und mit einer neuen beginnst, solltest du deine Schlussfolgerungen in einem Fazit zusammenfassen. Orientiere dich dazu am Wortlaut der Teilaufgabe.

## LÖSUNGSHILFEN zu 1 d)

**9** a) Lies noch einmal den Textauszug aus dem Roman und unterstreiche in einer dritten Farbe, wie Stella sich insgesamt verhält. Der Leser erhält Informationen dazu nur über die Er-/Sie-Erzählform und das personale Erzählverhalten.

b) Beschreibe ihr Verhalten und notiere die Schlussfolgerungen, die aus der Sicht von Adrian diesbezüglich deutlich werden, in der vierten Zeile deines Schreibplans. Ergänze auch zu dieser Aufgabe Zitate, um deine Schlussfolgerungen zu belegen.

*– als Adrian Stellas Zimmer betritt, springt sie nicht freudig auf; sie bleibt auf ihrem Bett*

*sitzen (Z. 1/2); sie lässt sogar kurz ihre „Mundwinkel sinken" (Z. 7), als sie realisiert, dass es*

*Adrian ist → Enttäuschung, Traurigkeit*

*- der Klang ihrer Stimme unterstützt diesen Eindruck von Enttäuschung (Z. 13)*

*- nachdem sie das Telefonat beendet hat, wendet sie sich ihm zwar zu (Z. 16), aber ...*

**10** Ergänze auch zu dieser Teilaufgabe ein kurzes Fazit, in dem du deine Beobachtungen zusammenfassend darstellst. Beginne so:

*Daher ist festzuhalten, dass durch Stellas Körpersprache deutlich wird, dass ...*

## LÖSUNGSHILFEN zu **1** e)

**11** a) Markiere sprachliche und formale Besonderheiten, wie z. B. Wortwahl, stilistische Mittel und Satzbau. Beachte dabei auch die Erzählform und das Erzählverhalten (vgl. dazu Aufgabe **9** a). Schreibe dir Notizen zur Benennung dieser Merkmale sowie zu ihrer Wirkung an den Rand.

b) Du sollst in der Teilaufgabe **1** e) erläutern, wie Susan Kreller anhand der verwendeten sprachlichen Mittel verdeutlicht, wie enttäuscht Adrian von Stellas Verhalten ist. Ergänze dazu die von dir ermittelten Merkmale und auch ihre Wirkung in deinem Schreibplan (fünfte Zeile) und notiere abschließend ein Fazit.

*– Adrians Gefühle werden durch die Er-/Sie-Erzähl-*

*form und das personale Erzählverhalten deutlich*

*→ Konzentration auf Adrians Wahrnehmung der*

*Situation*

*– Darstellung innerer Monologe Adrians (z. B.*

*Z. 24–33) → Offenbarung seiner Gedanken:*

*Widersprüche werden deutlich, denn es zeigen sich*

*Unterschiede zwischen seinen Gedanken und*

*Wünschen auf der einen Seiten und seinem tat-*

*sächlichen Verhalten auf der anderen Seite: er*

*wünscht sich „zwei oder zehn Kleinigkeiten, die*

*dringend mal für [ihn] zu tun wären (Z. 24/25),*

*sagt aber: „Alles bestens." (Z. 34)*

*– Aufzählung seiner Wünsche durch Anaphern*

*(„du könntest", z. B. Z. 25-27 etc.) → doch Ver-*

*wendung des Konjunktiv II zeigt, dass sich all*

*seine Erwartungen nicht erfüllt haben*

*– Verwendung von Adjektiven bezüglich Stellas*

### TIPP zu **11**

1. In den Aufgaben des Hauptteils musst du auch immer formale und sprachliche Gestaltungsmittel herausarbeiten. Diese werden mit einem inhaltlichen Schwerpunkt verknüpft, da sie die Wirkung des Textes auf den Leser und damit auch die Textaussage bedingen.

2. Überfliege dazu den vorgegebenen Text noch einmal und markiere formale und sprachliche Besonderheiten, wenn du dies bei der Texterschließung zu Beginn noch nicht bedacht hast. Notiere deine Beobachtungen mithilfe von Fachtermini am Rand und notiere auch Hinweise zur Wirkung.

3. Oftmals findest du Hinweise darauf, worauf du achten musst, in der Teilaufgabe unter dem Hinweis *„mögliche Aspekte"*. In dieser Aufgabe musst du also besonders auf *Wortwahl, stilistische Mittel* und *Satzbau* achten. Du kannst aber auch noch weitere Merkmale erarbeiten.

4. Ergänze zu jeder Beobachtung Textbelege in Klammern oder zitiere wörtlich, um deine Ergebnisse nachvollziehbar und anschaulich zu gestalten.

*Verhalten, zeigt, dass sie sich verändert hat: „enttäuscht" (Z. 13), „nicht unfreundlich" (Z. 13/14)*

*– besondere Nomen, mit denen Stella beschrieben wird („Mundwinkelmomenten", Z. 8/9);*

*„Klamottenberg" (Z. 21/22) → Stella ist abgelenkt und fühlt sich von Adrian eher gestört …*

---

**LÖSUNGSHILFEN** zu **1** f)

**12** a) Lies noch einmal die letzte Teilaufgabe: Mache dir klar, welche Sichtweise du übernehmen und welche Schwerpunkte du dabei berücksichtigen sollst.

b) Notiere Stichpunkte dazu in der letzten Spalte deines Schreibplans. Formuliere bereits in deiner Planung in der Ich-Form.

*– Adrian geht weg; ich (Stella) bin unsicher*

*– Hätte ich ihn freundlicher aufnehmen sollen?*

*– Die Umstände haben sich verändert:*

*Wir waren gute Freunde und wir haben viel*

*Zeit miteinander verbracht.*

*– nun ist Dato mein Freund*

*…*

**TIPP** zu **12**

Die letzte Aufgabe kann beispielsweise darin bestehen, dass du einen Text aus der Sicht einer der Figuren schreiben musst. Hier soll deutlich werden, ob du die Motivation für ihr Handeln verstanden hast.

Orientiere dich dabei an den in der Aufgabe genannten Fragen und an den Informationen, die dir der Textauszug gibt. Schreibe in der Ich-Form (hier: *aus der Sicht von Stella, damit ihre Gedanken und Gefühle bezogen auf den Besuch von Adrian deutlich werden*).

---

**LÖSUNGSHILFEN** zum Schreiben

**13** Formuliere deinen Textentwurf nach deinem Schreibplan in ganzen Sätzen. Beginne so:

*In dem vorliegenden Auszug aus dem Jugendroman „Schneeriese" von Susan Kreller, im Jahr 2016 veröffentlicht, geht es um einen für den Jugendlichen Adrian unbefriedigend verlaufenden Besuch bei seiner Jugendfreundin Stella, die dessen Liebe nicht wahrnimmt und seine Anwesenheit sogar als …*
*Adrian, der von seiner Jugendfreundin Stella wegen seiner Größe nur „Einsneunzig" genannt wird, besucht Stella zu Hause, weil er sie eine Zeit lang nicht gesehen hat …*

**14** Überarbeite deinen Textentwurf mithilfe der CHECKLISTE (siehe C 2.6, S. 51).

**TIPP** zu **13**

1. Setze nach der Erarbeitung jeder Teilaufgabe einen Absatz. Wenn eine Teilaufgabe mehrere Gliederungspunkte enthält, kannst du auch mehrere Absätze setzen. Das erleichtert das Lesen und zeigt eine durchgängige Struktur.
2. In diesem Fall kannst du auch die letzte Teilaufgabe mit einer eigenen Überschrift versehen, um sie von der Analyse abzugrenzen.
3. Leite die Teilaufgabe jeweils mit einem überleitenden Satz ein und formuliere zu den Aufgaben **1** c) – e) jeweils ein Fazit als abschließenden Satz.

## E 4  Original-Prüfung 2022: Blackbird (selbstständiges Üben)

### Teil II

Lies bitte zunächst den Text, bevor du die Aufgabe bearbeitest.
Schreibe einen zusammenhängenden Text.

### AUFGABENSTELLUNG

**Analysiere** den Textauszug aus dem Roman „Blackbird" von Matthias Brandt.

Gehe dabei so vor:

- **Schreibe** eine Einleitung, in der du Textsorte, Titel, Autor und Erscheinungsjahr benennst sowie das Thema formulierst.
- **Fasse** den Text **zusammen**.
- **Stelle** Mortens Einstellung und Verhalten gegenüber seiner Mutter **dar**.
- **Erläutere**, welche Art von Erinnerungen Morten an Steffi hat und wie er sie bei der Begegnung bei ihm zu Hause wahrnimmt.
- **Untersuche**, wie durch sprachliche Mittel zum Ausdruck kommt, dass Morten in der Situation mit Steffi stark von ihr beeindruckt ist *(mögliche Aspekte: Wortwahl, Satzbau, stilistische Mittel)*.
- **Verfasse** einen kurzen Text aus der Sicht Steffis nach dem Ende der Begegnung:
  - Welche Gedanken hat Steffi, als sie noch einmal über ihre Begegnung mit Morten nachdenkt?
  - Was denkt sie darüber, wie Morten sich seit der gemeinsamen Grundschulzeit entwickelt hat?
  - **Schreibe** in der Ich-Form und berücksichtige die Informationen, die der Textauszug gibt.

### Blackbird (Textauszug)  *Matthias Brandt*

*Der Roman spielt in den 1970er Jahren. Der 15-jährige Ich-Erzähler Morten geht zur Schule und lebt mit seiner Mutter zusammen.*

Als ich [...] zu Hause ankam, sah ich auf dem Dach des Hauses zwei schwarze Gestalten rumturnen. Eine ziemlich große und eine nur halb so große. Die Schornsteinfeger waren da. Ich schaute kurz zu, wie sie sich mit den an Ketten befestigten Metallkugeln, die so aussehen wie aus irgendwelchen Mittelalter-
5  comics, da oben zu schaffen machten.
Immer wieder das gleiche Spiel, ich schlich durch die Küche rein und versuchte, unbemerkt am Wohnzimmer vorbeizukommen. Aber diesmal war meine Mutter schneller als ich und erwartete mich schon im Treppenhaus. [...] Sie wollte mich [...] in den Arm nehmen, ich konnte mich gerade noch herauswinden,
10  weil hinter uns jemand die Treppe runterkam. Der Schornsteinfeger, den ich eben auf dem Dach gesehen hatte.
„So, wir wären dann fertig, Frau Schumacher."
Meine Mutter verschwand in der Küche, wahrscheinlich um Trinkgeld zu holen. [...]
15  „Danke schön!", flötete sie und, zack, hatte der Mann einen Zehner in der Hand. Zehn Mark[1]!
Ohne Scheiß jetzt.

**Quelle (Aufgaben):** Qualitäts- und UnterstützungsAgentur – Landesinstitut für Schule, Soest 2022

Da hätte man ja auch mal drüber diskutieren können. Das war mein Taschengeld für zwei Wochen. Das bekam der, weil er das machte, was er sowieso
machte, zu seiner Schornsteinfegerknete noch dazu.                                   20
„Kaffeekasse", sagte meine Mutter noch, und der Typ murmelte irgendwas
von „Firma dankt."
 [...] „Motte, willst du den Herrn Schornsteinfeger nicht mal anfassen? Das
bringt Glück", sagte meine Mutter.
Ich dachte, ich höre nicht richtig.                                                  25
Außerdem mochte ich es nicht, wenn ich vor fremden Leuten Motte genannt
wurde. Die dachten dann, das wäre mein Name, und sie könnten mich auch
so nennen. Ich suchte mir das aber ganz gerne aus, wer das durfte und, was
wichtiger war, wer nicht.
Mir reichte das hier jetzt auch mit der Rumsteherei. [...] Gerade wollte ich      30
mich verkrümeln, als der halbe Schornsteinfeger, der etwas später runterge-
kommen war, auch was sagte: „Hi, Motte."
Ich war so baff[2], dass ich diese seltsame Gestalt erst mal nur anguckte, die
schwarzen Klamotten, die komische Mütze auf dem Kopf und vor allem das
schwarze Gesicht.                                                                    35
„Kennst du mich nicht mehr? Ich bin die Steffi."
Meine Mutter und der große Schornsteinfeger lächelten, als ob wir zwei Pudel
wären, die sich beschnüffelten, oder was weiß ich.
Wer zum Teufel war Steffi?
„Wir waren in einer Klasse in der Grundschule. Steffi Fuchs", sagte der kleine   40
Schornsteinfeger.
Steffi Fuchs, Steffi Fuchs ...
Ach so, ja, klar, Stefanie, die Kleine mit den schiefen Zähnen. Die mal vom
Apfelbaum in einen großen Laubhaufen gesprungen war, in dem noch die
Heugabel gelegen hatte. Hinterher hieß es in der Schule, sie hätte lange ope-    45
riert werden müssen, weil die Heugabel sie gefährlich verletzt hatte. [...] Aber
wieso stand die jetzt hier als Schornsteinfeger verkleidet? Jedenfalls schien
sie trotzdem noch gerne zu klettern.
„Die Steffi ist mein Lehrling. Seit dem Sommer", sagte der Zehn-Mark-Mann.
„Du bist die mit der Heugabel, oder?", fragte ich.                                   50
Jetzt grinste sie, und das sah ziemlich lustig aus mit ihrem schwarzen Gesicht,
sodass ich mich ein bisschen entspannte.
„Ja, genau. Das weißt du noch?"
„Was denkst du denn?" Pause.
Mutter glotzte. Schornsteinfeger glotzte.                                            55
Alles, was sie einem beigebracht hatten, das man garantiert und hundertpro-
zentig nicht machen sollte, zum Beispiel andere Leute einfach so anzustieren,
machten die hemmungslos selbst, dauernd.
„Und du bist hier jetzt ..., äh, du machst jetzt ..."
„Schornsteinfegerlehre, genau", sagte sie.                                           60
„Ah, okay, ja, klar. Cool."
Komisch war das, dass die wirklich schon arbeitete.
Ich kam mir auf einmal ziemlich kindisch vor, als Steffi hier in ihren Arbeits-
klamotten vor mir stand. [...] Steffi brachte ganze Sätze heraus. Bessere als
ich, wenn ich ehrlich war.                                                           65
Sie war wirklich ziemlich klein. Ihre Unterlippe stand ein bisschen vor, und
sie hatte Grübchen, weil sie dauernd grinste. Ihre Schneidezähne waren das

Gegenteil von Hasenzähnen, falls es das gibt, sie standen ein wenig nach hinten. Und leuchteten im rußigen Gesicht. Sie hatte ihre Mütze abgenommen,
und ihre Frisur war so ähnlich wie die von Bowie[3] auf dem Cover von „Low".
Ziemlich genial eigentlich, weil bei dem ja sicher mindestens vierzehn Friseure
damit beschäftigt gewesen waren und Steffi einfach ihre Schornsteinfegermütze
aufgehabt hatte, und trotzdem war das Gleiche dabei herausgekommen.

„Ja, dann, Steffi, wir sind ja noch nicht fertig für heute", sagte der Schorn-
steinchef.

Die beiden zogen weiter zum Nachbarhaus. Ich guckte ihnen nach. Dem Schornsteinfeger und Stefanie Fuchs, die damals in die Heugabel gesprungen war. [...]

1 **Deutsche Mark:** Währung in der Bundesrepublik Deutschland bis zum Jahr 2001. Zehn Mark entsprachen zum
Zeitpunkt der Einführung des Euro ca. fünf Euro.

2 **baff:** zutiefst überrascht

3 **David Bowie:** berühmter britischer Pop- und Rockstar (1947–2016), der 1977 ein Album mit dem Titel „Low"
herausbrachte

Matthias Brandt: Blackbird. Köln: Kiepenheuer & Witsch 2019, S. 61–66 (Text gekürzt und geringfügig
verändert)

## E 5  Aufgabentyp 4a: Wenn du gehst (selbstständiges Üben)

### Teil II

Lies bitte zunächst den Text, bevor du die Aufgaben bearbeitest.
Schreibe einen zusammenhängenden Text.

**AUFGABENSTELLUNG**

**Analysiere** den Liedtext „Wenn du gehst" des Sängers Johannes Oerding. Gehe dabei so vor:

- **Schreibe** eine Einleitung, in der du Titel, Autor, Textart und Erscheinungsjahr **benennst** und das Thema **formulierst**.
- **Fasse** den Inhalt des Textes mit eigenen Worten kurz **zusammen**.
- **Beschreibe** die Gefühle, die das lyrische Ich empfindet, und ziehe daraus Schlussfolgerungen bezüglich der Beziehung zum Angesprochenen und der Bedeutung derselben. Belege deine Ergebnisse mit Textstellen.
- **Erläutere** anhand der sprachlichen Gestaltung, wodurch während des gesamten Songtextes schon angedeutet wird, dass das lyrische Ich am Ende des Refrains jeweils feststellen wird: „Du fehlst mir" (V. 15 und V. 30) *(mögliche Aspekte: Wortwahl, Satzbau, Vergleich, Wiederholung, Anapher, Anrede)*.
- **Stelle dar**, inwieweit sich die Strophen II (V. 7 – 10) und IV (V. 22 – 25) unterscheiden, und **erkläre**, was das lyrische Ich damit verdeutlicht.
- Eine Mitschülerin sagt über den Songtext: *„Eigentlich ist es schön, so etwas über jemanden sagen zu können, der einen aus welchem Grund auch immer verlassen hat – aber diese Erkenntnis kommt nach einem Verlust meist zu spät."*
  - **Nimm Stellung** zu dieser Aussage.
  - **Begründe** deine Meinung.
  - **Belege** deine Ausführungen am Text.

### Wenn du gehst   *Johannes Oerding*

So wie'n uralter Mann
Der ohne Stock nicht mehr kann
So wie'n Flugzeug ohne Flügel
So wie'n Strand ohne Sand
5 So wie das Meer ohne Salz
So wie'n Gleis ohne Züge

Der Mensch ist irgendwie komisch
Ja weil, er viel zu oft, das was er hat, vergisst
Erst wenn er plötzlich alleine ist
10 Fällt ihm auf, dass er was vermisst

Wenn du gehst
Dann lass'n bisschen was von dir
Hier bei mir, hier bei mir
Weil ich eigentlich schon weiß
15 Du fehlst mir

Wie ein Ballon ohne Luft
Oder'n trockener Fluss
So wie'n Film ohne Regie
Meine Gitarre ohne Saiten[1]
20 Schwarze Tasten ohne Weiße
So wie'n Lied ohne Melodie

Ja, ich bin irgendwie komisch
Weil ich viel zu oft, das was ich hab', vergess'
Erst wenn ich plötzlich alleine bin
25 Fällt mir auf, dass ich was vermiss'

Wenn du gehst
Dann lass'n bisschen was von dir
Hier bei mir, hier bei mir
Weil ich eigentlich schon weiß
30 Du fehlst mir

**1 die Saite:** Fäden als Bespannung auf einer Gitarre bspw. aus Naturdarm, Nylon oder Polyamid; ohne Saiten lassen sich keine Töne erzeugen

Text: Oerding, Johannes
Copyright: Captain Hut Publishing Edition/BMG Rights Management GmbH, Berlin

Informationen zum Song:
Der Song „Wenn du gehst" stammt aus dem Album „Konturen", das Johannes Oerding im November 2019 veröffentlicht hat. Es spiegelt die innere Stimme im Reifeprozess des Menschen und richtet den Blick über den eigenen Tellerrand hinaus auf die Gesellschaft.

# F Prüfungsaufgaben zum Themenbereich „Digitale Welten"

In diesem Kapitel bearbeitest du zu dem Thema „Digitale Welten" mehrere Prüfungsbeispiele. Notiere die benötigte Arbeitszeit (siehe Seite 7).

## F 1 Leseverstehen: I6d#&r6achtsi6dall (angeleitetes Üben)

### Teil I

Lies zunächst den Text sorgfältig durch und bearbeite anschließend die Aufgaben **1** – **14**.

### I6d#&r6achtsi6dall   *Varinia Bernau*

**(1)** [...] Von all den sozialen Netzwerken bis zu nicht minder wenigen Shopping-Seiten, vom Zugang zum Dienstrechner bis zum digitalen Schalter für Fahrkarten: Jeder zweite Deutsche hat Umfragen zufolge bis zu neun Passwörter, jeder dritte sogar noch mal fünf mehr.

**(2)** Die Regeln dazu sind bekannt: Nur kein Begriff aus dem Wörterbuch! 5
Stattdessen auf mindestens acht Stellen Groß- und Kleinbuchstaben mit Ziffern und Sonderzeichen kombinieren. Aber eine Regel zu kennen, heißt noch lange nicht, sie im Alltag auch anzuwenden. Der Mensch ist nun mal nicht vernünftig, sondern bequem.

**(3)** Und so behalten mehr als 40 Prozent der Deutschen ihr einmal verge-10
benes Passwort ein Leben lang, obwohl Sicherheitsexperten raten, es so regelmäßig auszutauschen wie die Zahnbürste. Deshalb verwenden viele dasselbe Passwort für alle Dienste, obwohl sie Hackern, die eigentlich nur den Zugang zum Dating-Portal[1] erbeutet haben, so auch den Zutritt zum Postfach erleichtern. Und deshalb ist das Passwort „123456" noch immer das 15
am meisten verwendete im Netz. Gefolgt übrigens von: „Password" sowie „12345" und „12345678". [...]

**(4)** Für Computer ist es ein Klacks, diese zu knacken. Sie probieren einfach alle Kombinationen aus. Und je besser die Prozessoren[2] werden, desto schneller gelangen sie ans Ziel: Ein Passwort, das sieben Zeichen aus Groß- und Klein-20
buchstaben sowie Zahlen und Sonderzeichen hat – vor fünf bis zehn Jahren hätte ein durchschnittlicher Computer, wie er in jedem Haushalt steht, etwa 1000 Jahre gebraucht, um es zu bestimmen. Heute knackt er es in einem Monat.

**(5)** Deshalb haben Sicherheitsexperten, um es den aufgerüsteten Hackern schwerer zu machen, die Zahl der Möglichkeiten erhöht – und verlangen nun, 25
dass man sich auch mal Passwörter mit 30 Zeichen merken soll. Dabei ging es auch andersrum: Die vierstelligen Pins für den Bankautomaten zeigen, dass ein Passwort auch dann sicher sein kann, wenn es kurz ist. Dort nämlich hat man nur drei Versuche. Liegt man daneben, wird die Karte eingezogen. Beim Einloggen ins E-Mail-Fach sind viel mehr Vertipper erlaubt.[...] 30

**(6)** Es gibt einen Kniff, mit dem sich das, was schwer zu merken ist, doch merken lässt: Als Grundstock dient dabei ein Sprichwort, der Refrain eines Ohrwurms oder irgendein persönliches Geheimnis, das man allerdings auch Facebook nicht anvertraut haben sollte. Bei diesem tauscht man dann einzelne Buchstaben durch Ziffern und Sonderzeichen. Aus „In der Nacht sind alle 35

Katzen grau" wird dann, wenn man das N durch eine 6 und das E durch die Kombi #& ergänzt, beispielsweise I6d#&r6achtsi6dall#&Katz#&6grau.

(7) Man kann dieses Sprichwort auch wiederverwenden – und nur die Ersatzbausteine im Passwort für jeden weiteren Dienst ändern. Beim E-Mail-Dienst
40 wird das N durch die 7, bei einem Internetversandhändler dann durchs Ausrufezeichen ersetzt. Wer sich seine eigene Verschleierungsmethode überlegt, macht es nicht nur Hackern schwer – sondern kann sich im besten Falle die nächste Partie Sudoku³ sparen, weil das Gehirn schon ordentlich im Training ist. Aber natürlich kann man auch diese Mühen einfach an einen Dienstleister
45 auslagern. [...]

(8) Etwa an die elfjährige Mira Modi aus New York. Sie würfelt einem Passwörter, schreibt sie dann auf einen Zettel und schickt sie einem per Post. Kostet pro Passwort zwei Dollar. Dafür existiert es nur einmal – und nur auf Papier. Das Mädchen nutzt dabei Diceware. Das sind Listen, die in diversen
50 Sprachen einer fünfstelligen erwürfelten Ziffernfolge ein Wort zuweisen. In der deutschen Liste steht 43142 etwa für das Wort „merken". Und wer mehrmals würfelt, kann auch ganze Sätze aus der Liste basteln. Mitunter bietet einem auch der Browser an, die lästige Erinnerungsarbeit abzunehmen. [...]

1 **Dating-Portal:** eine Online-Partnervermittlung

2 **Prozessor:** ein Teil des Computers, der die Daten verarbeitet und weiterleitet

3 **Sudoku:** japanisches Zahlenrätsel

I6d#&r6achtsi6dall, Varinia Bernau, SZ.de vom 06.11.2015 (http://www.sueddeutsche.de/digital/passwoerter-idrachtsidallkatzgrau-1.2725239m, verändert)

---

**LÖSUNGSHILFEN** zu **1** – **14**

**1** Bevor du dich den Aufgaben zuwendest, solltest du das Textmaterial sorgfältig erschlossen haben (vgl. dazu S. 21). Das heißt, du hast:
- unbekannte Begriffe geklärt,
- Schlüsselwörter markiert,
- Sinnabschnitte gebildet und
- Zwischenüberschriften formuliert.

Zu deiner Orientierung sind die vorgegebenen Texte schon in Sinnabschnitte gegliedert.

**2** Lies jede Aufgabe gründlich:
- Markiere darin die Schlüsselwörter, die dir Hinweise darauf geben, was du tun sollst.
- Achte darauf, ob in der Aufgabenstellung der Singular oder der Plural verwendet wird, z. B. Kreuze die richtige/n Antwort/en an. So weißt du, ob du eine oder mehrere Antworten ankreuzen musst.
- Zudem enthalten die Aufgaben häufig Hinweise auf den Abschnitt, den Satz oder die Zeile/n, die du besonders in den Blick nehmen musst. Dieser Hinweis erleichtert dir das Finden der richtigen Lösung.

## AUFGABEN 1 – 14

**TIPP** Richtige Aussagen ankreuzen

1. Suche zu jeder Aussage die passende Stelle im Text und unterstreiche sie. Oftmals wird dir der betreffende Absatz, in dem du nachlesen musst, schon vorgegeben.
2. Häufig sollst du Satzanfänge durch Ankreuzen vervollständigen. Dazu ist es auch wichtig, diese zu erschließen.
3. Überprüfe genau, ob die Textstelle mit der Aussage in der Aufgabe übereinstimmt bzw. worin sie sich unterscheiden. Achte dazu auf die Wortwahl und überprüfe Zahlen, Namen und Fakten.
4. Bei Aufzählungen kann auch nur ein Wort nicht richtig sein. Überprüfe daher immer alle aufgezählten Wörter oder Wortgruppen.

**1** Kreuze die richtige Antwort an.

Fünfzig Prozent der Deutschen besitzen laut einer Umfrage (Abschnitt 1) …

a) fünf oder mehr Passwörter. ☐

b) genau drei Passwörter. ☐

c) neun oder weniger Passwörter. ☐

d) mehr als acht Passwörter. ☐

**2** Kreuze die richtige Antwort an.

Ein sicheres Passwort besteht aus (Abschnitt 2) …

a) weniger als acht Groß- und acht Kleinbuchstaben. ☐

b) wenigstens acht Buchstaben, Ziffern und Sonderzeichen. ☐

c) höchstens acht Ziffern und acht Sonderzeichen. ☐

d) mindestens acht Groß- und drei Kleinbuchstaben. ☐

**3** Kreuze die richtige Antwort an.

Sicherheitsexperten empfehlen (Abschnitt 3), das Passwort …

a) alle zwei Monate sinnvoll auszuwechseln. ☐

b) sicherheitshalber für viele Dienste zu nutzen. ☐

c) in bestimmten Abständen zu erneuern. ☐

d) „1234567" anstatt „12345" zu verwenden. ☐

**Quelle (Aufgaben):** Qualitäts- und UnterstützungsAgentur – Landesinstitut für Schule, Soest 2017

**4**     Kreuze die richtige Antwort an.

Der Gebrauch eines einzigen Passworts für alle Dienste erlaubt Hackern unter anderem (Abschnitt 3) …

a) die Übernahme des Dating-Portals.    ☐

b) die Einsicht in das Postfach.    ☐

c) die Nutzung der Dienste.    ☐

d) die Inbesitznahme des Passworts.    ☐

**5** Kreuze die richtige Antwort an.

Sicherheitsexperten erschweren Hackern ihre Arbeit (Abschnitt 5), indem sie …

a) die Zahl der Möglichkeiten auf 30 erhöhen.    ☐

b) die Geräte monatlich technisch aufrüsten.    ☐

c) die Menge an möglichen Zeichen vergrößern.    ☐

d) die Passwörter andersherum aufschreiben.    ☐

**6** Kreuze die richtige Antwort an.

Ein Computerprogramm kann ein Passwort herausfinden (Abschnitt 4), weil …

a) die Computer immer besser werden.    ☐

b) alle Möglichkeiten ausprobiert werden.    ☐

c) siebenstellige Zahlen verwendet werden.    ☐

d) die Prozessoren schneller werden.    ☐

**7** Kreuze die richtige Antwort an.

Pins für die Bankautomaten sind sicher (Abschnitt 5), denn die Möglichkeiten der Eingabe sind …

a) vielfältig.    ☐

b) beliebig.    ☐

c) begrenzt.    ☐

d) abgesichert.    ☐

**8** Kreuze die richtige Antwort an.

Mit einem Trick kann man sich Passwörter merken (Abschnitt 6), indem man einzelne Elemente eines Merksatzes …

a) mit Zahlen und Ziffern kombiniert.    ☐

b) mit Buchstaben und Zahlen ergänzt.    ☐

c) durch Buchstaben und Zahlen austauscht.    ☐

d) durch Ziffern und Sonderzeichen ersetzt.    ☐

**TIPP** zu **9** und **12**: Begriffe/Textaussagen erläutern

1. „Erläutern" heißt, Begriffe oder Textaussagen auf der Basis von Kenntnissen darstellen und durch Informationen und Beispiele veranschaulichen. Hier verdeutlichst du, dass du den Textzusammenhang verstanden hast.
2. Suche die angegebene Textstelle und markiere sie. Zumeist wird dir die betreffende Textstelle schon vorgegeben.
3. Lies auch noch einmal die Textaussagen, die vor und hinter der angegebenen Textstelle stehen. Darin findest du häufig bereits Erklärungen oder Beispiele.
4. a) Formuliere deine Erläuterung mit eigenen Worten und in ganzen Sätzen, z. B. bei Aufgabe **9**: *Mit dem Ausdruck/Begriff … ist gemeint, dass …*
   b) Du kannst auch die Aufgabenstellung paraphrasieren, z. B. bei Aufgabe **12**: *Im Fall der Dice Ware-Methode gelingt eine sichere Übermittlung der Passwörter, indem …*

**9** Erläutere im Textzusammenhang, was mit einer „Verschleierungsmethode" gemeint ist (Abschnitte 6 und 7).

_____

_____

_____

_____

_____

_____

**10** Kreuze die richtige Antwort an.

*„Diese Mühen an einen Dienstleister auslagern"* bedeutet im Textzusammenhang (Abschnitte 7 und 8), dass jemand …

a) sichere Passwörter erstellt. ☐

b) das Denken übernimmt. ☐

c) erfahrene Hacker abwehrt. ☐

d) das Training organisiert. ☐

**11** Kreuze die richtige Antwort an.

Es werden Passwörter nach der Diceware-Methode erstellt (Abschnitt 8), indem man eine fünfstellige Zahl …

a) mehrmals würfelt und danach aufschreibt. ☐

b) aus verschiedensprachigen Listen aussucht. ☐

c) mithilfe des eigenen Browsers erstellt. ☐

d) einem bestimmten Wort in einer Liste zuordnet. ☐

**12** Erläutere im Textzusammenhang (Abschnitt 8), wie im Fall der Diceware-Methode eine sichere Übermittlung der Passwörter gelingt.

_____

_____

_____

_____

_____

**13** Kreuze die richtige Antwort an.

Die Position der Autorin ist kritisch gegenüber Menschen, die im Umgang mit ihrem Passwort …

a) unselbstständig sind. ☐

b) umständlich vorgehen. ☐

c) unvorsichtig handeln. ☐

d) umsichtig auftreten. ☐

**TIPP** zu **14**: Zu einer Aussage Stellung nehmen

1. „Stellung nehmen" heißt, eine Aussage oder Meinung kritisch prüfen und danach eine eigene begründete Einschätzung formulieren.
2. Bestimme deinen Standpunkt zu der Aussage: _Ich stimme zu/nicht zu._
3. Überfliege den Text noch einmal und markiere Textaussagen, die deine Auffassung unterstützen oder/ und auf die du dich in deiner Stellungnahme beziehen willst.
4. Formuliere deinen Text:
   a) Greife zu Beginn die Aussage, zu der du Stellung nehmen willst, noch einmal auf und erläutere sie, wenn nötig: _Eine Schülerin sagt nach dem Lesen des Textes, man solle … Damit meint sie, …_
   b) Nenne deinen Standpunkt und begründe ihn stichhaltig. Beziehe dich bei deiner Begründung auch auf die markierten Textaussagen: _Ich kann der Aussage nur/nicht zustimmen, denn auch im Text wird deutlich, dass …/Daraus kann man ableiten, …/Hinzu kommt noch, …_

**14** Eine Schülerin sagt nach dem Lesen des Textes:

_„Passwörter sollte man nur selbst erstellen."_

Schreibe eine kurze Stellungnahme zu dieser Aussage.
Du kannst dieser Auffassung zustimmen oder nicht.
Wichtig ist, dass du deine Meinung begründest. Beziehe dich dabei auf den Text.

_____

_____

_____

_____

_____

## F 2  Leseverstehen: Die neue Lust aufs Lesen (selbstständiges Üben)

### Teil I

Lies zunächst den Text sorgfältig durch und bearbeite anschließend die Aufgaben **1** – **14**.

### Die neue Lust aufs Lesen  *Julia Fahl*

(1) Wenn Sara über Bücher spricht, redet sie ohne Punkt und Komma. Den Klassiker „1984"[1] von George Orwell „feiert sie sehr", ihr gefällt „dieses Buch wahnsinnig gut, es ist genau nach meinem Geschmack". Dabei hält sie es plakativ[2] in die Kamera. 2.200 Aufrufe hat dieses Video auf ihrem Youtube- 5 Kanal „Sara Bow Books" bereits. Bis zu 15.000 können es noch werden. Damit beweist die 23-Jährige wie viele andere auch, dass das gedruckte Buch im digitalen Zeitalter noch eine Chance hat zu überleben.

(2) Im Internet werden das Lesen, die Bücher und alles, was dazugehört, derzeit regelrecht gefeiert. Buchblogger schreiben emotionale Rezensionen[3] auch über 10 längst vergriffene[4] Bücher, Booktuber zeigen ihre Bücherregale bei Youtube und Bookstagramer setzen Buch und Co. bei Instagram stilvoll in Szene. Ein neues Zeitalter der Lesekultur hat begonnen: Perfekt für alle Leseratten, die nicht genug bekommen können und immer auf der Suche nach neuen Buchtipps sind. 15

(3) Lesen und über das Gelesene schreiben: Literaturblogger teilen Buchfavoriten mit ihren Followern. Die Blogger beschreiben subjektiv und euphorisch[5], welches Buch ihnen ans Herz geht, welches mitreißend geschrieben ist oder welches erst gar nicht in die Hand genommen werden sollte. Ein persönliches Urteil, eine klare Einordnung in einer Vielfalt, die die klassische Literaturkritik 20 nicht bietet. Blogs werden von Menschen gelesen, „die sich vom klassischen Kulturteil einer Zeitung nicht abgeholt fühlen", sagt die Bloggerin Mara Giese. Denn Literaturblogs bieten noch mehr als Rezensionen: Interviews mit Autoren, themenbezogene Empfehlungen und Lesungsberichte.

(4) Anderes Medium, gleiches Prinzip: Auch bei Youtube geht es zunehmend 25 um Bücher. Der „Booktuber"-Trend kommt aus den USA und aus Großbritannien. Doch mittlerweile halten auch 80 Deutsche mehrmals im Monat ihren Lesestoff in die Videokamera. Sie stellen Neuerscheinungen vor, zeigen ihre Regale und ihre neuesten Einkäufe. Dazu ein Begeisterungsschwall – fertig sind die Videos. Nicht nur der Inhalt zählt, sondern auch die Verpackung. 30 Das Cover? Ist gerne „ganz toll" oder „super schön". Und die Glitzerschrift des Titels erst! Die Videos sind nicht immer kritisch, oft schwärmerisch. Ein Youtube-Urteil das meistens auf Geschmack basiert und nur selten auf Analyse. Echtes Fan-Verhalten eben. Die Begeisterung kann anstrengend sein, aber sie ist direkt und authentisch[6]. Die User lieben es. Das zeigen die Zahlen: Sara 35 Bow betreibt ihren Youtube-Kanal seit Oktober 2012, 23.400 Abonnenten erreicht sie, wenn sie gestylt über ihre neun gelesenen Bücher im Juni spricht.

(5) Die Leidenschaft für Bücher hat längst auch die sozialen Netzwerke erreicht. Facebook: Gepostet werden Links von Rezensionen oder Artikeln über Buchsammler. Twitter: kurze Alltagsschnipsel wie der erste Satz eines Buches. 40 Instagram: Hier kommt's eben auf das Foto an. Ein Buch, daneben eine dekorative Blumenvase und ein Stück Kuchen mit Sahne. Oder: ein aufgeschlagenes

Buch auf dem Lesesessel, daneben der Hund und ein Cappuccino. So sehen typische Postings der Bookstagramer aus. Vor allem junge Frauen präsentieren
45 mit sorgfältig arrangierten Fotos ihre Lieblingsbücher – und erreichen damit erstaunlich viele Menschen.

(6) Auch Mara Giese nutzt Instagram gerne. „Es ist relativ unkompliziert zu bedienen und lebt vom Augenblick." Spontan ein Foto von ihrem Lesemoment geknipst und hochgeladen, schon erreicht die 31-Jährige 4.000 Abonnenten.
50 Aber Giese ist auch auf Facebook und Twitter präsent. Das Bespielen der unterschiedlichen Kanäle kostet Zeit. Aber der Aufwand lohnt sich: 70 Prozent ihrer Blogleser kommen über Facebook, Twitter und Instagram. „Einen Buchblog zu führen, ohne in den sozialen Netzwerken vertreten zu sein, ist möglich, aber deutlich schwieriger als früher", sagt Giese. „Es ist eine tolle
55 Möglichkeit, um Werbung für den Blog zu machen.

(7) Bücher bei Instagram zu zeigen – okay. Aber darüber zu sprechen? Das geht mittlerweile auch im Internet: auf Leseplattformen wie „Goodreads", „Literaturschock" und „Lovelybooks". Wie auf einer Buchmesse tauschen sich Leser rund um die Uhr untereinander und mit Autoren aus, nehmen an virtuellen
60 Literatursalons[7] oder Leserunden teil und bewerten Gelesenes. Sinnlich[8] ist das nicht, der Bücherplausch mit Freunden entfällt. Dafür ist der Lieblingsautor nur einen Klick entfernt.

(8) Je mehr ein Buch im Gespräch ist, desto besser. Das wissen auch die Verlage. „Für uns sind Buchblogger als Multiplikatoren[9] wichtig für die Verarbeitung
65 unserer Bücher", sagt Julia Schmilgun, Vertreterin eines Verlages. Über die Buchblogger erreiche der Verlag ein neues Publikum, „sie sind für uns unverzichtbar geworden". Ein anderer Verlag arbeitet mit etwa 200 Bloggern zusammen, sie haben einen hohen Stellenwert: „Blogger sind echte Buchhelden, die Tag für Tag im Netz für ihre Lieblingsbücher kämpfen", heißt es auf der Internetseite,
70 „und schlicht wahre Wunder bewirken, wenn es darum geht, Menschen für Bücher zu begeistern." Und ein weiterer Verlag pflegt die Beziehungen zu den Bloggern mit einem eigenen Bloggerportal. „Die Wahrnehmung der Blogs im Verlag hat sich schon sehr stark verändert", sagt Mara Giese. Sie erinnert sich an ihre Anfänge als Bloggerin: „Da war die Zusammenarbeit mit den Verlagen
75 echt schwer." Das hat sich geändert.

1 **„1984"** ist ein berühmter Roman des Autors George Orwell aus dem Jahr 1949.

2 **plakativ:** *hier:* gut sichtbar

3 **Rezension:** Buchbesprechung

4 **vergriffen:** nicht mehr lieferbar

5 **euphorisch:** begeistert

6 **authentisch:** echt

7 **virtuelle Literatursalons:** *hier:* Treffen im Internet, bei denen man über Literatur spricht

8 **sinnlich:** mit den Sinnen zu erfahren, z. B. spürbar und fühlbar

9 **Multiplikator:** jemand, der Informationen weitergibt und verbreitet

Neue Westfälische vom 05.07.2017, Autorin: Julia Fahl (verändert)

## AUFGABEN 1 – 14

**1** Kreuze die richtige Antwort an.
In Internetblogs werden (Abschnitte 1 und 2) …

a) meist klassische Romane besprochen. ☐
b) häufig moderne Romane besprochen. ☐
c) Verfilmungen von Büchern gezeigt. ☐
d) Bücher in gedruckter Form präsentiert. ☐

**2** Kreuze die richtige Antwort an.
Das „gedruckte Buch [hat] im digitalen Zeitalter noch eine Chance […] zu überleben" (Z. 7/8), weil …

a) Bücher von großer kultureller Bedeutung sind. ☐
b) man im Internet vergriffene Bücher bekommt. ☐
c) Bücher in digitalen Medien sehr gelobt werden. ☐
d) Blogger gezielt unbekannte Literatur vorstellen. ☐

**3** Die Autorin behauptet: „Ein neues Zeitalter der Lesekultur hat begonnen" (Z. 12/13).
Erläutere diese Aussage im Textzusammenhang.

**4** Kreuze die richtige Antwort an.
Laut Bloggerin Mara Giese lesen viele Menschen Buchblogs (Abschnitt 3), …

a) wenn sie der Kulturteil einer Zeitung besonders anspricht. ☐
b) weil sie der Kulturteil einer Zeitung weniger anspricht. ☐
c) bevor sie den Kulturteil einer Zeitung genau lesen. ☐
d) obwohl sie den Kulturteil einer Zeitung gerne lesen. ☐

**5** Kreuze die richtige Antwort an.
„Booktuber" (Z. 26) …

a) besprechen wöchentlich neue Bücher. ☐
b) zeigen nur die Verpackung der Bücher. ☐
c) inszenieren ihre Buchvorstellung. ☐
d) stammen überwiegend aus den USA. ☐

**6** Kreuze die richtige Antwort an.
Durch die Formulierung „Echtes Fan-Verhalten eben" (Z. 34) wird im Textzusammenhang
(Abschnitt 4) deutlich, dass die Autorin des Artikels die …

a) Präsentationen kritisch sieht, aber nicht ablehnt. ☐
b) emotionalen Darstellungen in Blogs sehr mag. ☐
c) emotionalen Buchvorstellungen gänzlich ablehnt. ☐
d) Präsentationen mag, aber die Bücher nicht kauft. ☐

**7** Kreuze die richtige Antwort an.
„Booktuber" (Abschnitt 4) …

a) haben zunehmend mehr Fans. ☐
b) haben normalerweise kaum ältere Anhänger. ☐
c) müssen sich in außergewöhnlicher Weise stylen. ☐
d) stellen meist britische und amerikanische Werke vor. ☐

Quelle (Aufgaben): Qualitäts- und UnterstützungsAgentur – Landesinstitut für Schule, Soest 2019

**8** Kreuze die richtige Antwort an.
Besonders häufig werden Buchvorstellungen (Abschnitt 5) …

a) im eigenen Wohnzimmer präsentiert.  ☐
b) von weiblichen Bloggern gezeigt.  ☐
c) von Buchsammlern geliked.  ☐
d) bei Twitter gepostet.  ☐

**9** Kreuze die richtige Antwort an.
Mara Giese nutzt soziale Medien (Abschnitt 6), …

a) um Zeit zu sparen.  ☐
b) weil sie gerne Fotos von sich postet.  ☐
c) obwohl sie schwer zu bedienen sind.  ☐
d) um mehr Leser für ihren Blog zu gewinnen.  ☐

**10** Kreuze die richtige Antwort an.
Nach Meinung der Autorin ähnelt die Nutzung von Buchblogs (Abschnitt 7) …

a) einem Chat bei Instagram.  ☐
b) einem Treffen bei Freunden.  ☐
c) dem Besuch einer Buchmesse.  ☐
d) der Lesung auf einer Buchmesse.  ☐

**11** Erläutere im Textzusammenhang, welche Bedeutung die Buchblogger für die Verlage haben.

**12** Ordne die folgenden Überschriften den richtigen Abschnitten 5 – 8 zu.

| Überschrift | Textabschnitt (5, 6, 7, 8) |
| --- | --- |
| a)  Austausch über Bücher im Internet | |
| b)  Art der Bildgestaltung durch Nutzer von Instagram | |
| c)  Einfluss von Buchbloggern auf den Buchmarkt | |
| d)  Bedeutung der sozialen Medien für Buchblogger | |

**13** Kreuze die richtige Antwort an.
In ihrem Text legt die Autorin nah, dass Buchblogger …

a) besonders gebildete Menschen sind.  ☐
b) kein Interesse an schwierigen Büchern haben.  ☐
c) Lesen mit der Freude am Präsentieren verbinden.  ☐
d) mit ihren Präsentationen nur Geld verdienen wollen.  ☐

**14** Ein Schüler sagt nach dem Lesen des Textes:

*„Buchblogs sind überflüssig!"*

Schreibe eine kurze Stellungnahme zu dieser Aussage.
Du kannst der Auffassung zustimmen oder nicht. Wichtig ist, dass du deine Meinung begründest.
Beziehe dich dabei auf den Text.

## F 3 Aufgabentyp 4b: Self-Tracking (angeleitetes Üben)

### Teil II

Lies bitte zunächst die Aufgabe und dann die Materialien aufmerksam durch, bevor du mit dem Schreiben beginnst. Schreibe einen zusammenhängenden Text.

**AUFGABENSTELLUNG**

**Untersuche** die Materialien M1, M2 und M3.
Gehe dabei so vor:
- **Benenne** das gemeinsame Thema von M1, M2 und M3.
- **Fasse** die Informationen aus M1a und M1b **zusammen**.
- **Stelle** die Aussagen aus M2 und M3 mit eigenen Worten **dar**. **Vergleiche** die Positionen im Hinblick auf die Auswirkungen, die „Self-Tracking" auf das Leben der Menschen haben kann. Belege deine Ausführungen am Text.
- **Setze dich** kritisch mit der folgenden Aussage eines Mitschülers **auseinander**:
  *„Jeder sollte danach streben, das Beste aus sich herauszuholen, und dafür auch digitale Hilfsmittel nutzen."*
  – **Nimm Stellung** zu der Aussage.
  – **Begründe** deine Meinung.
  – Beziehe dich dabei auch auf die Materialien M1 bis M3.

**M1a** **Führt Selbstvermessung zu Selbsterkennung?**
*Christoph Koch*

Immer mehr Menschen versuchen, mit „Quantified Self", auch bekannt als „Self-Tacking"[1], Neues über sich selbst herauszufinden. Die Idee: Menschen vermessen ihren Alltag mit digitalen Hilfsmitteln und versuchen so, zu tieferen Erkenntnissen über ihr Leben zu gelangen. „Selbsterkenntnis durch Zahlen", so das klare Motto der Bewegung.　　　　　　　　　　　　　　　　5
Die Anwendungen sind ganz unterschiedlich: Manche erfassen, wie viele Schritte sie den Tag über zurückgelegt haben, wie viele Stockwerke sie hochgestiegen sind oder welche Nahrungsmittel sie zu sich genommen haben. Andere vermessen ihren Schlaf oder „tracken" Gesundheitswerte wie Puls, Blutdruck, Blutzuckerspiegel oder den Sauerstoffgehalt in ihrem Blut.[...]　　　　　10
Die Gründe, das zu tun, sind individuell sehr unterschiedlich: Bei manchen ist es einfach nur Neugier und der Wunsch, dem diffusen[2] Bauchgefühl einmal knallharte Zahlen gegenüberzustellen. Andere setzen auf eine Verhaltensänderung. Nicht ohne Grund – Studien haben gezeigt, dass Menschen, die einen Schrittzähler benutzen, sich deutlich mehr bewegen als vorher. Nicht　15
umsonst lautet ein altes Sprichwort: „Selbsterkenntnis ist der erste Schritt zur Besserung." [...]

1 **Quantified Self (gemessenes Selbst):** von zwei Technik-Journalisten in den USA geprägter Leitbegriff der Anhänger des „Self-Tracking" (Selbstvermessung mit digitalen Hilfsmitteln)

2 **diffus:** unklar, verschwommen

Quantified Self: Selbstvermessung führt zu Selbsterkennung? IDG Tech Media GmbH/PC-WELT, München, 17.07.2017 (https://www.pcwelt.de/ratgeber/Quantified-Self-Erkenne-dich-selbst-durch-Zahlen-10026378.html, 17.07.2017, Zugriff: 12.02.2018), verändert

**Quelle (Aufgaben):** Qualitäts- und UnterstützungsAgentur – Landesinstitut für Schule, Soest 2018

### M1b Bereitschaft zur Erhebung und Weitergabe von personenbezogenen Daten

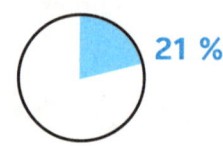

**21 %**

der Deutschen **tracken** ihre eigenen Daten in mindestens einem Lebensbereich

**In welchen Bereichen wird das Verhalten getrackt?**

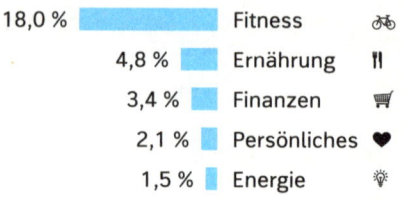

| | |
|---|---|
| 18,0 % | Fitness 🚲 |
| 4,8 % | Ernährung 🍴 |
| 3,4 % | Finanzen 🛒 |
| 2,1 % | Persönliches ❤ |
| 1,5 % | Energie 💡 |

Quantified Wealth Monitor 2016, SPLENDID RESEARCH GmbH

### M2 Immer schneller, besser, effizienter: der Trend zur Selbstoptimierung *[unbekannter Verfasser]*

Die Selbstvermessung und -optimierung hat mithilfe kleiner digitaler Helfer Einzug in unseren Alltag erhalten. Kalorien oder Schritte zählen, Schlafphasen messen, Produktivität protokollieren [...] – alles ist möglich. Das Ziel, das Maximum aus dem eigenen Leben herauszuholen, erscheint verlockend und
5 erstrebenswert.
Erfolge machen glücklich! Und durch die Hilfe einer stukturierten Selbstoptimierung[1] erreichen wir unsere Ziele schrittweise und nehmen die Erfolge wahr, was uns motiviert und aktiviert.
Durch die systematische Optimierung gewinnen wir Erkenntnisse über unsere
10 persönlichen, gesundheitlichen und sportlichen Gewohnheiten. Dies ermöglicht uns, mehr über uns selbst zu lernen und bewusster zu leben. Alleine das Interesse für das eigene Wohlbefinden ist ein wichtiger Schritt hin zu einem gesünderen Leben. Durch die Masse an Teilnehmern wird über das Tracking eine unvorstellbar hohe Datenmenge generiert[2], deren Erkenntnisse für die
15 Medizin und Wissenschaft genutzt werden können.
Selbstdisziplin gilt als wichtige Grundeigenschaft, die uns dabei hilft, ungeahnte Fähigkeiten zu entwickeln. Durch die Nutzung technischer Geräte werden verlässliche Daten generiert, mithilfe derer die Effizienz[3] erfolgreich gesteigert werden kann. Auch eine vermehrte Produktivität kann glücklicher machen!
20 In unserer heutigen Zeit voller Verlockungen und Möglichkeiten gibt uns die Selbstoptimierung ein wenig Steuerung und Kontrolle über unser tägliches Handeln zurück, was uns Sicherheit und Hilfestellung in der Strukturierung unseres Alltags gibt. [...]

1 **strukturierte Selbstoptimierung:** Verbesserung der eigenen Fähigkeiten nach einem bestimmten Plan

2 **generieren:** erzeugen, hervorbringen

3 **Effizienz:** Wirksamkeit

Schäffer-Poeschel, Verlag für Wirtschaft · Steuern · Recht GmbH, Haufe Gruppe, Stuttgart, 17.10.2017 (http://ecampus.haufe.de/karriere/immer-schneller-besser-effizienter-der-trend-zur-selbstoptimierung/, Zugriff: 12.02.2018), verändert

Hinweis zur Quelle: Der Text wurde ohne namentliche Nennung eines Verfassers veröffentlicht.

**M3** **Unsere Selbstoptimierung macht uns kaputt!**

*Steffi Burkhart*

[...] Bei so manchen Freunden von mir ist das perfekte Leben tabellarisch in Messeinheiten erfasst. Und all die Super-Blogger und -Bloggerinnen demonstrieren uns auf ihren Social-Media-Kanälen, wie easy es ist, den fittesten Body zu erdiäten[1], mit nur fünf Stunden Schlaf die Nacht trotzdem Höchstleistung zu erbringen und zehn Bücher in einer Woche zu lesen. [...] 5
Die Folge: Wir fühlen uns einsam, obwohl wir nicht alleine sind, wir fühlen uns gereizt und gestresst, obwohl wir doch täglich unsere Gesundheit tracken, wir machen Überstunden, intensivieren die Arbeitszeit und schlucken stattdessen aufputschende Substanzen. Und als wäre das alles noch nicht schlimm und alarmierend genug, werden zukünftig Zahnbürsten, Spiegel, 10
Kühlschränke auch noch anfangen, nur das Beste für uns zu wollen und aus uns rauszuholen (Internet of Things)[2].
Bei all dem Optimierungswahnsinn bleibt ein wesentliches Gefühl auf der Strecke: Happiness. Dabei versprechen doch all die Selbstoptimierungs-Tools, Tipps und Tricks in Büchern, Videos und Hörbüchern mehr Happiness. 15
Fehlalarm. Bei all der Taktung und Disziplin scheint sie auf der Strecke zu bleiben. In der Wissenschaft wird sogar das Gegenteilige beobachtet: Bei immer mehr jungen Menschen werden Depressionen oder andere psychosomatische Störungen[3] wie beispielsweise Angststörungen diagnostiziert.
Es ist eine Sehnsucht danach, zu beobachten, einfach mal faul zu sein, nach 20
Fehlerhaftem, nach Ungezwungenheit, nach Nichtstun. Danach, drei Filme in Folge zu schauen, dabei im Bett zu liegen und Schleckeis zu schlemmen – ohne schlechtes Gewissen und Gedanken um Arbeit, Kalorien oder Wäsche, die noch gewaschen werden will. [...]

1 **erdiäten:** durch eine Diät herbeiführen

2 **Internet of Things (Internet der Dinge):** Vernetzung und Steuerung von Alltagsgeräten mit dem Internet durch bestimmte Programme oder Apps

3 **psychosomatische Störungen:** Krankheitssymptome, die auf seelische Vorgänge zurückzuführen sind

Blog von Dr. Steffi Burkhart, Köln (http://steffiburkhart.com/wir-selbstoptimieren-uns-kaputt/, Zugriff: 12.02.2018, verändert)

---

**LÖSUNGSHILFEN** zu **1** a)

**1** Bearbeite M1a, M1b, M2 und M3, indem du den ersten und zweiten Arbeitsschritt durchführst (siehe C 3.5, S. 63).
Nutze die Ergebnisse dieser Vorarbeit, um die Teilaufgabe **1** a) zu bearbeiten.

**2** a) Lege dir einen Schreibplan an und ergänze ihn. Orientiere dich dabei am dritten Schritt (siehe C 3.5, S. 66). Du kannst auch die Vorlage aus C 3.4 verwenden (S. 62).

**TIPP** zu **1** und **2**

1. In der ersten Teilaufgabe wirst du normalerweise dazu aufgefordert, die vorliegenden Materialien kurz vorzustellen (TATTE-Satz). In dieser Aufgabe sollst du direkt das gemeinsame Thema benennen. Es ist dennoch hilfreich, die Materialien kurz vorzustellen, um den Überblick zu behalten und die Textarten in den Blick zu nehmen, denn du hast sie vollständig erschlossen.

2. Wenn du dir den Schreibplan anlegst, plane in der ersten Zeile mehr Platz ein, damit du die Angaben (TATTE-Satz) zur Vorstellung geordnet eintragen kannst. Daraus leitest du dann das gemeinsame Thema ab.

b) Ergänze deine Ergebnisse zu Aufgabe **1** a) im Schreibplan. Beginne so:

**_Vorliegende Materialien:_**

_— M1a: Sachtext „Führt Selbstvermessung zu Selbsterkennung?" von Christoph Koch (2017)_

_— M1b: Infografik „Bereitschaft zur Erhebung und Weitergabe von personenbezogenen Daten",_

_Quelle: Quantified Wealth Monitor (2016)_

_— M2: …_

_— M3: …_

**_Gemeinsames Thema:_**

_Auseinandersetzung mit der persönlichen Selbstoptimierung durch die Vermessung des_

_eigenen Körpers mit digitalen Hilfsmitteln (Self-Tracking); Vor- und Nachteile sowie Aus-_

_wirkungen werden …_

---

**LÖSUNGSHILFEN** zu **1** b)

**3** In Aufgabe **1** b) sollst du die wesentlichen Informationen aus M1a und M1b zusammenfassen. Trage diese in die zweite Zeile deines Schreibplans ein. Formuliere so:

_— der Sachtext (M1a) stellt die Grundidee_

_der „Quantified Self"-Bewegung dar: Nutzung_

_digitaler Medien als Mittel zur Vermessung des_

_eigenen Körpers im Alltag_

_— Ziel ist es, zu genauen Erkenntnissen über das_

_eigene Leben, den eigenen Gesundheitszustand_

_zu gelangen_

_— dies ist durch unterschiedliche_

_Anwendungen möglich: Schrittzähler, Festhal-_

_ten der gegessenen Nahrungsmittel, Erfassen der Schlafzeiten oder anderer Gesundheitswerte_

_(Puls, Blutzucker, Sauerstoffgehalt)_

_— …_

_— in der Infografik (M1b) wird die Verteilung der Nutzungsmöglichkeiten durch Prozent-_

_angaben visualisiert_

_— deutlich wird, dass 21 % der Deutschen bereits ihre eigenen Daten tracken (Stand: 2016)_

_— der Bereich Fitness wurde mit 18 % am häufigsten genannt_

_— …_

**TIPP** zu **3**

1. Diese Teilaufgabe bezieht sich auf zwei Materialien (M1a und M1b), weil sie inhaltlich zusammenhängen, denn aus der Infografik kannst du prozentuale Belege für die Angaben in M1a entnehmen. Durch deine Zusammenfassung zeigst du gleichzeitig, dass du diese Zusammenhänge verstanden hast.
2. Nutze deine Stichworte, die du bei der Texterschließung des Sachtextes und der Infografik notiert hast (vgl. zweiter Schritt).
3. Formuliere Fakten aus dem Text in eigenen Worten. Zahlen und Namen kannst du übernehmen.
4. Formuliere im Präsens.

## LÖSUNGSHILFEN zu 1 c)

**4** Fasse als Nächstes die Aussagen aus den Materialien M2 und M3 zusammen. Schreibe deine Stichworte aus der Erschließung der Materialien in die dritte Spalte deines Schreibplans:

### Zusammenfassung Sachtext (M2):

*— Angaben zur Nutzung werden bestätigt,*

*Ziele der Menschen werden konkretisiert*

*— für Nutzer/-innen dieser Möglichkeiten*

*erscheint es erstrebenswert, durch Self-*

*Tracking und die daraus resultierende Möglich-*

*keit der Selbstoptimierung möglichst viel aus*

*sich und somit ihrem Leben zu machen*

*— für viele Menschen bedeute das Erfassen*

*der Erfolge eine Motivation und aktiviere sie*

*zusätzlich*

*— eigene Gewohnheiten in persönlicher,*

*gesundheitlicher und sportlicher Hinsicht*

*könnten erfasst und …*

### Zusammenfassung Blogeintrag (M3):

*— die Autorin Steffi Burkhart stellt zum Teil eher ironisch Entwicklungen und negative*

*Auswirkungen des Self-Trackings dar*

*— zu Beginn übt sie auf spöttische Weise Kritik an der öffentlichen Selbstdarstellung der*

*Tracking-Ergebnisse in den sozialen Netzwerken*

*— die Folge dieser Zur-Schau-Stellung sei, dass sich Menschen einsam und gestresst fühlten,*

*da sie immer weitere Verbesserungen auch im Vergleich mit anderen erzielen wollten …*

## TIPP zu 4 und 5

1. Die dritte Teilaufgabe ist komplexer, denn sie enthält zwei verschiedene Operatoren und bezieht sich zudem auf zwei verschiedene Materialien (M2 und M3):
   - Stelle … dar
   - Vergleiche …

   Dies ist möglich, da die weiteren Materialien M2 und M3 gegensätzliche Standpunkte (hier: *bezüglich des Self-Trackings*) darstellen.
2. Zusätzlich sollst du deine Schlussfolgerungen hinsichtlich des Vergleichs am Text belegen. Du musst also Zitate und Zeilenangaben heranziehen.
3. Es ist sinnvoll, die drei Teile der Aufgabe nacheinander zu bearbeiten, um nicht den Überblick zu verlieren. So stellst du die Materialien inhaltlich gegenüber und kannst zum Abschluss den Vergleich formulieren.
4. Lass nach jedem Teil einen Absatz. Somit ist dein Text besser lesbar und du gehst sicher, dass du alle Teile bearbeitet hast.
5. Formuliere in der indirekten Rede (Konjunktiv), denn du gibst die Aussagen der Autoren wieder.

## TIPP zu 5

1. Im Vergleich formulierst du Schlussfolgerungen bezüglich der Unterschiede und Gemeinsamkeiten der Aussagen in beiden Texten. Zumeist wird dir der Schwerpunkt des Vergleichs in der Aufgabe vorgegeben (hier: *verschiedene Positionen hinsichtlich der Auswirkungen von Self-Tracking*). Paraphrasiere am Anfang zu deiner Orientierung den Wortlaut dieses Schwerpunktes.
2. Lies dazu noch einmal deine Stichworte aus Aufgabe 4 und markiere in M2 und M3 die Textstellen, die du als Belege verwenden willst.
3. Formuliere abschließend ein Fazit zu den Ergebnissen des Vergleichs.

**5** Setze nach der Darstellung der Aussagen die Materialien zueinander in Beziehung, d. h. du vergleichst die Positionen miteinander. Beginne mit dem Schwerpunkt (= Vergleichsaspekt) der Aufgabenstellung. Notiere deine Ergebnisse ebenfalls in der dritten Spalte deines Schreibplans und ergänze die Belege, die du in den Texten markiert hast.

*– vergleicht man die beiden in M2 und M3 dargestellten Positionen im Hinblick auf die Auswirkungen des Self-Trackings miteinander, ergibt sich ein sehr konträres Bild hinsichtlich des Nutzens und der Auswirkungen der Selbstvermessung mit digitalen Hilfsmitteln*

*– einerseits wird Self-Tracking als Weg zur Verbesserung der körperlichen und seelischen Gesundheit gesehen (M2), andererseits entsteht durch das dauerhafte Erfassen der eigenen Werte und den direkten Zwang, dies nachhaltig zu tun und die Werte zu vergleichen, eine Gefahr der Beeinträchtigung der eigenen Gesundheit (M3)*

*– auf der einen Seite ..., auf der anderen ... / während in M2 ..., wird im Blogeintrag gezeigt, ...*

*– Insgesamt wird durch den Vergleich beider Positionen deutlich, dass die Chancen des ...*

---

**LÖSUNGSHILFEN** zu **1** d)

**6** a) Lies die letzte Teilaufgabe (**1** d), in der du Stellung zu einer Aussage nehmen sollst.
b) Kannst diese Aussage teilen? Formuliere deinen Standpunkt dazu.
c) Suche in den Materialien nach Aussagen, die deine Position stützen, und notiere diese in der letzten Zeile des Schreibplans.

*Ein Schüler meint, dass jeder danach streben sollte, ...*

*Damit meint er, dass ...*

*Damit will er darauf hinweisen, dass ...*

*Ich teile diesen Standpunkt ... / ... nur bedingt ... / ... nicht, denn ...*

*Jeder muss persönlich abwägen, ob das Self-Tracking für ihn von Nutzen ist, da ...*

**TIPP** zu **6**

In der letzten Aufgabe musst du zu einem Zitat aus dem Text oder zu einer Aussage zum Text Stellung nehmen. Gehe dazu so vor:
1. Gib die Aussage, zu der du Stellung nehmen sollst, wieder. Erläutere sie oder beziehe dich auf die schon erarbeitete Darstellung.
2. Stelle deine eigene Position dazu dar und begründe, warum du ebenfalls dieser Meinung bist oder warum du die Meinung nicht teilen kannst. Du kannst auch einen Kompromiss erarbeiten.
3. Beziehe dich in deiner Argumentation auf den Text. Ziehe dazu Textbelege heran.
4. Formuliere ein eindeutiges Fazit.

---

**7** Formuliere deinen Text nach dem Schreibplan. Nutze nachfolgende Formulierungshilfen:

**1** *a) Bei den mir vorliegenden Materialien handelt es sich zunächst um den Sachtext ...*
**1** *b) Im Sachtext von Christoph Koch „Führt Selbstvermessung zu Selbsterkennung)" (M1a) ...*
**1** *c) In dem Sachtext „Immer schneller, besser, effizienter: der Trend zur Selbstoptimierung" ...*
**1** *d) Ein Mitschüler hat zum Self-Tracking geäußert, dass jeder danach streben sollte, das ...*

**8** Überarbeite deinen Textentwurf mithilfe der CHECKLISTE auf Seite 69.

## F 4  Aufgabentyp 4b: Erklärvideos (selbstständiges Üben)

### Teil II

Lies bitte zunächst die Aufgabe und dann die Materialien aufmerksam durch, bevor du mit dem Schreiben beginnst. Schreibe einen zusammenhängenden Text.

**AUFGABENSTELLUNG**

**Untersuche** die Materialien M1, M2 und M3.

Gehe dabei so vor:

- **Benenne** das gemeinsame Thema von M1, M2 und M3.
- **Fasse** die Informationen aus M1a und M1b **zusammen**.
- **Stelle** die Aussagen aus M2 und M3 mit eigenen Worten **dar**. **Vergleiche** die Positionen im Hinblick auf die Frage, welche Möglichkeiten und Grenzen Erklärvideos für den Unterricht haben können. **Belege** deine Ausführungen am Text.
- **Setze dich** kritisch mit der folgenden Aussage einer Mitschülerin **auseinander**:
  *„Erklärvideos steigern den individuellen Lernerfolg."*
  – **Nimm Stellung** zu der Aussage.
  – **Begründe** deine Meinung.
  – Beziehe dich dabei auch auf die Materialien M1 bis M3.

---

**M1a**  **Was sind Erklärvideos?**  *Jana Brehmer und Sebastian Becker*

[…] Erklärvideos sind kurze Filme, meist selbst produziert, in denen Inhalte und Sachverhalte leicht verständlich erklärt werden. Beispielsweise kann erklärt werden, wie etwas funktioniert oder wie abstrakte[1] Konzepte und Zusammenhänge dargestellt werden können. Zu Erklärvideos gehören beispielsweise auch Videotutorials[2], wie sie auf Youtube zu finden sind. In diesen wird dazu 5 aufgefordert, eine gezeigte Tätigkeit oder Fähigkeit nachzumachen. […]
Es gibt eine breite Vielfalt bei der Gestaltung von Erklärvideos. Obwohl das Produktionsbudget[3] meist fehlt oder sehr gering ist, gibt es einfach gehaltene, aber auch nahezu professionell gestaltete Erklärvideos. […] Die Videos orientieren sich meist an einem informellen[4] Kommunikationsstil, sprechen 10 die Zuhörer auf Augenhöhe an und duzen sie. Die Erklärungen werden der Zielgruppe entsprechend angepasst und teilweise humorvoll vermittelt. […]
Die Produzierenden von Erklärvideos reichen von Laien bis hin zu Experten, die ganze Erklärreihen publizieren[5]. Zu einem Thema gibt es nicht nur inhaltlich unterschiedliche Erklärungen, sondern auch gestalterisch und kommunikativ 15 eine breite Vielfalt.

**1 abstrakt:** theoretisch, nur gedacht

**2 Videotutorials:** Videos, die den gewünschten oder vorgesehenen Ablauf eines bestimmten Vorgangs erklären

**3 Produktionsbudget:** *hier:* das für eine Produktion zur Verfügung stehende Geld

**4 informell:** *hier:* durch den Gebrauch von Umgangssprache geprägt

**5 publizieren:** veröffentlichen

„Erklärvideos" … als eine andere und/oder unterstützende Form der Lehre. Georg-August-Universiät Göttingen, Mai 2017 (https://www.uni-goettingen.de/de/document/download/… pdf/03_Erklärvideos.pdf, Zugriff: 20.02.2019) verändert

**Quelle (Aufgaben):** Qualitäts- und UnterstützungsAgentur – Landesinstitut für Schule, Soest 2019

## M1b  Empirische Studie[1] über den Gebrauch von Erklärvideos in Deutschland (2016)   *Johanna Czerny*

[...] Im Jahr 2016 untersuchten die beiden Wissenschaftler Andreas Krämer und Sandra Böhrs in einer empirischen Studie[1] den Gebrauch von Erklärvideos und deren Wirkung. Dazu wurden unter anderem rund 1.000 Versuchspersonen aus Deutschland in einer Online-Studie befragt. [...] Der erste Teil der Studie
5  beschäftigte sich mit den Vorerfahrungen der Teilnehmenden mit E-Learning[2] im Allgemeinen und mit Erkärvideos im Besonderen.

| | „Haben Sie schon einmal ein Erklärvideo geschaut?" | | |
|---|---|---|---|
| | 16 – 29 Jahre | 30 – 59 Jahre | über 60 Jahre |
| Ja | 81,2 % | 73 % | 62,4 % |
| Nein | 18,8 % | 27 % | 37,6 % |

[...] Die Befragten, die zuvor noch keine Erklärvideos benutzt hatten, verneinten zu 60 % einen zukünftigen Gebrauch, während die Teilnehmenden mit Vorerfahrung mit großer Mehrheit (85 %) angaben, Erklärvideos auch in
10  Zukunft nutzen zu wollen.

1 **empirische Studie:** auf der Grundlage von Daten, die die Erfahrungswirklichkeit widerspiegeln, durchgeführte Untersuchung

2 **E-Learning:** Form des Lernens, in welcher elektronische oder digitale Medien zum Einsatz kommen

Wissenschaftliche Studie: Was gute Erklärvideos auszeichnet. Pink University GmbH, München, 30.11.2017 (https://www.pinkuniversity.de/video-learning-blog/was-gute-erklaervideos-auszeichnet/) Zugriff: 20.02.2019, verändert

## M2  Ist das Lernen mit Videos effektiv?

Nun hat sich die Erziehungswissenschaft mit dem Trend „Lernen mit Videos" beschäftigt. Laut einer Umfrage ermutigen immer mehr Lehrerinnen und Lehrer ihre Schülerinnen und Schüler dazu, mit Onlinevideos zu lernen. Aber warum eigentlich? Was kann ein Video, das ein Buch nicht kann? [...]
5  In Videos sieht man direkt, was jemand tut, und kann es nachmachen – und auf diese Weise besser verstehen. Einige Wissenschaftler sind der Meinung, dass es deshalb möglich sei, mit Videos Theorie und Praxis zu verbinden und damit Dinge leichter zu erklären (z. B. mit Beispielen aus dem Alltag). Experten nennen dies „Lernen am Modell" oder „Lernen durch Nachahmen". Und das
10  beeinflusst das Lernen positiv. [...]
Durch Töne, Bilder und Bewegungen kann man sich schneller orientieren und erhält so schneller einen Überblick über ein Thema als z. B. durch einen Text. Das kann den Lernenden Sicherheit vermitteln. Die Ansprache der verschiedenen Sinne (Sehen und Hören) ruft bei den Lernenden die Aufmerksamkeit
15  in einer besonderen Weise hervor, was zu einer gesteigerten Lernleistung führen kann.
Erziehungswissenschaftlerin Anja Fey schreibt: „Videosequenzen haben aber nicht nur kognitive[1], sondern darüber hinaus auch motivationale[2] und emotionale Aufgaben." Das heißt, dass Lernende durch Mimik[3] des Gegenübers im
20  Video und auch durch die Stimme, die zu hören ist, emotional angesprochen werden. Das führt dazu, dass sie „näher am Geschehen" sind und mehr in

das Lernen eingebunden werden. Außerdem ist es ihnen möglich, mit dem Video durch das Stoppen, das Zurückspulen, das Noch-einmal-Ansehen ihr Lerntempo selbst zu bestimmen. So kann jeder so schnell oder langsam lernen, wie es nötig ist, und das steigert die Motivation. [...]     25

1 **kognitiv:** das Wahrnehmen, Denken, Erkennen betreffend

2 **motivational:** *hier:* auf die Steigerung der Motivation bezogen

3 **Mimik:** Gesamtheit der möglichen Gesichtsausdrücke

Ist das Lernen mit Videos effektiv? – Ja, sagen Wissenschaftler. Sofatutor Magazin Schüler, sofatutor GmbH, Berlin, 29.01.2014 (https://magazin.sofatutor.com/schueler/2014/01/29/ist-lernen-mit-videos-effektiv-ja-sagen-wissenschaftler/ (Zugriff: 20.02.2019, verändert)

Hinweis zur Quelle: Der Text wurde ohne namentliche Nennung eines Verfassers veröffentlicht.

### M3  Können YouTube-Lernvideos den Schulunterricht ersetzen?  *Nina Bräutigam*

So positiv das Bild auch scheint und so sehr die Nachfrage nach Lernvideos steigt: Sie bringen auch Gefahren mit sich. Die Hersteller sind meist keine ausgebildeten Lehrer oder Wissenschaftler. Daniel Jung, ein bekannter YouTube-Nachhilfelehrer für Mathematik, räumt ein, dass es keine Qualitätskontrollen gibt. Erste Plattformen werten immerhin die Anzahl der positiven  5
und negativen Bewertungen eines Kanals aus. Zudem besteht nach Jung die Möglichkeit, dass User[1] durch Kommentare auf Fehler aufmerksam machen. Bestimmt bietet diese Funktion bei oft tausenden Nutzern eine relativ hohe Wahrscheinlichkeit, einen Fehler zu erkennen. Doch zuvor haben schon einige unwissende Zuschauer Falsches gelernt.  10
Hersteller von Lernvideos haben häufig kein Studium des Faches hinter sich, und die Gefahr, dass Inhalte wissenschaftlich nicht korrekt sind, muss dem Zuschauer immer bewusst sein. Mirko Drotschmann ist YouTube-Nachhilfelehrer für Geschichte und geht auf diese Problematik ein. Die zahlreichen, schnell abrufbaren Informationen im Internet sind eine hervorragende Möglichkeit, 15
sich zeitnah das benötigte Wissen anzueignen. Da es jedoch keine offiziellen Überprüfungen der Inhalte gibt, kann dies zur Aneignung falschen Wissens führen. Drotschmann spricht sich dafür aus, dass es eine Vernetzung von Anbietern mit einem gemeinsamen Siegel geben müsste, um die Qualität von Videos kenntlich zu machen.  20
Laut Stefan Aufenanger, Professor für Erziehungswissenschaften und Medienpädagogik an der Universität Mainz, ist ein weiterer Schwachpunkt, dass mithilfe von YouTube eine reine Stoffvermittlung, jedoch keine Vermittlung von sozialen Kompetenzen stattfindet. Dieser Kritikpunkt ist hervorzuheben, denn die Schulzeit dient wesentlich dazu, ein Kind bzw. einen Jugendlichen 25
auf das spätere Leben vorzubereiten. Dafür genügt das Lernen von reinem Faktenwissen nicht. Auch wenn ein Schüler in Form von Kommentaren die Möglichkeit zum Austausch hat, ist dies kein Ersatz für den persönlichen Kontakt zu anderen Menschen und die Arbeit in Gruppen. Zudem besteht laut Aufenanger im Gegensatz zur Schule keine Möglichkeit, direkt Fragen 30
zu stellen oder persönliche Diskussionen zu führen.

1 **User:** Nutzer

https://gibro.de/blogs/medienprojekt1718/2018/04/15/koennen-youtube-lernvideos-den-schulunterricht-ersetzen/ (Zugriff: 25.09.2018, verändert)

## F 5 Aufgabentyp 4b: E-Book oder gedrucktes Buch? (selbstständiges Üben)

### Teil II

Lies bitte zunächst die Aufgabe und dann die Materialien aufmerksam durch, bevor du mit dem Schreiben beginnst. Schreibe einen zusammenhängenden Text.

**AUFGABENSTELLUNG**

**Untersuche** die Materialien M1, M2 und M3.

Gehe dabei so vor:

- **Stelle** die Materialien kurz **vor** und **benenne** das gemeinsame Thema von M1, M2 und M3.
- **Gib** die wesentlichen Aussagen aus M1 **wieder**. Berücksichtige dazu die Verteilung von gedruckten Büchern und E-Books in den jeweiligen Altersgruppen.
- **Fasse** die Informationen aus M2 **zusammen**.
- **Stelle** die in M3 genannten Vorteile von E-Books ihrer Relevanz nach **dar**.
- **Vergleiche** die Aussagen zu gedruckten Büchern und E-Books aus M1, M2 und M3 miteinander, und **erläutere** begründet, inwieweit beide Medien unterschiedliche Gruppen von Lesern anziehen. **Belege** deine Ausführungen anhand der Materialien.
- Eine Schülerin sagt über gedruckte Bücher: „*Ich gehe gerne in einen Buchladen oder in eine Bücherei. Dort kann ich blättern, stöbern und Klappentexte lesen. So ist die Auswahl eines für mich passenden Lesestoffes viel leichter.*"
  **Setze dich** kritisch mit dieser Aussage **auseinander**:
  – **Nimm Stellung** zu der Aussage.
  – **Begründe** deine Meinung.
  – Beziehe dich dabei auch auf die Materialien M1 bis M3.

---

**M1**  Verteilung auf dem Büchermarkt

## Jeder Vierte liest E-Books

Lesen Sie zumindest hin und wieder E-Books?

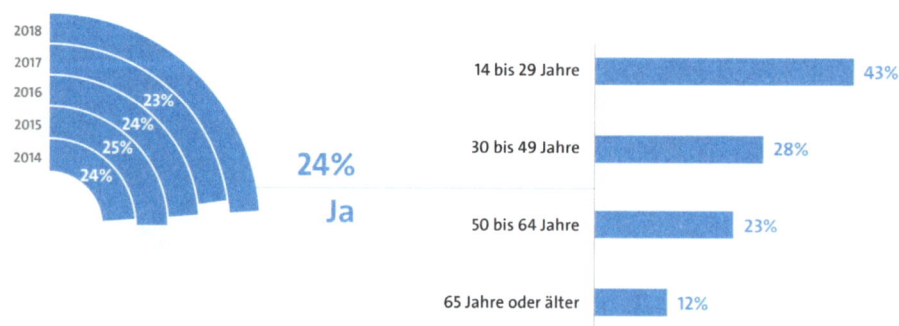

2018
2017
2016  23%
2015  24%
2014  25%
24%

**24%**
**Ja**

14 bis 29 Jahre — 43%
30 bis 49 Jahre — 28%
50 bis 64 Jahre — 23%
65 Jahre oder älter — 12%

Basis: Alle Befragten (n = 1.005)
Quelle: Bitkom Research

**bitkom**

Bitkom Research GmbH, 2018

**M2** **E-Reader oder Buch aus Papier – was ist nachhaltiger?**
*Matthias Matting*

Lesen findet immer häufiger digital statt, E-Book-Reader sind inzwischen Mainstream. Doch wie sieht's mit der Umweltbilanz aus? Wie öko sind E-Book-Reader? [...]

**Digital vs. gedruckt – welche Buchform ist nachhaltiger?**
Der Stromverbrauch ist beim E-Book-Reader kaum der Rede wert: Für einen 5
Cent kannst du den Akku eines typischen E-Book-Readers etwa sechs Mal komplett laden. Damit lassen sich dann ungefähr 40.000 Seiten lesen, also mindestens 80 Bücher [...] Das Lesematerial fließt bei E-Book-Readern durch Datenleitungen direkt auf das Gerät, das E-Book ist mindestens 20 Prozent günstiger in der Anschaffung als ein herkömmliches Buch und braucht nach 10 dem Konsum nicht recycelt zu werden. Die Technik, „E-Ink" genannt, eignet sich perfekt zur Anzeige von Text. Das Schriftbild ist ebenso kontrastreich wie bedrucktes Papier, es lässt sich auch am Strand noch hervorragend entziffern, und dank einer zusätzlichen Beleuchtung fühlt sich der Partner im gemeinsamen Schlafzimmer durch einen nächtlichen Lese-Marathon nicht gestört. 15
Das gute alte Buch mutet dagegen altmodisch an. Es raschelt beim Umblättern. Es leuchtet nicht von selbst, man braucht eine Nachttischlampe. Ein Lkw muss es von der Druckerei in den Buchladen transportieren (oder gleich zu dir nach Hause, wenn du zu den Onlineshopper:innen gehörst). Für das Papier von 80 Prozent aller Bücher müssen Bäume sterben, nur 20 Prozent 20 entstehen durch Recycling.

**Knifflig: Die Ökobilanz von E-Book-Readern**
Doch wie so oft täuscht der erste Blick. Die Frage, ob E-Book oder das traditionelle Buch umweltfreundlicher sind, lässt sich nicht in einem Satz beantworten. [...] Grundsätzlich haben Buch und Elektronik etwas gemeinsam: Die größten 25 Auswirkungen für die Umwelt entstehen bei der Produktion. Während die Papierherstellung Abholzung fördert und organische Kohlenstoffe ins Abwasser entlässt, müssen für E-Book-Reader und Tablets zunächst Mineralien gefördert werden – mit den bekannten Folgen wie Schwermetall-Freisetzung im Boden und Freisetzung von Giften bei der Herstellung. 30
Ulrike Wilke[1] weist aber auch auf die ethischen und moralischen Probleme hin: die schwindende Biodiversität[2] durch Wald-Monokulturen etwa oder Kahlschlag und Urwaldvernichtung auf der einen Seite – Kinderarbeit, Umweltverschmutzung, vorindustrielle Arbeitsbedingungen auf der anderen. Zusammen mit Energiebedarf, Wasserverbrauch sowie Treibhausgas- und 35 Schadstoff-Emissionen führen diese Faktoren zu einem Ranking, in dem zunächst das Buch klar vor Tablet und E-Book-Reader abschneidet.

**Wann E-Reader besser sind als das Buch**
[...] Vielleicht findest du dich ja unter den Gelegenheitsleser:innen wieder, die etwa zehn Bücher pro Jahr schaffen: In diesem Fall wäre das Tablet das zu 40 bevorzugende Gerät. Das gilt allerdings nur, wenn du dich nicht aufs Lesen beschränkst, sondern damit auch andere Medien konsumierst. Ist das nicht der Fall, bleib lieber beim Buch, das hier nur wenig schlechter abschneidet. Ganz anders sieht es bei Vielleser:innen aus. Bei 50 Büchern pro Jahr liegt der E-Book-Reader eindeutig an der Spitze. Die Herstellung von 50 Druck- 45 werken verbraucht über zehn Mal mehr Ressourcen als die Produktion eines

**M2**

E-Book-Lesegeräts. Auch das Tablet kann hier nicht mehr mithalten, da seine Nutzung durch den höheren Energieverbrauch ökologisch teurer ist. […] Die geschilderten Szenarien sind allerdings aus Umweltsicht rückwärts gedacht –
50 sie gehen vom Durchschnitt aus. Deine private Ökobilanz kannst du selbst am besten gestalten: Wer auf einem alten Drahtesel in die Stadtbibliothek strampelt, dort vorhandene Bücher ausleiht und nur bei natürlichem Licht schmökert, hinterlässt bei der Lektüre einen minimalen ökologischen Fußabdruck.

**Tipps: So verbesserst du deine Lese-Ökobilanz**

55 Buch aus Papier – so wird die Ökobilanz besser: mit dem Rad einkaufen, öffentliche Leihbibliotheken nutzen, bei Tageslicht lesen, auf Ökostrom umstellen, Bücher in der Stadt gebraucht kaufen, halte im Buchladen Ausschau nach „Green Publishing" – diese Bücher tragen das Umweltzeichen „Blauer Engel", gelesene Bücher tauschen oder verschenken.

60 **E-Reader für E-Books: So wird die Ökobilanz besser:**
Gerät innerhalb der Familie teilen, E-Reader im Laden kaufen, möglichst selten einen neuen E-Reader oder gleich einen gebrauchten kaufen, Gerät mit austauschbarem Akku kaufen, defekte Geräte möglichst reparieren (Anleitungen auf iFixit), E-Ink-E-Reader statt Tablet-PC verwenden, auf Ökostrom
65 umstellen, altes Gerät ordnungsgemäß entsorgen, mehr lesen ;)

**1 Ulrike Wilke** befasste sich im Studiengang Medienmanagement an der HTWK Leipzig mit dieser Frage

**2 Biodiversität:** biologische Vielfalt

Utopia GmbH, München, 03.11.2020, https://utopia.de/ratgeber/ebook-reader-oeko/ (Zugriff: 08.02.2022, Text gekürzt)

**M3**  Vorteile von E-Books

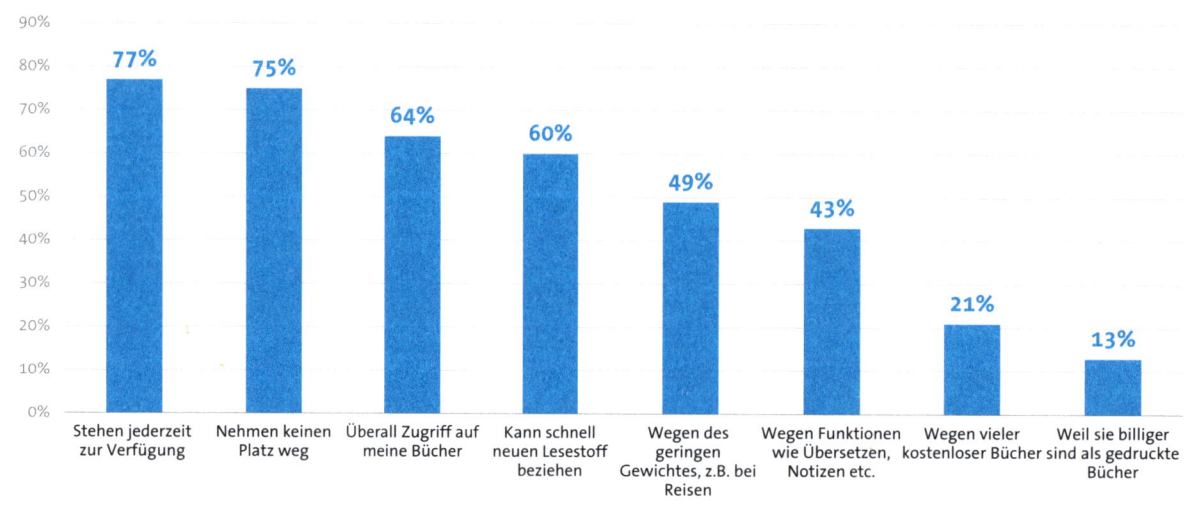

**Leicht und immer verfügbar – E-Books bieten viele Vorteile**
Aus welchen der folgenden Gründe lesen Sie E-Books?

4 Basis: E-Book Nutzer (n=577) | Quelle: Bitkom Research

bitkom

Bitkom Research GmbH, 2015

# Glossar

**Alliteration:** → *Sprachliche Mittel*

**Anapher:** → *Sprachliche Mittel*

**Anekdote:** Eine Anekdote ist eine kurze, humorvolle Erzählung über eine Begebenheit, die für eine historische Persönlichkeit oder einen bestimmten Zeitraum bezeichnend ist.

**Auktorialer Erzähler:** → *Merkmale erzählender Texte*

**Bericht:** → *Journalistische Textsorten*

**Diagramm:** → *Grafik*

**Direkte Rede:** → *Merkmale erzählender Texte*

**Ellipse:** → *Sprachliche Mittel*

**Epik:** Unter diesem Begriff fasst man alle Arten der erzählenden Dichtung zusammen. Es gibt viele epische Kleinformen (→ *Erzählung*, → *Fabel*, → *Kurzgeschichte, Märchen, Sage, Schwank*). Zu den umfangreicheren epischen Texten gehört der → *Roman*.

**Erlebte Rede:** → *Merkmale erzählender Texte*

**Er-/Sie-Erzählform:** → *Merkmale erzählender Texte*

**Erzählperspektive:** → *Merkmale erzählender Texte*

**Erzählung:** In der Literatur versteht man unter einer Erzählung alle kurzen erzählenden Texte, die nicht eindeutig einer anderen Kurzform (→ *Fabel, Märchen, Sage, Schwank*) zugeordnet werden können.

**Essay:** → *Journalistische Textsorten*

**Euphemismus:** → *Sprachliche Mittel*

**Fabel:** Dies ist eine zumeist kurze Erzählung, in der Tiere oder Pflanzen sich wie Menschen verhalten. Häufig stehen sich zwei Tiere mit gegensätzlichen Eigenschaften gegenüber. Meistens wird nach einer kurzen Einführung die Handlung durch Rede und Gegenrede fortgeführt und endet mit einem überraschenden Schluss. Am Beispiel des erzählten Geschehens wird eine Lehre gezogen oder Kritik an bestimmten Verhaltensweisen geäußert.

**Gedicht:** → *Lyrik*

**Glosse:** → *Journalistische Textsorten*

**Grafik:** Grafiken stellen statistische Größen und Größenverhältnisse mithilfe von Diagrammen bildlich dar. Man unterscheidet folgende Typen von Diagrammen:
1. **Balkendiagramme** oder **Säulendiagramme,** die absolute Zahlen anzeigen. Die Höhe der Säule oder die Länge des Balkens gibt eine Anzahl an.

2. **Tortendiagramme** bzw. **Kreisdiagramme**, die eine prozentuale Zusammensetzung einer Gesamtmenge verdeutlichen. Der Kreis ist in mehrere Teile unterteilt, die jeweils den Anteil an der Gesamtmenge wiedergeben.
3. **Kurvendiagramme** oder **Liniendiagramme**, die eine Entwicklung anzeigen. Die Daten von verschiedenen Zeitpunkten können mithilfe eines solchen Diagramms miteinander verglichen werden.
4. **Flussdiagramme** oder **Ablaufpläne** stellen den Verlauf eines (Handlungs-)prozesses inklusive möglicher Variationen logisch dar. Sie eignen sich insbesondere, um Handlungs- bzw. Ablaufprozesse zu planen bzw. zu erklären.

**Hyperbel:** → *Sprachliche Mittel*

**Ich-Erzählung:** → *Merkmale erzählender Texte*

**Indirekte Rede:** → *Merkmale erzählender Texte*

**Innerer Monolog:** → *Merkmale erzählender Texte*

**Interview:** → *Journalistische Textsorten*

**Ironie:** → *Sprachliche Mittel*

**Journalistische Textsorten:**

**Informierende Texte**
Die **Meldung** ist die Kurzform der Nachricht. Sie enthält nur die wichtigsten Informationen (Wer? Wo? Was? Wann?). Sie steht häufig auf der ersten Seite und weist meist auf einen ausführlichen Bericht im Innenteil der Zeitung hin.

Der **Bericht** ist die ausführliche Form der Nachricht. Er liefert eine detaillierte und sachliche Darstellung eines Sachverhalts.
Merkmale:
1. Die Überschrift (häufig mit Unterüberschrift) informiert sachlich.
2. Ein halbfett gedruckter Vorspann fasst die wichtigsten Informationen (W-Fragen) zusammen.
3. Im Hauptteil erfolgt eine ausführliche Darstellung der Nachricht mit Erklärung der Zusammenhänge und Hintergründe.
4. Die Darstellung ist sachlich, wertende Äußerungen durch den Berichterstatter fehlen.
5. Aussagen von Personen werden in direkter und indirekter Rede wiedergegeben.
6. Häufig ergänzt den Text ein erklärendes Bild.

Die **Reportage** ist das Ergebnis vielfältiger Nachforschungen (= Recherchen). Die Reportage will nicht nur informieren, sondern die Leser auch durch die lebendige Art der Darstellung in besonderem Maße ansprechen.
Merkmale:
1. Die Überschrift ist so formuliert, dass sie die Neugier der Leser weckt.

2. Häufig informiert ein halbfett gedruckter Vorspann über den Inhalt der Reportage.
3. Der Anfang lässt die Leser oft ein Geschehen miterleben.
4. Sachlich-informierende Textstellen wechseln mit persönlich-schildernden Darstellungen.
5. Dadurch ergibt sich oft ein Wechsel von Zeitstufen (z. B. Präteritum für Rückblick).
6. Häufig werden Aussagen von Personen in wörtlicher Rede wiedergegeben.
7. Oft findet man wertende Meinungsäußerungen der Autorin/des Autors.
8. Illustrierende oder erklärende Bilder unterstützen die Aussagen des Textes.
9. Der Name der Autorin/des Autors wird angegeben.

Das **Interview** ist das Ergebnis eines Gesprächs, in dem ein Journalist/eine Journalistin gezielte Fragen an eine Person stellt, die von ihr beantwortet werden. Das Ziel kann darin bestehen, aktuelle Informationen über bestimmte Sachverhalte zu erhalten oder die persönliche Meinung zu einem bestimmten Problem zu erfahren.

### Kommentierende Texte

Der **Kommentar** liefert eine Meinung zu einem Sachverhalt. Diese kann zustimmend oder ablehnend sein.
Merkmale:
1. Häufig wird er in Verbindung mit einem Bericht oder einer Meldung geschrieben.
2. In vielen Zeitungen erscheinen die Kommentare an einer bestimmten Stelle (z. B. Kommentare zu politischen Ereignissen).
3. Kürzere Kommentare beziehen sich oft auf einen Artikel auf der gleichen Seite.
4. Die Autorin/der Autor wird genannt.
5. In der Regel verwenden Kommentare keine Bilder.
Oft haben Kommentare einen typischen Aufbau:
1. Zunächst werden die wichtigsten Informationen dargestellt, die zum Verständnis der Stellungnahme nötig sind.
2. Die Autorin/der Autor legt seine Meinung begründet dar.
3. Als Abschluss wird meist ein Wunsch oder ein Ausblick formuliert.

Die **Glosse** ist ein locker geschriebener, häufig kritisch gehaltener Kommentar zu einem aktuellen Ereignis. Glossen stehen in vielen Zeitungen und Zeitschriften an einem festen Platz, haben das gleiche Layout und sind eine Form der persönlichen Meinungsäußerung.
Merkmale:
1. Sie sind oft zugespitzt formuliert und humorvoll geschrieben.
2. Aktuelle Themen oder neue gesellschaftliche Erscheinungen werden kritisiert oder verspottet.
3. Die Kenntnis des Sachverhalts wird vorausgesetzt.
4. Sie enden oft mit einer überraschenden Wende am Schluss (Pointe).
5. In Glossen tauchen immer wieder ironische Formulierungen, sprachliche Bilder, Wortspiele, Doppeldeutigkeiten und Anspielungen auf.
Der (oder das) **Essay** ist eine kürzere, sprachlich lebendige Abhandlung, in der ein Problem von verschiedenen Seiten betrachtet und in der die persönliche Meinung der Autorin/des Autors zum Ausdruck gebracht wird.

**Karikatur:** Durch Über- oder Untertreibungen werden in Zeichnungen menschliche Schwächen oder Missstände kritisiert und lächerlich gemacht.

**Klimax:** → *Sprachliche Mittel*

**Kommentar:** → *Journalistische Textsorten*

**Konjunktiv:** Die Verbform, die wir normalerweise verwenden, nennt man **Indikativ (Wirklichkeitsform)**:
*Er sagt: „Ich komme morgen."*
In der indirekten Rede (→ *Merkmale erzählender Texte*) verwendet man meistens den **Konjunktiv (Möglichkeitsform)**: Er sagt, er komme morgen.
Der Konjunktiv gibt an, was ein anderer gesagt haben soll.

**Kurzgeschichte:** Es handelt sich um einen kürzeren erzählenden Text. Die folgenden Merkmale sind zwar typisch für Kurzgeschichten, aber nicht immer treffen alle Kriterien in gleicher Weise zu.
Merkmale:
1. Die Handlung setzt unvermittelt ein.
   Es fehlen einleitende Angaben zu Ort, Zeit und Personen der Erzählung.
2. Gegenstand der Kurzgeschichte sind Alltagspersonen in Alltagssituationen.
3. Die Hauptperson ist einem Problem oder einer kritischen Situation ausgesetzt.
4. Oft nimmt die Handlung eine unerwartete Wendung.
5. Der Schluss ist offen. Der Leser soll über den Fortgang der Handlung selbst nachdenken.
6. Die Darstellung der Handlung ist kurz gefasst und auf das Wesentliche beschränkt.
7. Typische Merkmale der Sprache in Kurzgeschichten:
   – Wiederholungen, Aufzählungen,
   – Umgangssprache, Jugendsprache,
   – mehrere kurze Sätze, die aufeinanderfolgen,
   – unvollständige Sätze (Ellipsen).

**Lyrik:** Lyrik bezeichnet Dichtung in Versform (Gedichte). Früher wurden die Verse zur Lyra, einem alten Saiteninstrument, gesungen. Deshalb sagt man auch heute noch einfach: Lyrik ist liedartige Dichtung. Viele Gedichte sind vertont worden.
Im Gedicht drückt das → *lyrische Ich* seine Gefühle, seine Stimmungen, aber auch seine Erlebnisse, Einstellungen und Gedanken aus.
Viele Gedichte sind in **Strophen** gegliedert. Mindestens zwei Verszeilen werden in einer Strophe zusammengefasst. Oft beginnt mit einer Strophe ein neuer Gedanke. Es gibt Gedichte, die zwar einem bestimmten Rhythmus folgen, aber nicht am Wort- und Versende gereimt sind.
Durch **Reime** erhalten Gedichte eine bestimmte Klangwirkung. Durch den Gleichklang der Reimwörter (z. B. *küssen – müssen; Fassaden – baden*) werden oft zwei oder mehr Verszeilen miteinander verbunden.
Drei Reimformen werden besonders oft verwendet (siehe S. 141):

**Paarreim**
a Sonne
a Wonne
b Eis
b heiß

**umarmender Reim**
a Sonne
b Eis
b heiß
a Wonne

**Kreuzreim**
a Sonne
b Eis
a Wonne
b heiß

Unter dem **Metrum** eines Gedichts versteht man die Folge von betonten und unbetonten Silben in den Wörtern eines Verses:

x x́ x x́ x x́ x (= Jambus)
*Es war, als hätt der Himmel …*
x́ x x́ x x́ x x́ x (= Trochäus)
*Als ich schläfrig heut erwachte …*

Eine besondere Gedichtform stellt das **Sonett** dar. Diese Gedichtform wurde im 14.–16. Jahrhundert häufig verwendet. Sie besteht aus zwei Strophen zu vier Zeilen und zwei Strophen zu drei Zeilen. Häufig wird in den beiden Vierzeilern das Thema vorgestellt, während die abschließenden Dreizeiler eine Auswertung oder Schlussfolgerung beinhalten.

**Lyrisches Ich:** Das lyrische Ich kann die oder der Sprechende im Gedicht sein. Das lyrische Ich kann, muss aber nicht die Einstellung oder Stimmung der Dichterin/des Dichters wiedergeben.

**Märchen:** Märchen erzählen Geschichten, die sich in Wirklichkeit nicht ereignen könnten. Oft handeln sie von Zauberern, Hexen, Feen und sprechenden Tieren. In einer räumlich und zeitlich nicht festgelegten Welt steht die Hauptfigur vor großen Gefahren und kaum lösbaren Aufgaben. Die Zahlen 3, 6, 7, 12 spielen eine besondere Rolle. Auch formelhafte Sprüche sind typisch für Märchen. Am Ende siegt meist das Gute.

**Merkmale erzählender Texte:** Wenn man eine Erzählung analysieren will, ist die genaue Untersuchung von folgenden Merkmalen wichtig:

1. **Erzählform:** Ein Autor kann in unterschiedlicher Weise erzählen. Daher unterscheidet man:
   **Ich-Form:** Das Geschehen, aber auch Gedanken und Gefühle werden aus der Sicht einer bestimmten Figur in der 1. Person erzählt: *Meine Eltern schlafen sicher schon. Mir aber dreht sich der Kopf, und ich komm nicht zur Ruhe. Was soll ich nur tun? Könnte ich doch nur die Zeit um einen halben Tag zurückdrehen!*
   **Er-/Sie-Form:** Der Erzähler stellt seine Personen in der dritten Person vor. Er kann dabei **als auktorialer Erzähler (auktoriales Erzählverhalten/auktoriales Erzählen)** auftreten. Der Autor ist der Allwissende, der das Geschehen von außen erzählt und auch mehr weiß als die Figuren des Geschehens und daher Ereignisse voraussehen oder auf sie zurückblicken und sie kommentieren kann.
   *Jan vermutete, dass seine Eltern schon schliefen, während er sich im Bett wälzte und sich heftige Vorwürfe machte. Ein bisschen tat er sich auch selbst leid. Seine Eltern schliefen jedoch keineswegs, sondern fassten einen Entschluss.*
   Der Erzähler kann aber auch in der 3. Person aus der Sicht einer Person die Geschichte erzählen und kommentieren. Man spricht dann von einem **personalen Erzähler (personales Erzählverhalten/personales Erzählen):**
   *Jan wälzte sich im Bett und fand keine Ruh. Sicher würden seine Eltern schon schlafen. Warum nur konnte er die Zeit nicht zurückdrehen, nur einen halben Tag?*
   Der Erzähler kann die Ereignisse aber auch von außen schildern und sich dabei auf die reine Wiedergabe der Handlung beschränken. Er gibt keine Kommentare oder Erklärungen ab. Man spricht dann von einem **neutralen Erzähler (neutrales Erzählverhalten/neutrales Erzählen):**
   *Jan fuhr mit dem Fahrrad zum Training. Auf dem Sportplatz war niemand. „Wo seid ihr?", rief Jan. Er stellte sein Fahrrad ab und setzte sich auf eine Bank.*

2. **Zeitverhältnisse:** Wenn ein Erzähler ein Geschehen, das in der Realität sehr kurz ist, sehr ausführlich darstellt und kommentiert, spricht man von **Zeitdehnung:**
   *In diesem Augenblick des Fallens liefen die Ereignisse der letzten Tage in seinem Kopf wie in einem Film ab: die Begegnung mit seinem Vater, sein unbeherrschtes Verhalten Marion gegenüber und das Treffen mit dem großen Unbekannten, der ihn in diese ausweglose Situation gebracht hatte.*
   Von **Zeitraffung** hingegen spricht man, wenn der Autor ein Geschehen, das in der Realität länger dauert, zusammenfasst, nur andeutet oder überspringt:
   *Als Jan Stunden später im Krankenhaus aufwachte, hatte er Mühe, sich zurechtzufinden.*
   Stimmen die erzählte Zeit und die Erzählzeit überein, laufen also die Handlung im Text und in der Realität ungefähr gleich schnell ab, spricht man von **Zeitdeckung.**

3. **Redeformen:** Der Erzähler kann unterschiedliche Redeformen verwenden.
   **Direkte Rede:** In wörtlicher Rede werden Äußerungen und Gedanken wiedergegeben: *Jan war aufgebracht: „Was wissen Sie schon, was geschehen ist!"*
   **Indirekte Rede:** Äußerungen werden vom Erzähler wiedergegeben, zumeist unter Verwendung des → Konjunktivs: *Vollkommen unbeherrscht machte er allen um ihn Stehenden Vorwürfe, dass schließlich niemand gekommen sei, ihm zu helfen, und er daher ganz allein auf sich selbst gestellt gewesen sei.*
   **Erlebte Rede:** Der Erzähler gibt die Gedanken und Gefühle in der 3. Person und meistens im Präteritum wieder: *Als alle den Raum verlassen hatten, war Jan sehr niedergeschlagen. War es nicht auch sein Fehler, dass es so weit gekommen war? War er nicht einfach zu stolz gewesen?*

**141**

**Innerer Monolog:** Die Gedanken und Gefühle werden in der Ich-Form dargestellt, häufig im Präsens: *Jan nahm sein Handy und suchte die Nummer von Marion. Ich werde ihr alles erklären. Ich werde sie nicht um Verzeihung bitten, denn mein Verhalten kann man nicht entschuldigen.*

4. **Satzbau:** Man unterscheidet folgende Möglichkeiten des Satzbaus:

   – **Satzreihe (Parataxe):** Es werden nur Hauptsätze aneinandergereiht. Häufig sind sie kurz: *Jan schwieg. Sein Puls raste. Blut schoss ihm in den Kopf. Dann sprang er auf.*

   – **Satzgefüge (Hypotaxe):** Darunter versteht man den Verbund von Haupt- und Nebensätzen: *Als er die Tür öffnete* (Nebensatz), *blies ihm ein kalter Wind entgegen* (Hauptsatz), *der schon vor geraumer Zeit begonnen hatte zu wehen und sich nun zu einem Sturm entwickelte* (Relativsatz).

   – **Unvollständige Sätze (Ellipse):** → *Sprachliche Mittel* Die Wirkung dieser Satzformen kann sehr unterschiedlich sein und kann nur aus dem Zusammenhang des Textes erschlossen werden.

5. **Sprachliche Mittel:** → *Sprachliche Mittel*

**Metapher:** → *Sprachliche Mittel*

**Metrum:** → *Lyrik*

**Neologismus:** → *Sprachliche Mittel*

**Operatoren:** In jeder Aufgabenstellung werden Anweisungen gegeben. Diese Anweisungen bezeichnet man als Operatoren. Wichtige Operatoren sind:
**zusammenfassen** (Inhalte, Aussagen und Zusammenhänge komprimiert und strukturiert wiedergeben),
**beschreiben** (Textaussagen in eigenen Worten strukturiert wiedergeben),
**(be)nennen** (Informationen zusammentragen),
**darstellen** (Inhalte, Aussagen oder Zusammenhänge sachlich und strukturiert formulieren),
**erläutern** (Textaussagen oder Sachverhalte auf der Basis von Kenntnissen/Einsichten darstellen und durch Informationen/Beispiele veranschaulichen),
**erklären** (Textaussagen oder Sachverhalte auf der Basis von Kenntnissen und Einsichten darstellen),
**bewerten** (zu einer Textaussage, einem Sachverhalt ein selbstständiges Urteil abgeben und dabei die eigenen Wertmaßstäbe offenlegen),
**begründen** (eigene Aussagen erklären, z. B. durch Konjunktionen (*weil, denn, …*) einleiten),
**schlussfolgern** (auf der Grundlage gegebener Informationen zu eigenen Erkenntnissen gelangen),
**Stellung nehmen** (eine Problemstellung oder einen Sachverhalt auf der Grundlage von Kenntnissen, Einsichten und Erfahrungen kritisch prüfen und die Einschätzung sorgfältig abwägend formulieren),
**verfassen** (einen Text unter Beachtung der Vorgaben für eine bestimmte Textsorte formulieren).

**Parabel:** Eine lehrhafte Erzählung über eine allgemeine Erkenntnis oder Wahrheit, in der anders als im Gleichnis der direkte Vergleich mit dem Vergleichswort „wie" fehlt. Die Parabel enthält eine Sachebene (Sachteil) und eine Bildebene (Bildteil). Die Leser müssen selbstständig von der Bildebene auf die Sachebene schließen.

**Paradoxon:** → *Sprachliche Mittel*

**Parallelismus:** → *Sprachliche Mittel*

**Personaler Erzähler:** → *Merkmale erzählender Texte*

**Personifikation:** → *Sprachliche Mittel*

**Redeformen:** → *Merkmale erzählender Texte*

**Reim:** → *Lyrik*

**Reportage:** → *Journalistische Textsorten*

**Rhetorische Frage:** → *Sprachliche Mittel*

**Roman:** Der Roman ist eine lange Erzählung, die zwischen hundert und mehreren tausend Seiten umfassen kann. Im Zentrum eines Romans steht oft die ausführliche Schilderung der problematischen Situation eines Einzelnen. Beschrieben wird, wie er in seiner Umgebung und mit seinen Mitmenschen lebt, sich verändert und entwickelt.

**Rückblick:** Vor allem in der → *Epik* (Erzählung, Roman) gibt es solche Einschübe, die vor der Zeit der eigentlichen Handlung spielen. Sie dienen dazu, die jetzige Situation oder das Handeln einer Figur zu erklären.

**Sachtext:** Ein Sachtext informiert über Tatsachen, Vorgänge und Sachverhalte. Er kann z. B. über die Tier- oder Pflanzenwelt informieren oder über bedeutsame Ereignisse. Sachtexte findet man in Zeitungen, Zeitschriften (→ *Journalistische Textsorten)* oder in Sach- oder Schulbüchern.

**Satire:** Eine satirische Darstellung zeigt menschliche Schwächen oder Fehler in stark übertriebener Darstellungsweise auf. Sie will diese lächerlich machen, zum Nachdenken anregen, kritisieren und häufig auch eine Änderung von Verhaltensweisen bewirken. Satire kann in den verschiedensten Textsorten auftreten.

**Merkmale:**
1. Ironie → *Sprachliche Mittel*
2. Übertreibungen und überzogene Vergleiche
3. Verspottungen durch ins Lächerliche gezogene Situationen
4. Wortspiele

**Satzgefüge:** → *Merkmale erzählender Texte*

**Satzreihe:** → *Merkmale erzählender Texte*

**Sprachliche Mittel:** Nahezu in allen Texten werden gezielt sprachliche Mittel eingesetzt, um bestimmte Wirkungen zu erzielen (siehe Übersicht nächste Seite).

**Sonett:** → *Lyrik*

**Strophe:** → *Lyrik*

**Umarmender Reim:** → *Lyrik*

**Vergleich:** → *Sprachliche Mittel*

**Vers:** → *Lyrik*

**Vorausdeutung:** Vor allem in der → *Epik* (Erzählung, Roman) gibt es solche Hinweise auf das, was nach der Zeit der eigentlichen Handlung passiert. Vorausdeutungen dienen einerseits dazu, das Interesse an der weiteren Entwicklung zu wecken, ordnen das Geschehen aber auch in einen Gesamtzusammenhang ein.

**Zeitdeckung:** → *Merkmale erzählender Texte*

**Zeitdehnung:** → *Merkmale erzählender Texte*

**Zeitraffung:** → *Merkmale erzählender Texte*

**Zeitverhältnisse:** → *Merkmale erzählender Texte*

| Sprachliche Mittel | Erläuterung | Beispiel | mögliche Wirkung |
|---|---|---|---|
| Alliteration, die | Wiederholung von Anfangslauten bei aufeinanderfolgenden Wörtern | Milch macht müde Männer munter. | emotionale Verstärkung des gewünschten Eindrucks |
| Anapher, die | Wiederholung derselben Wortgruppe an Satz-/Versanfängen | Worte sind verletzend. Worte sind unersetzlich. | Eindringlichkeit; Rhythmisierung erreichen |
| Ellipse, die | unvollständiger Satz, der aber sinngemäß leicht zu ergänzen ist | Feuer! / Je früher der Abschied, desto kürzer die Qual. | der wichtigste Aspekt soll hervorgehoben werden |
| Euphemismus, der | Beschönigung | vollschlank statt dick / eingeschlafen statt gestorben | abgemilderte Negativbotschaft, taktisches Verhalten |
| Hyperbel, die | starke Unter- oder Übertreibung | Es ist zum Haareraufen! / ein Meer von Tränen | Dramatisierung; starke Veranschaulichung |
| Ironie, die | Äußerung, die durchblicken lässt, dass das Gegenteil gemeint ist | Das hast du ja ganz toll hinbekommen! / Vier Wochen Regen. Super! | Herabsetzung; kritische Anmerkung; Stellungnahme |
| Klimax, die | Steigerung; meist dreigliedrig | Er kam, sah und siegte. | Dramatisierung |
| Metapher, die | verkürzter Vergleich, Verwendung eines Wortes in übertragener Bedeutung | Geldwäsche / Er war ein Löwe in der Schlacht. / Du bist meine Sonne. | Veranschaulichung |
| Neologismus, der | Wortneuschöpfung | Mobbing / Gammelfleisch / unkaputtbar (Werbesprache) | Hervorhebung |
| Oxymoron, das | Verbindung von sich ausschließenden Begriffen | Weniger ist mehr / Eile mit Weile / unblutiger Krieg | Verdeutlichung; Ausdruck von Widersprüchlichkeit |
| Paradoxon, das | Zusammenstellung von Wörtern, die sich eigentlich widersprechen | bittersüß / Vor lauter Individualismus tragen sie eine Uniform. | starker Anreiz zum Nachdenken |
| Parallelismus, der | Wiederholung gleicher Satzstrukturen | Ein Blitz leuchtete, der Donner folgte, ein Gewitter setzte ein. | Dramatisierung, Intensivierung |
| Personifikation, die | Vermenschlichung; Gegenstände oder Tiere erhalten die Eigenschaften oder Fähigkeiten von Menschen | Die Sonne lacht. / Die Smileys haben uns fest im Griff. / Mutter Natur | lebendige und anschauliche Darstellung |
| Rhetorische Frage, die | scheinbare Frage, deren Antwort jeder kennt; Leser und Zuhörer müssen zustimmen, da ihr Einverständnis vorausgesetzt wird | Gibt es den idealen Menschen? / Wer ist schon perfekt? / Wer glaubt denn das noch? | Mobilisierung einer bestätigenden Reaktion der Leser |
| Vergleich, der | Verknüpfung zweier Begriffe mit *wie* | Der Kämpfer ist stark wie ein Löwe. | anschauliche Darstellung |

## Übersicht zu den Textarten

Die bisher prüfungsrelevanten Textarten für das Leseverständnis oder die Schreibaufgaben sind in der folgenden Übersicht unterschlängelt.

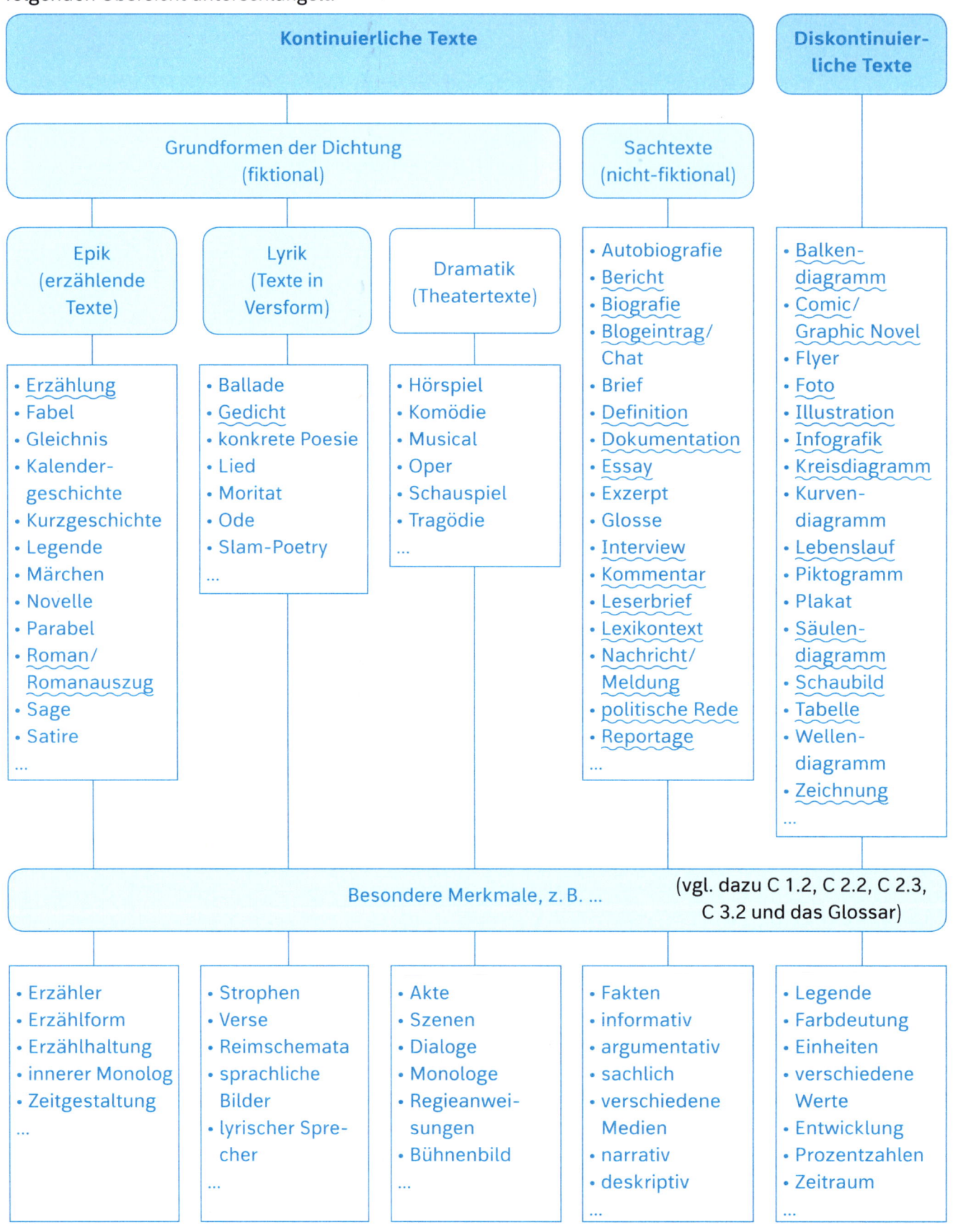

**Kontinuierliche Texte**

**Diskontinuierliche Texte**

**Grundformen der Dichtung (fiktional)**

**Sachtexte (nicht-fiktional)**

**Epik (erzählende Texte)**

**Lyrik (Texte in Versform)**

**Dramatik (Theatertexte)**

- Erzählung
- Fabel
- Gleichnis
- Kalendergeschichte
- Kurzgeschichte
- Legende
- Märchen
- Novelle
- Parabel
- Roman/ Romanauszug
- Sage
- Satire
...

- Ballade
- Gedicht
- konkrete Poesie
- Lied
- Moritat
- Ode
- Slam-Poetry
...

- Hörspiel
- Komödie
- Musical
- Oper
- Schauspiel
- Tragödie
...

- Autobiografie
- Bericht
- Biografie
- Blogeintrag/ Chat
- Brief
- Definition
- Dokumentation
- Essay
- Exzerpt
- Glosse
- Interview
- Kommentar
- Leserbrief
- Lexikontext
- Nachricht/ Meldung
- politische Rede
- Reportage
...

- Balkendiagramm
- Comic/ Graphic Novel
- Flyer
- Foto
- Illustration
- Infografik
- Kreisdiagramm
- Kurvendiagramm
- Lebenslauf
- Piktogramm
- Plakat
- Säulendiagramm
- Schaubild
- Tabelle
- Wellendiagramm
- Zeichnung
...

**Besondere Merkmale, z. B. ...** (vgl. dazu C 1.2, C 2.2, C 2.3, C 3.2 und das Glossar)

- Erzähler
- Erzählform
- Erzählhaltung
- innerer Monolog
- Zeitgestaltung
...

- Strophen
- Verse
- Reimschemata
- sprachliche Bilder
- lyrischer Sprecher
...

- Akte
- Szenen
- Dialoge
- Monologe
- Regieanweisungen
- Bühnenbild
...

- Fakten
- informativ
- argumentativ
- sachlich
- verschiedene Medien
- narrativ
- deskriptiv
...

- Legende
- Farbdeutung
- Einheiten
- verschiedene Werte
- Entwicklung
- Prozentzahlen
- Zeitraum
...

Nicht immer ist in der Prüfungsvorlage angegeben, um welche Textart es sich bei den Materialien handelt. Daher ist es wichtig, dass du die richtigen Bezeichnungen lernst, um durch bestimmte Textmerkmale die Textart und ihre Wirkung/Funktion ermitteln und benennen zu können.

# FiNALE
# Prüfungstraining

Nordrhein-Westfalen

**Mittlerer Schulabschluss** 2024
Deutsch

**Lösungen**

Andrea Heinrichs
Martina Wolff

Lösungsheft zu 978-3-07-172406-8

Bei allen Lösungen zu Original-Prüfungsaufgaben, die in diesem Lösungsheft zu finden sind, handelt es sich um nicht amtliche Lösungen.

## A 1 Vorgaben für die Prüfung

### Seite 7

**1** 30 Minuten: Leseverstehen
10 Minuten: Auswahl der Schreibaufgabe
120 Minuten: Bearbeitung der Schreibaufgabe
10 Minuten (Bonuszeit): wird einem der beiden Prüfungsteile zugerechnet oder auf Wunsch auf aufgeteilt

## A 2.1 Das Leseverstehen: ein Beispiel

### Seite 9

**1** Der Schüler/die Schülerin hat richtig geantwortet.

**2** a) trifft zu.

### Seite 10

**3** Der Schüler/die Schülerin hat richtig geantwortet.

**4** Der Schüler/die Schülerin hat richtig geantwortet.

**5** c) trifft zu.

**6** Richtig wäre diese Antwort: Werbebotschaften auf Bildschirmen werden auf die Kunden an der Kasse persönlich abgestimmt.

**7** c) trifft zu.

**8** Der Schüler/die Schülerin hat richtig geantwortet.

### Seite 11

**9** Der Schüler/die Schülerin hat richtig geantwortet.

**10** d) trifft zu.

**11** d) trifft zu.

**12** Der Schüler/die Schülerin hat richtig geantwortet.

## A 2.2 Die Schreibaufgabe: ein Beispiel (Aufgabentyp 4a)

### Seite 14

**3** a) Gliederung und Unterthemen der Schreibaufgabe:
   – Einleitung (Z. 1 – 3):
      Benennung von Titel, Autor, Textart (Kurzgeschichte, Erzählung), Thema
   – Hauptteil (Z. 4 – 62):
      Z. 4 – 11: inhaltliche Zusammenfassung der Erzählung
      Z. 12 – 28: Darstellung dazu, welche Personen sich gegenüberstehen und welche Absichten sie verfolgen
      Z. 29 – 39: Beschreibung der Beziehung zwischen

Mutter und Tochter; Einbeziung von Textbelegen
Z. 40 – 62: Untersuchung dazu, wie der innere Zwiespalt von Elsa durch sprachliche und formale Mittel deutlich gemacht wird (Wortwahl, Satzbau, Erzählform und Erzählverhalten); Erläuterung des Textendes
   – Schluss (Z. 63 – 80):
      Text aus der Sicht von Elsa, aus dem deutlich wird, warum Elsa fluchtartig die Wohnung der Mutter verlässt, in dem die Gedanken deutlich werden, die Elsa hat, als sie durch die Stadt läuft, und der angibt, welche Sorgen sie sich macht.

b) Untersuchung des Schülertextes:
   • Aspekte der Aufgabenstellung:
      – Aufgabe **1** a): Z. 1 – 3
      – Aufgabe **1** b): Z. 4 – 11
      – Aufgabe **1** c): Z. 12 – 28
      – Aufgabe **1** d): Z. 29 – 39
      – Aufgabe **1** e): Z. 40 – 62
      – Aufgabe **1** f): Z. 63 – 80
   • Überprüfung, ob Absätze sinnvoll gesetzt sind:
      Der Schüler hat durchgängig passende Absätze gesetzt. Sie erleichtern den Lesefluss und die Bewertung, da er nach Beendigung eines jeden Aufgabenaspektes mit einem neuen Absatz beginnt.
   • Genannte Textart und ihre Merkmale:
      Der Schüler hat die Textart „Kurzgeschichte" richtig zugeordnet und in seiner Einleitung benannt. Da die Aufgaben dies nicht erfordern, muss er in seiner Aufgabe nicht weiter darauf eingehen. Er hätte ebenso schreiben können, dass es sich bei dem Text um eine kurze Erzählung, also einen epischen Text, handelt.
   • Aussagen mit Textbelegen:
      Z. 13 – 14: wörtliches Zitat zur Verdeutlichung von Elsas Situation
      Z. 16 – 19: wörtliches Zitat als Beleg für Elsas Flucht
      Z. 18 – 19: Textbelege zur Verdeutlichung von Elsas Zielen
      Z. 19 – 21: Textbelege zum Verhalten Elsas in der Stadt
      Z. 22 – 23: Textbelege zum Verhalten nach ihrer Rückkehr
      Z. 22 – 28: Textbelege zu den Gefühlen Elsas sowie zum Verhalten und zum Zustand der Mutter
      Z. 29 – 31: wörtliches Zitat zur Erläuterung der Gründe für das Verhalten der Mutter
      Z. 33 – 35: Textbelege und wörtliches Zitat zum Verhalten von Elsa
      Z. 43 – 46 und Z. 55 – 58: Textbelege und wörtliche Zitate zu den sprachlichen und formalen Mitteln
      Z. 46 – 48, Z. 51 – 54 und Z. 62: Textbelege und wörtliches Zitat zur Darstellung von Elsas Gedanken und Zielen und Erläuterung ihres Verhaltens
   • Ergänzungen oder Streichungen:
      – Der Schüler hat die Absätze bereits sinnvoll gesetzt, um die Erarbeitungen zu den einzel-

nen Aufgabenaspekten voneinander abzugrenzen. Er hätte weitere Absätze dort setzen können, wo die Aufgaben durch zwei Operatoren noch einmal geteilt sind und zwei Arbeitsschritte erfordern, das heißt in Z. 23 (Trennung der Darstellung zu den beiden Personen), Z. 54 (innerer Zwiespalt, Ende der Kurzgeschichte).

– In der Einleitung wird zwar das Thema der Kurzgeschichte dargestellt, doch die Absicht des Verfassers könnte als Vermutung ebenfalls einbezogen werden, um das erste Verständnis des Textes zu verdeutlichen, z.B.:
*„Der Autor Walter Helmut Fritz möchte den Beziehungskonflikt zwischen einer Mutter und ihrer heranwachsenden Tochter verdeutlichen, der entsteht, weil die Tochter erwachsener wird und auf eigenen Beinen stehen will, die Mutter dies aber nicht realisiert."*

– Insgesamt finden sich an einigen Stellen aufgrund der Ausführlichkeit Wiederholungen, so dass sich die Ausarbeitungen zu den einzelnen Aspekten überschneiden. Diese Stellen sowie auch die Anzahl der Textbelege und wörtlichen Zitate könnten bei Zeitmangel gekürzt werden.

• Text aus der Sicht von Elsa nachvollziehbar: Der abschließende Text aus der Sicht von Elsa ist recht ausführlich. Hier könnte bei Zeitmangel gekürzt werden (s.o.). Wichtig ist, dass der Text in der Ich-Form verfasst ist, die Fragen aus der Aufgabenstellung entsprechend beantwortet werden und der Text zum Inhalt der Erzählung passt.

• Ausdrücke und Wendungen, die ich mir merken sollte:
In der Kurzgeschichte ... von ... aus dem Jahr ... geht es um ... / Also ... / Deswegen ... / Einerseits ... / Andererseits ... / Deshalb ... / Dadurch wird ... / Dieser wird durch die Er-/Sie-Erzählform und das personale Erzählverhalten für den Leser deutlich, denn der Erzähler übernimmt den Blickwinkel ... / ... deutet an, dass .../ Die Darstellung der Gedanken legt offen, dass ... / Hier wird durch eine Personifikation der innere Konflikt betont, denn ... / Damit wird ein Kontrast zwischen ... klar. Es zeigt sich, dass ... / ...

## Seite 17

**1** Bewertung:
Die Lösung zur Analyse scheint insgesamt sinnvoll hergeleitet und verständlich. Sie enthält Erarbeitungen zu allen Aufgabenaspekten, ist sachlich richtig und stellenweise sehr genau und ausführlich. Ebenso werden im gesamten Text Textbelege oder wörtliche Zitate zur Veranschaulichung herangezogen. Stellenweise ließe sich der Text etwas straffen. So kann man aber erkennen, dass der Schüler sich sehr genau mit der Kurzgeschichte und den Teilaufgaben dazu beschäftigt hat. Diese Art der Darstellung entspricht in allen Teilen dem Bewertungsraster und ist daher sehr gut gelungen.

## B 1 Im Wörterbuch nachschlagen

**Seite18**

**1** – **exzessive** Nutzung: übertrieben, übermäßig, maßlos
– **Risiken** (Mehrzahl von Risiko): Gefahren, Gefähr-
dung
– die **Probanden** (Mehrzahl von Proband): Testper-
sonen oder Versuchspersonen
– **permanentem** Kommunikationsdruck: ununterbro-
chen, dauernd, ständig

**2** diskutieren, einzigen, Menge, überflüssige (ein Wort),
Mitteilungen, gestresst

## B 2 Texte erschließen und Inhalte zusammenfassen – literarische Texte

**Seite 19**
**1** / **2** individuelle Lösung

## B 3 Texte erschließen und Inhalte zusammenfassen – Sachtexte

**Seite 21**
**1** / **2** individuelle Lösung

## B 4 Schaubilder und Grafiken auswerten

**Seite 23/24**
**Schaubild A:**
**1** / **2**
　Thema: Medienbeschäftigung von Jugendlichen in der
Freizeit (2021); Zahlenangaben: in Prozent; hellgrüne
Balken: tägliche Nutzung; dunkelgrüne Balken: wöchentliche Nutzung; Vergleich zwischen täglicher und
wöchentlicher Nutzung verschiedener Medien
Bei der täglichen Mediennutzung der Zwölf- bis
19-Jährigen sind Internetnutzung (88 Prozent), Musik
hören (70 Prozent) und Fernsehen (48 Prozent) an erster Stelle zu finden. Beliebt sind außerdem Online-Videos. Fast die Hälfte der der Jugendlichen (47 Prozent)
sehen täglich Online-Videos. Immerhin noch gut ein
Drittel hört täglich Radio (30 Prozent). Der Verbreitungsweg spielt dabei keine Rolle.
Bei der regelmäßigen Mediennutzung (also mehrmals
pro Woche) sind Video-Streaming-Dienste, digitale
Spiele und Online-Videos an erster Stelle zu finden.
Das Fernsehen wird von etwa einem Drittel der befragten Jugendlichen mehrmals pro Woche genutzt,
ebenso das Radio.

**Schaubild B:**
**1** / **2**
　Thema: Familien mit minderjährigen Kindern nach
Lebensformen (Ehepaare, Lebensgemeinschaften,
Alleinerziehende); Zahlenangaben: in Prozent; Kreis-
ausschnitte: unterschiedliche Farben zur Kennzeichnung der verschiedenen Lebensformen; Vergleiche
zwischen: 1996 und 2020
In je einem Kreisdiagramm für das Jahr 1996 und 2020
wird der Anteil von Ehepaaren, Lebensgemeinschaften und Alleinerziehenden an den Familien mit minderjährigen Kindern angegeben. Auffällig ist, dass sich
der Anteil der Lebensgemeinschaften an den Familien
mit minderjährigen Kindern mehr als verdoppelt hat
(von 4,8 auf 11, 7 Prozent). Die Anzahl der Ehepaare
unter den Familien mit minderjährigen Kindern hat um
ca. 10 Prozent abgenommen, während die Anzahl der
Alleinerziehenden um ca fünf Prozent zugenommen
hat.

**Schaubild C:**
**1** / **2**
　Thema: Gerätebesitz bei Kindern, Zahlenangaben:
ausgehend von der Basis (Kinder und Jugendliche zwi-
schen 6 und 18 Jahren), n = 920; Vergleiche zwischen:
Smartphone (grüne Kurve), Tablet (violette Kurve),
Spielekonsole (blaue Kurve), Smartwatch (pinkfarbene
Kurve)
In einem Kurvendiagramm wird der Gerätebesitz von
Kindern im 6 bis 18 Jahren dargestellt. Verglichen
wird dabei, wie viele Kinder in den Altersgruppen 6 – 9
Jahre, 10 – 12 Jahre, 13 – 15 Jahre oder 16 – 18 Jahre
Smartphones, Tablets, Spielekonsolen und/oder
Smartwatches besitzen.
Während die Kinder im Alter von 6 bis 9 Jahren
vergleichsweise wenige technische Geräte besitzen,
nimmt der Gerätebesitz mit steigendem Alter zu. Im
Alter von 10 – 12 Jahren machen die Kinder einen
„Technologiesprung", das heißt der Gerätebesitz
nimmt starkt zu. 86 Prozent der Kinder besitzen in
diesem Alter nun ein Smartphone, während es in der
Altersgruppe von 6 – 9 Jahren nur 21 Prozent sind.

**Seite 25**
**Schaubild A:**
Das vorliegende **Balkendiagramm** stellt die „Medienbeschäftigung von Jugendlichen in der Freizeit" dar. Es
wurde durch den **Medienpädagogischen Forschungsverbund** im Jahre 2021 veröffentlicht. Dazu wurden
**1200** Jugendliche befragt. Auf der x-Achse kann man die
**Prozentangaben** zu den Nennungen ablesen. Dabei
stellen die hellgrünen Balken die **tägliche Nutzung** dar,
während die dunkelgrünen Balken die **wöchentliche
Nutzung** verdeutlichen. Das heißt, die Studie ermöglicht
einen Vergleich zwischen täglicher und wöchentlicher
Nutzung. Auf der y-Achse sind die **Medien** aufgelistet,
die Jugendliche nutzen. Die Auflistung beginnt mit dem
am häufigsten genannten Medium und endet mit dem am
wenigsten genannten. Bezüglich der täglichen Mediennutzung werden **Internet** (88 Prozent), Musik hören (**70
Prozent**) und Fernsehen (48 Prozent) besonders häufig
genannt. Beliebt sind außerdem **Online-Videos** (47
Prozent). Mindestens mehrmals pro Woche nutzen die
Jugendlichen insbesondere **Video-Streaming-Dienste**
(41 Prozent), gefolgt von **digitalen Spielen** (**35 Prozent**)
und **Online-Videos** (33 Prozent). Zusammenfassend ist
festzustellen, dass für viele Jugendliche das **Internet** im
Alltag mittlerweile eine große Bedeutung hat.

**Schaubild B:**
Das **Kreisdiagramm** mit dem Titel „Familien mit minderjährigen Kindern nach Lebensformen", veröffentlicht im Jahre **2023**, befasst sich mit den unterschiedlichen **Lebensformen** unter Familien mit Kindern. Diese Aufschlüsselung wurde vom **Statistischen Bundesamt** veröffentlicht. Das Schaubild besteht aus zwei **Kreisen**, die durch die Anordnung einander gegenübergestellt werden können. Der äußere Kreis enthält **Prozent**-Angaben zum Jahr **2020**, während der **innere Kreis** Angaben zum Jahr **1996** darstellt. Durch den Vergleich beider Angaben lässt sich ermitteln, dass sich im angegebenen Zeitraum, also von **1996** bis **2020**, die Anzahl der Ehepaare von **81,4 %** auf **70,2 %** verringert hat. Demgegenüber hat der Anteil der Lebensgemeinschaften **zugenommen**, denn er ist von 4,8 % auf 11,7 % gestiegen. Gestiegen ist auch der Anteil der Alleinerziehenden (1996: 13,8 %, 2020: **18 %**). Insgesamt lässt sich sagen, dass die Bedeutung der Ehe als Lebensform für Familien mit minderjährigen Kindern in dem betrachteten Zeitraum zugunsten der anderen Lebensformen an Bedeutung verloren hat.

**Schaubild C:**
Das **Kurvendiagramm**, das den Titel **Gerätebesitz bei Kindern und Jugendlichen** trägt, stellt die Entwicklung des Gerätebesitzes bei Kindern und Jugendlichen im Alter von 6 bis 18 Jahren dar. Die Daten wurden erhoben durch die **Bitkom Research GmbH**. Auf der **x-Achse** sind die Altersangaben ablesbar, während auf der **y-Achse** Angaben zu den Prozentzahlen gemacht werden. Verglichen wird dabei, wie viele Kinder in den Altersgruppen 6 – 9 Jahre, 10 – 12 Jahre, **13 – 15 Jahre** oder 16 – 18 Jahre Smartphones, Tablets, Spielekonsolen und/oder Smartwatches besitzen. Dabei fällt auf, dass es im Alter von 10 – 12 Jahren zu einem „Technologiesprung" kommt, da der Gerätebesitz unter Kindern zu diesem Zeitpunkt sprunghaft **ansteigt/steigt**. Besaßen im Alter von 6 – 9 Jahren nur **21 %** der Kinder ein Smartphone, sind es im Alter von 10 – 12 Jahren bereits **86 %**. Auch der Besitz von Tablets steigt in diesem Alter recht stark an. Spielekonsolen haben im Alter von 6 – 9 und 10 – 12 Jahren nur relativ wenige Kinder (**10** und **21 %**), im Alter von 13 – 15 und 16 – 18 Jahren steigt der Anteil aber. Der Anteil von Kindern und Jugendlichen, die eine Smartwatch besitzen, ist im Vergleich zu den anderen Geräten insgesamt relativ **niedrig/gering**.

## C 1.1 Was bedeutet die Aufgabenstellung „Informiere ..."?

**Seite 26**

**1** Adressat: Schülerinnen und Schüler, Lehrkräfte, Eltern
Situation/Thema: Info-Text zum Thema „Wikipedia als Quelle zur Informationsbeschaffung" für die Schülerzeitung verfassen
Schreibziel: Adressaten in einem Artikel in der Schülerzeitung über das Problem der „Wikipedia als Quelle zur Informationsbeschaffung " informieren

**2** • <u>Erkläre</u> einleitend, welche Ideen die Gründer des Online-Nachschlagewerks Nupedia verfolgten und mit welchem Ergebnis dieses zu Wikipedia weiterentwickelt wurde.
• <u>Erläutere</u>, worin heute die Stärken der Wikipedia liegen.
• <u>Stelle dar</u>, wie sich die Autorenschaft der Wikipedia zusammensetzt, und <u>erkläre</u>, welche möglichen Probleme durch diese Zusammensetzung entstehen können, insbesondere mit Blick auf die Qualität und Glaubwürdigkeit der Artikel.
• <u>Beurteile</u> anhand der Materialien und eigener Überlegungen, inwiefern die Nutzung der Wikipedia zur Informationsbeschaffung sinnvoll sein kann.

## C 1.5 Schreibaufgabe in sechs Schritten bearbeiten: Die Autorin Cornelia Funke

**Seite 30**

**2** <u>Adressat</u>: Schülerinnen/Schüler, Lehrkräfte, Eltern
<u>Situation/Thema</u>: Lesung von Werken der Autorin Cornelia Funke anlässlich der Preisverleihung
<u>Schreibziel</u>: informierender Text über Cornelia Funke zur Vorbereitung der Lesung

**3** / **4** individuelle Lösung

**Seite 36/37**

**5** – **10** siehe Seite 30 im Lösungsheft

**Seite 38**

**11** *Mögliche Lösung:*
**Sonderpreis des Deutschen Jugendliteraturpreises geht 2020 an die Autorin Cornelia Funke!**
Die Auswahl ist getroffen: Die wohl erfolgreichste Jugendbuchautorin Deutschlands, Cornelia Funke, erhält den Sonderpreis des Deutschen Jugendliteraturpreises für ihr Gesamtwerk. Dies allein ist schon Grund genug dafür, sie und ihre Bücher an unserer Schule einmal vorzustellen. Darüber hinaus setzt sich die am 10. Dezember 1958 in Dorsten (Nordrhein-Westfalen) geborene Schriftstellerin, die eigentlich als Diplompädagogin ausgebildet, aber auch international sehr erfolgreich ist, auch noch für das Gemeinwohl ein. So ist sie seit 2010 beispielsweise offizielle Patin des Kinderhospizes Bethel und seit 2012 Botschafterin der UN-Dekade Biologische Vielfalt. Heute beschäftigt sie der Klimawandel sehr. Gerne illustriert sie auch die eigenen Kinder- und Jugendbücher, deren

Gesamtauflage mehr als 31 Millionen weltweit beträgt und die mittlerweile in 50 Sprachen übersetzt wurden. Ebenso dienen sie als Hörbuchvorlagen oder als Muster zahlreicher digitaler Spiele sowie Apps. Der Durchbruch ist der bekannten Autorin mit dem Roman „Herr der Diebe" gelungen (2000). Aber auch zum Beispiel die „Tintenherz"-Reihe (ab 2003), für die sie 2004 den „Preis der Jury der jungen Leser" und 2008 den „Deutschen Phantastik Preis für den besten Roman" erhalten hat, oder die Romane „Reckless: Steinernes Fleisch" (2010) und „Die Feder eines Greifs" (2016) zählen zu ihren erfolgreicheren Veröffentlichungen und werden von jugendlichen und erwachsenen Lesern nahezu verschlungen. Aus diesem Grund und da unsere Schule eine Lesung ihrer bekannten Werke veranstalten möchte, möchte ich die Autorin zunächst einmal vorstellen.
Cornelia Funke lässt ihre Leser/-innen in die Welt der Drachen und Ritter eintauchen und schreibt von Zauberei und Träumen, entführt als erfolgreichste Jugendbuchautorin Deutschlands Jugendliche und Erwachsene zugleich in magische Welten und schafft Märchenhaftes, das seinen Ursprung aber in der Realität hat, denn von dieser lässt sie sich stets inspirieren. Sicher kennen viele von euch bzw. Ihnen schon einige ihrer Romane und Geschichten. Sie verarbeitet in ihren Büchern Themen, die ihr vertraut sind – wie in der Romanreihe „Die wilden Hühner" (1993), in der es um pubertierende Mädchen mit all ihren Alltagsproblemen geht. Für sie sei es „eigentlich realistischer, fantastisch zu schreiben", sagt Funke in einem Interview mit Katrin Heise. Und so thematisiert sie Gefahren und lässt ihre Trolle, Zwergen- und Feenfiguren Abenteuer bestehen, deren Anregungen sie aus dem Alltag entlehnt, weil sie meint, dass Kinder sehr oft wüssten, wie gefährlich die Welt sei. Beim Lesen probierten sie dann aus, wie gefährliche Situationen gemeistert werden könnten, denn ein Buch vermittle ihnen diesbezüglich Sicherheit. Gleichermaßen beschäftigt Funke sich mit alten Mythen und Märchen – nicht nur den europäischen, sondern auch Amerikas, Persiens und Indiens. Um beispielsweise das neue Buch der Reihe „Reckless" zu schreiben, hat sie sehr viele Sachbücher über die Kultur Japans gelesen und fundiert recherchiert.
Wenn Funke arbeitet, schafft sie märchenhafte Realitäten, zu denen sie die Inspiration aus dem Alltag bezieht. Sie scheint vor solchen Ideen nur so zu sprudeln, denn ansonsten hätte sie in ihrem Schriftstellerleben nicht schon so viele Kinder- und Jugendbücher verfasst. So sagt sie selbst in einem Interview mit Kerstin Zilm: „[...] viele Figuren sind inspiriert von Kindern, die ich auf dem Bauspielplatz getroffen hatte." Damit spielt sie auf ihre Zeit als Erzieherin in Hamburg an. Da zu ihren weiteren Talenten auch das Zeichnen gehört, entwirft sie ihre Phantasiewelten und -gestalten zunächst als bunte, aussagekräftige Bilder sowie als Skizzen und ergänzt Recherchen, Fotos, Notizen – einige dieser 90 Notizbücher sind auch auf ihrer Homepage einsehbar. Dort sollten Interessierte unbedingt mal stöbern. Dabei arbeitet sie immer an mehreren Projekten gleichzeitig: Sie entwirft den Handlungsverlauf und überarbeitet ihn immer wieder, um

Charaktere und Sprache auszufeilen. Parallel arbeitet sie dann auch schon weiter, beispielsweise an einem Kräuter- oder Alphabetbuch. Dabei entwickeln sich ihre Geschichten beim Schreiben. Seit einigen Jahren lebt und arbeitet Funke im kalifornischen Malibu (USA) auf einer Farm. Dort lässt sie sich von der Umgebung sowie dem kulturellen Hintergrund inspirieren. Wenn sie arbeitet, kennt sie keine Schreibblockaden. Sie glaubt eher, dass sich die Geschichten vor ihren Augen „versteckten". Damit meint sie, dass Geschichten sich erst nach einer gewissen Zeit entwickelten – dazu müsse man als Autor auch in Kauf nehmen, dass man hin und wieder auf Irrwege gerate: „[...] und du merkst eben manchmal auch, wenn du in die Hecke läufst [...]". Sie erklärt ihre Vorgehensweise in einem solchen Fall so, dass man die Handlung dann noch einmal überdenken müsse – sie empfindet solche Irrwege als aufregend und versucht, der Geschichte auf einem anderen Weg näherzukommen.

Bücher sind für Funke Lebensmittelpunkt – und das spürt man schon, wenn sie sich über ihre Arbeitsweise äußert. Auch dass sie Michelangelo, der über die Gestaltung seines Davids gesagt hat: „Der war doch da drin, ich musste den nur finden.", beispielhaft zitiert, zeigt ihre Leidenschaft hinsichtlich ihres Berufes. Bereits als Kind war sie selbst ein „Bücherwurm". Lesen und Eintauchen in andere Welten bezeichnet sie seit dieser Zeit als „Fenster und Türen" hinaus aus dem engen Kleinstadtleben ihrer Geburtsstadt Dorsten im Münsterland. Schon mit 14 engagiert sie sich bei Amnesty International; sie setzt sich ein für Gerechtigkeit und hat ein Herz für andere Menschen. Ihr unermüdliches Streben nach neuen Geschichten und auch ihre Arbeitsweise beweisen, dass sie nicht müde wird, Geschichten zu entwickeln und zu präzisieren, was sicher auch die Grundlage ihres Erfolgs ist. Und auch in der Gegenwart möchte sie andere an ihrem Erfolg teilhaben lassen, denn Funke vergibt Stipendien an junge Künstler, will ihre Mentorin sein und somit ihr Wissen weitergeben. Alles in allem wirkt Cornelia Funke leidenschaftlich, engagiert, gerecht, sensibel und offen – eine Grundhaltung, die letztlich auch in ihren Büchern zum Ausdruck kommt und sicher auch dafür sorgt, dass die Leserschaft diese ebenfalls mit Leidenschaft verschlingt. Wir können also auf die Lesung sehr gespannt sein!
Ich habe für meinen Text Informationen aus den Materialien M1 bis M6 genutzt.

## C 2.1 Was wird bei der Aufgabenstellung „Analysiere ..." erwartet?

**Seite 39**

**2** • Stelle dar, welche Erwartungen Adrian an Stella hat und wie er sich ihr gegenüber verhält.
• Untersuche, wie Adrian Stellas Körpersprache bei ihrer Begegnung wahrnimmt.
• Erläutere, auf welche Weise durch sprachliche Mittel deutlich wird, wie enttäuscht Adrian von Stellas Verhalten ist (mögliche Aspekte: Wortwahl, stilistische Mittel, Satzbau).
• Schreibe einen kurzen Text aus der Sicht Stellas am

Ende der Begegnung.
– Welche Gedanken hat Stella, als sie noch einmal über ihre Begegnung mit Adrian nachdenkt?
– Wie bewertet sie ihr eigenes und Adrians Verhalten?
Schreibe in der Ich-Form und berücksichtige die Informationen, die der Textauszug gibt.

**3** b) Es wird unter anderem gefordert, die Informationen zu nutzen, die der Textauszug gibt. Außerdem wird nach konkreten sprachlichen und formalen Besonderheiten gefragt.

## C 2.6 Schreibaufgabe (erzählender Text) in sechs Schritten bearbeiten: Marathon

**Seite 44**

**2** – eine Einleitung schreiben (Titel, Autor, Textart, Erscheinungsjahr, Thema)
– den Inhalt zusammenfassen
– die Entwicklung der Sportlerkarriere des Sohnes darstellen und erklären, warum er die Ziele jeweils erreicht oder nicht
– Beziehung zwischen Vater und Sohn erläutern und Textbelege anführen
– untersuchen, wie verdeutlicht wird, dass der Druck des Vaters auf den Sohn diesen sein Leben lang begleitet und dies durch sprachliche und formale Mittel belegen (Satzbau, sprachliche Gestaltungsmittel, Erzählform und -haltung)
– Auseinandersetzung mit der Äußerung, eigene Meinung darstellen, Begründung und Textbezüge

**3** / **4** individuelle Lösung

**5** Druck, den ein Vater auf seinen Sohn ausübt; Erziehung des Vaters begleitet den Sohn, bis er sich auf seine Weise an seinem Vater rächen kann; Befreiung des Sohnes von den Zwängen seines Vaters

**Seite 47 – 50**
**6** – **12** siehe Seite 31/32 im Lösungsheft

**Seite 51**
**13** *Mögliche Lösung:*
In der kurzen Erzählung „Marathon" von Reinhold Ziegler, die dieser im Jahre 2001 verfasst hat, geht es um das schwierige Verhältnis eines Sohnes zu seinem Vater. Die Beziehung zwischen den beiden ist gestört, da der Vater den Sohn aufgrund seines übermäßigen Ehrgeizes so lange beeinflusst, bis dieser sich endlich von dem Druck befreien kann.
Bereits als der Sohn noch ganz klein ist, hat sein Vater große Erwartungen an ihn, denn dieser ist ebenfalls Sportler. Wenn der Sohn zurückdenkt, erinnert er sich an seine Kindheit, in der der Vater bereits ungeduldig auf den Laufstil seines Sohnes geachtet hat, denn er ist stolz auf ihn und glaubt an sein Talent und seine Karriere. Mit 13 Jahren nimmt er an einem Laufwettbewerb teil und tritt gegen Ältere an. Sein Vater feuert ihn hemmungslos an und er beißt sich durch, sodass

der Vater ihn lobt, weil der Ausgang des Rennens so knapp gewesen ist. Im Folgejahr gewinnt der Sohn das Rennen tatsächlich und wird als deutsches Talent und Olympiahoffnung gefeiert. Er vergisst, dass er seinen Vater aufgrund des ständigen Drucks eigentlich hasst. Der Sohn beginnt, Sport zu studieren, und trainiert weiter, verpasst aber die olympische Qualifikation. Er fängt nun an, für den Marathonlauf zu trainieren, ist aber nicht gut genug. Während des Besuchs zu Hause bei seinen Eltern fühlt er sich als Versager. Er geht mit seinem Vater einen Marathon laufen, obwohl dieser noch nie so lange gerannt ist. Doch der Sohn möchte sich insgeheim für den ständigen Druck in der Jugend rächen. Der Vater ist völlig erschöpft und muss aufgeben. Nach einer Weile realisiert er aber die eigentlichen Gefühle seines Sohnes und ist entsetzt. Der Sohn bemerkt, dass er seinen Vater nun nicht mehr hasst.

Der Sohn „muss" schon als Kind lernen, wie er richtig zu laufen hat (Z. 4). Der Vater trainiert ständig mit ihm und feuert ihn an (Z. 4 – 33). Er ist stolz auf ihn und gibt mit ihm an (Z. 34 – 36). Mit 13 läuft er zum ersten Mal einen 5000-Meter-Lauf (Z. 39 – 45). Doch er tritt gegen 18-Jährige an. Die Vereinsmitglieder und der Vater feuern ihn an. Sein Vater läuft sogar neben ihm her. Der Sohn gewinnt zwar nicht, doch der Vater scheint dennoch zufrieden zu sein (Z. 60 – 65), sodass der Sohn dieses Lob in sich aufsaugt. Der Vater setzt das Ziel, den Lauf im folgenden Jahr zu gewinnen. Und so kommt es: im nächsten Jahr gewinnt der Sohn dasselbe Rennen (Z. 78 – 80). Der Druck auf ihn verstärkt sich durch die Medien: „das große deutsche Talent" (Z. 82/83), „unsere Olympiahoffnung" (Z. 83/84). Durch diesen Erfolg wird aber der Hass auf den Vater geringer. Während des Sportstudiums wird das Training professioneller (Z. 88 – 95), doch der Sohn verpasst die Olympianorm. Das führt zu einer Ernüchterung und zur Umstellung des Trainings mit Ziel des Marathonlaufes (Z. 97/98). Doch auch dafür ist er nicht gut genug, sodass die Trainingsmethoden des Vaters nicht den gewünschten Erfolg bringen. Vater und Sohn haben ein schwieriges Verhältnis, da der Vater seinen Sohn von klein auf durch das Training und seine Erwartungshaltung unter Druck gesetzt hat (Z. 1 – 38). Der Ich-Erzähler meint sogar, seinen Vater später zu hassen, während er dies als Kind noch nicht tat (Z. 1 – 3). Somit handelt es sich nicht um ein normales Vater-Sohn-Verhältnis, sondern der Vater erscheint durch seinen übermäßigen Ehrgeiz wie ein Antreiber. Solange das Training und der Sport Erfolge bringen, scheint das Verhältnis für den Sohn in Ordnung zu sein und er wächst innerlich durch das Lob des Vaters (Z. 60 – 65, Z. 81 – 87). Als Kind jedoch und als die gewünschten Erfolge ausbleiben, hasst der Junge seinen Vater für den ständigen Erfolgsdruck und – wie sich später herausstellt – er kann der Erwartungshaltung des Vaters nicht gerecht werden (Z. 103 – 106).

Durch die verwendete Form und Sprache wird deutlich, dass der Druck des Vaters den Sohn bis zu dem Ereignis bei seinem Besuch begleitet hat, denn der Sohn denkt immer wieder an die Anweisungen seines Vaters – auch als er schon studiert. Dies wird zum

Beispiel durch die Wiederholungen erkennbar: „Auf, auf!" (Z. 24, 37/38, 53, 92) oder „Schritt, Schritt, ein – Schritt, Schritt, aus" (Z. 27/28, 55/56 ...). Die Äußerungen verfolgen ihn, weil der Vater sie immer wieder beim Training gerufen hat. Der Ich-Erzähler nutzt viele Vergleiche, wie z. B. „[...] der eben ging, wie ein Kind geht [...]" (Z. 14/15). Hier wird deutlich, dass er eigentlich ein ganz normales Kind war. Auch die Beschreibungen seines Bemühens während der Wettkämpfe („[...] lief wie bewusstlos [...]", Z. 55) verdeutlichen, dass er zwar sein Bestes gegeben hat, aber doch nie der Erwartungshaltung des Vaters gerecht werden konnte, da diese im Grund viel zu hoch war. Zudem wird sie später im Studium durch die Medien noch gesteigert (Z. 82 – 84). Der Sohn klammert sich an das Lob des Vaters: „Gut gemacht, Läuferlein" (Z. 59), weil er selber nach Bestätigung sucht. Durch einen metaphorischen Vergleich wird deutlich, wie sehr der Sohn sich nach der Anerkennung des Vaters sehnt: „Und ich nahm diese Worte und schloss sie ein wie einen Edelstein, den man immer wieder ganz allein hervorholt, um ihn zu betrachten." (Z. 60 – 65). Später im Studium wird deutlich, dass das ganze Training in der Jugend nicht zu dem gewünschten Erfolg geführt hat: „[...] für die Welt, die ganze, große Welt, war ich auch hier nicht gut genug." (Z. 103 – 106).

Durch die Ich-Erzählform und die teilweise eher distanzierte Erzählhaltung wirkt die Darstellung zuweilen wie ein Bericht, in dem der Sohn den Verlauf von Kindheit und Jugend zusammenfasst. Damit leitet er auf das Ende hin. Und so behandelt der Sohn den Vater bei seinem Besuch zu Hause ebenso, wie dieser ihn in all den Jahren seiner Jugend behandelt hat: Sie laufen gemeinsam einen Marathon und der Sohn treibt den Vater an, obwohl er weiß, dass dieser seine Grenzen überschreiten muss, denn er ist mittlerweile alt. Außerdem ist er noch nie Marathon gelaufen (Z. 122 – 124), kann es also gar nicht schaffen. Dazu nutzt er dieselbe Wortwahl wie sein Vater damals: „Auf, auf!" (Z. 150). Fast schadenfroh wünscht er sich, ihn umzubringen (Z. 138), will ihn „winseln" (Z. 139) hören. Der Ausdruck „das letzte Rennen meines Lebens" (Z. 159 – 160) zeigt, dass der Sohn in dieser Situation mit dem Vater abrechnet, und er geht als Sieger hervor: „[...] und niemand konnte mich daran hindern, es für immer zu gewinnen." (Z. 160 – 163). Als der Vater hilflos zusammenbricht, merkt der Sohn, dass ihm diese Reaktion als Rache reicht. Der Text endet mit den parataktischen Sätzen (Z. 189 – 190): „Ganz ruhig, fast gelassen. Nebeneinander.", die einen Abschluss des Konflikts signalisieren.

Ein Mitschüler sagt über den Text, er finde, der Sohn sei zu seinem Vater zu gemein gewesen, obwohl dieser doch nur sein Bestes wollte. Er meint damit, dass er den Vater zu einem Marathonlauf gezwungen habe, obwohl er genau weiß, dass der Vater noch keinen gelaufen (Z. 122 – 124) und zudem auch schon alt ist. Meiner Ansicht nach ist die Reaktion des Sohnes aber nachvollziehbar, da der Vater durch seine übermäßige Erwartungshaltung den Alltag des Sohnes von Kind an bestimmt hat. So hat er Druck aufgebaut und im Prinzip verursacht, dass der Sohn keine richtige Kindheit hatte (Z. 19 – 38), weil er immer nur trainieren und an

Wettkämpfen teilnehmen musste. Der Sohn muss-te sich ständig mit anderen messen (Z. 39 – 45) und durfte nicht selber über sein Leben entscheiden. Ein offenes Gespräch mit dem Vater wäre vermutlich nicht möglich gewesen. Der Sohn will den Vater am eigenen Leib spüren lassen, wie es ist, ständig angetrieben zu werden, aber letztlich doch zu versagen. Und so merkt der Vater abschließend doch, dass er sich nicht richtig verhalten hat. Daher denke ich, dass der Test des Sohnes am Ende nicht gemein war, sondern eher sinnvoll für die Beziehung der beiden gewesen ist.

## C 2.7 Schreibaufgabe (Gedicht) in sechs Schrit-ten bearbeiten: Sachliche Romanze

### Seite 52
**2** – Einleitung formulieren (Titel, Autor, Textart, Thema, Erscheinungsjahr)
  – Inhalt zusammenfassen
  – dargestellte Beziehung beschreiben + Textbelege
  – untersuchen, wie durch Sprache und Form verdeutlicht wird, dass Liebe verloren gegangen ist (Strophen, Reimschema, Wortwahl, sprachliche Gestaltungsmittel)
  – Erklärung des Titels „Sachliche Romanze" + Textbelege
  – Text aus der Sicht einer Figur in der Ich-Form verfassen

**3** / **4** individuelle Lösung

**5** Beziehung zwischen zwei Partnern nach acht Jahren; Alltagstrott, Gewohnheit, verlorene Liebe, ggf. gescheiterte Ehe; Kommunikationsprobleme zwischen zwei Partner (Mann und Frau), die mit ihren Problemen nicht umgehen können

### Seite 54 – 57
**6** – **12** siehe Seite 33/34 im Lösungsheft

### Seite 57
**13** *Mögliche Lösung:*
In dem Gedicht „Sachliche Romanze" von Erich Käst-ner, das dieser im Jahre 1928 verfasst hat, geht es um eine Beziehung zwischen zwei Partnern, die nach acht Jahren der Gewohnheit zum Opfer fällt und daher lieblos erscheint. Beide Partner – Frau und Mann – können nichts dagegen unternehmen.
Ein Paar stellt nach acht Jahren Beziehung fest, dass die Liebe plötzlich nicht mehr da ist. Obwohl sie versuchen, die Beziehung durch den Austausch von Zärtlichkeiten aufrecht zu erhalten, sind sie traurig und ratlos, denn ihre Bemühungen haben keinen Erfolg. Am Nachmittag besuchen sie wie immer ein Café im Ort und vertreiben sich die Zeit, indem sie aus dem Fenster schauen und den Geräuschen rundherum lauschen. Sie bleiben dort sprachlos bis zum Abend sitzen.
Die Beziehung der beiden ist dem Alltagstrott und der Gewohnheit verfallen (V. 2), denn Frau und Mann stellen fest, dass ihre Liebe „abhanden" (V. 3) gekommen ist. Das belastet die beiden Partner, doch sie wollen

diese Tatsache nicht wahrhaben (V. 5), denn sie verhalten sich anders als sie eigentlich fühlen (V. 5) und verharren eher passiv in ihren Rollen. Frau und Mann gehen mit dieser Feststellung unterschiedlich um, denn die Frau weint und er steht nur hilflos daneben (V. 8), doch beide wissen sich im Grunde nicht zu helfen (V. 7). Daher scheint die Beziehung eigentlich am Ende zu sein, obwohl am Schluss deutlich wird, dass sie diese Tatsache nicht begreifen können (V. 17). Die Partner müssen nach acht Jahren feststellen, dass die Liebe ein Gefühl ist, das vergehen kann (V. 3). Dieser Vorgang wird durch einen Vergleich (V. 4) als gewöhnlich dargestellt. Er wirkt ein wenig alltäglich, da die Liebe hier mit einem „Hut" oder „Stock" verglichen wird. Unterstützt wird dieser Eindruck durch die verwendeten Kreuzreime sowie durch den gleichmäßig klingenden Rhythmus, der zum Teil fast ironisch klingt. Die Beschreibung „[sie] versuchten Küsse" (V. 6) zeigt, dass Frau und Mann sich durchaus bemühen, die Beziehung aufrecht zu erhalten, doch der folgende Vergleich („[...] als ob nichts sei", V. 6) zeigt, dass sie sich nicht mit den wahren Gründen auseinandersetzen, sondern einfach in ihrem Alltagstrott weitermachen. Verstärkt wird dieser Eindruck durch die Verknüpfung der Sätze mit der Konjunktion „und" (V. 7), wodurch der Alltagstrott deutlich wird. Ihre Hilflosigkeit zeigt sich besonders in den aufeinanderfolgenden Hauptsätzen („Da weinte sie schließlich. Und er stand dabei.", V. 8). Die Frau reagiert emotional, der Mann sollte sie eigentlich trösten, doch er weiß nicht, was er machen soll. In der dritten Strophe wird das unpersönliche Fürwort „man" (V. 9) verwendet, wodurch die Situation versachlicht und allgemein übertragbar gestaltet wird. Auch Nebensächliches wird erwähnt: „Nebenan übte ein Mensch Klavier." (V. 12). In der vierten Strophe werden Parallelismen als Aufzählung der Handlungen verwendet (V. 13 – V. 17): Die Partner sitzen wortlos bis zum Abend nebeneinander. Obwohl sie die schwierige Situation und ihr Beziehungsproblem erfasst haben, unternehmen sie nichts, sondern können „[...] es einfach nicht fassen." (V. 17).
Der Titel „Sachliche Romanze" ist ein Oxymoron, d.h. eine Verknüpfung von sich eigentlich ausschließenden Begriffen. Damit verdeutlicht Kästner die verlorene Liebe, denn die Beziehung ist keinesfalls romantisch oder als liebevoll zu bezeichnen, sondern wirkt nach außen hin gefühlskalt und ist durch Untätigkeit geprägt. Zwar befinden sich beide Partner in einer Beziehung (V. 1, V. 3, V. 17), doch das Verhältnis ist mit Unterstützung durch die formale und sprachliche Darstellung als eher „sachlich" zu beschreiben, was z. B. durch den parataktischen Satzbau und die Parallelismen deutlich wird. Die Partner haben sich nichts mehr zu sagen und auch der Austausch von Zärtlichkeiten wirkt gewöhnlich. Der Sprecher im Gedicht ist gestaltlos und beschreibt die Situation als Beobachtender, was den sachlichen Charakter ebenfalls verstärkt. Insofern beschreibt der Titel genau den Inhalt des Gedichts.
Text aus Sicht der Frau:
Was ist nur passiert? Wir kennen uns seit 8 Jahren und auf einmal ist alles so gleichgültig geworden. Keiner

9

will sich eingestehen, dass unsere Beziehung dem Alltag zum Opfer gefallen ist und wir uns nichts mehr zu sagen haben. Manchmal bin ich deswegen so traurig, dass ich nicht mehr weiterweiß, aber er tröstet mich nicht einmal. Stattdessen steht er einfach nur sprachlos neben mir. Dass von ihm so gar keine Reaktion kommt, finde ich am allerschlimmsten. Als ich neulich weinen musste, hat er mich nicht einmal in den Arm genommen. Momentan weiß ich deshalb nicht, was ich noch für ihn fühlen soll, bin irgendwie nur noch aus Gewohnheit mit ihm zusammen. Aber irgendetwas in mir, und vielleicht auch in ihm, will die Beziehung doch aufrecht erhalten, sonst hätten wir doch neulich nicht noch den ganzen Nachmittag gemeinsam in dem Café gesessen, sondern wären da schon getrennte Wege gegangen. Ich kann einfach nicht fassen, dass das gerade uns passiert ist. Schließlich waren wir so verliebt und haben uns fest vorgenommen, gut auf unsere Beziehung Acht zu geben. Trotzdem sind wir jetzt in dieser schrecklichen Situation.

## C 3.1 Was bedeutet die Aufgabenstellung „Untersuche und vergleiche …"?

### Seite 59

**2** • Fasse die Informationen aus M1a und M1b zusammen.
  • Stelle die Aussagen aus M2 und M3 mit eigenen Worten dar. Vergleiche die Positionen im Hinblick auf die Auswirkungen, die „Self-Tracking" auf das Leben der Menschen haben kann.
    Belege deine Ausführungen am Text.
  • Setze dich kritisch mit der folgenden Aussage eines Mitschülers auseinander:
    *„Jeder sollte danach streben, das Beste aus sich herauszuholen, und dafür auch digitale Hilfsmittel nutzen."*
    – Nimm Stellung zu der Aussage.
    – Begründe deine Meinung.
    – Beziehe dich dabei auch auf die Materialien M1 bis M3.

**3** – Kernaussagen aus M2 und M3 in Beziehung setzen
  – Textstellen angeben, die Auswirkungen nennen, die „Self-Tracking" auf das Leben der Menschen haben kann
  – Textbelege angeben

## C 3.5 Schreibaufgabe in sechs Schritten bearbeiten: Fitnesstracker – Chance oder Risiko?

### Seite 63

**2** Ich soll die Materialien M1 und M2 in einem zusammenhängenden Text untersuchen und miteinander vergleichen, indem ich verschiedene Teilaufgaben bearbeite. Ich soll außerdem Stellung zu einer Aussage nehmen.

**3** / **4** individuelle Lösung

### Seite 63–69

**5** – **15** siehe Lösungsheft, Seite 35/36

### Seite 69

**16** *Mögliche Lösung:*
Es liegen zwei Materialien vor. Bei M1 handelt es sich um einen Sachtext von Sonja Álvarez. Der Text trägt den Titel „Der vermessene Mensch" und ist am 09.02.2016 auf der Internetseite tagesspiegel.de erschienen.
M2 bildet die Ergebnisse einer Umfrage von Bitkom Research aus dem Jahr 2016 zur Frage „Welche Gesundheits- oder Fitnessdaten erfassen Sie?" ab. Beide Materialien beschäftigen sich mit dem Thema „Erfassung von Gesundheitsdaten" und der Rolle, die Fitnesstracker dabei spielen.
Sonja Álvarez beschreibt, welche Bedeutung Fitnesstracker für die Erfassung von Gesundheitsdaten haben. Am Beispiel des Politikers Heiko Maas verdeutlicht sie, welche Daten damit bei sportlicher Aktivität gemessen werden können und wie die Menschen hoffen, so ihre sportlichen Leistungen verbessern zu können. Mittlerweile zeichnet nämlich fast jeder Dritte in Deutschland seine Gesundheitsdaten mithilfe eines Fitnesstrackers auf. Im Hinblick auf die Vorbeugung von Krankheiten kann dies natürlich Vorteile mit sich bringen. Die Autorin macht jedoch auch deutlich, dass die Aufzeichnung von Gesundheitsdaten auch kritisch zu sehen ist. So wollen die Krankenkassen die von den Versicherten zur Verfügung gestellten Daten nämlich gerne nutzen, um daran orientiert die Versichertenbeiträge zu berechnen. Das hieße, einen preiswerten Krankenkassenbeitrag zahlen nur die Versicherten, die ihre Gesundheitsdaten offenlegen und einen gesunden Lebensstil pflegen. Noch weiter geht der Ansatz, elektronische Patientenakten anzulegen, in denen auch Röntgenbilder und Laborbefunde abrufbar sind. Davor warnt jedoch die Deutsche Stiftung Patientenschutz. Sie will verhindern, dass alte und kranke Versicherte Nachteile haben. Ebenfalls kritisch zu sehen, ist die Genauigkeit der aufgezeichneten Gesundheitsdaten durch die Fitnesstracker, diese lässt häufig zu wünschen übrig. Eine Überprüfung von 12 Smartwatches durch die Stiftung Warentest im Jahr 2015 führte zu dem Ergebnis, dass keines der Geräte ohne Mängel war. Es ist also davon auszugehen, dass viele Nutzer von Fitnesstrackern ihr Training auf der Grundlage falscher Daten durchführen, was sich negtaiv auf die Gesundheit auswirken kann.
M2, ein Diagramm von Bitkom Research, beschäftigt sich mit der Frage, welche Gesundheits- und Fitnessdaten Menschen heutzutage erfassen. Befragt wurden diesbezüglich Menschen ab 14 Jahren, dabei wird unterschieden zwischen allen Befragten und den Nutzern von Fitnesstrackern. Die Angaben dieser beiden Gruppen werden jeweils getrennt ausgewiesen. Die Gesundheits- und Fitnessdaten, die von allen Befragten hauptsächlich erfasst werden, sind Daten wie Temperatur, Gewicht, Blutdruck, Puls oder Daten zum Bewegungsverhalten (Anzahl der Schritte oder die zurückgelegte Strecke). Weiterhin erfassen die Befragten Schlafeigenschaften, Angaben zur Ernährung sowie das Stresslevel. Die Auswertung zeigt, dass bei allen

Befragten die Messung von Körperdaten (Temperatur, Gewicht) und Daten zum Bewegungsverhalten (Schritte, Strecke) überwiegt. So messen 85 % der gesamten befragten Gruppe ihre Körpertemperatur, von den Nutzer/-innen eines Fitnesstrackers sind es sogar 99 %, also fast alle. Auch die Messung des Körpergewichts spielt eine wichtige Rolle. Bei der gesamten befragten Gruppe erfassen 67 % ihr Körpergewicht, unter den Nutzer/-innen eines Fitnesstrackers sind es mit 75 % zwei Drittel. In fast allen genannten Bereichen erfassen die Nutzer/-innen von Fitnesstrackern deutlich häufiger Daten als die gesamte befragte Gruppe. Ausnahme sind nur die Bereiche Blutdruckmessung und die Messung/Erfassung des Blutzuckerspiegels. Auffallend ist auch, dass über die Hälfte der Nutzer von Fitnesstrackern ihr Bewegungsverhalten dokumentieren (gegangene Schritte: 62 %, zurückgelegte Strecke: 57 %). Das ist deutlich häufiger als bei der Gesamtheit der Befragten (gegangene Schritte: 19 %, zurückgelegte Strecke: 17 %).

Vergleicht man M1 und M2 im Hinblick auf die Frage, welche Chancen und Risiken das Erfassen von Gesundheits- und Fitnessdaten per Fitnesstracker birgt, kann man Folgendes sagen: M1 geht kurz darauf ein, dass das Sammeln von Gesundheits- und Fitnessdaten mithilfe eines Fitnesstrackers Chancen für die persönliche Fitness des Einzelnen bietet. Das Dokumentieren und Reflektieren der Daten kann dazu beitragen, die eigene sportliche Leistung zu verbessern, wie am Beispiel von Heiko Maas aufgezeigt wird. Das Erfassen von Gesundheits- und Fitnessdaten kann aber auch im Bereich der Gesundheitsprävention, also dem Vorbeugen von Krankheiten, einen entscheidenden Vorteil darstellen. Der Text geht allerdings nicht darauf ein, wie dies im Detail aussehen kann.

M1 stellt aber auch ausführlich die Risiken dar, die mit der Erfassung von Gesundheits- und Fitnessdaten mithilfe eines Fitnesstrackers einhergehen. So wird im Text erläutert, dass Krankenkassen planen, einen gesunden und sportlichen Lebensstil mit speziellen, günstigen Tarifen zu belohnen. Die Datengrundlage hierfür sollen die Fitnesstracker liefern. Dies würde ganz klar zu einer Benachteiligung älterer, kranker oder pflegebedürftiger Versicherter führen, für die diese neuen Tarife nicht infrage kommen. Gleichzeitig müssten sie diese aber gewissermaßen über ihre Versicherungsbeiträge mitfinanzieren. Wie die Stiftung Warentest herausgefunden hat, bergen Fitnesstracker gewissermaßen eine trügerische Sicherheit, denn viele Geräte liefern falsche Daten. Dies führt einerseits dazu, dass die Nutzer/-innen auf falscher Datengrundlage trainieren, was schlimmstenfalls sogar zu gesundheitlichen Schäden führen kann. Und natürlich zeigt es auch noch einmal auf, wie problematisch es ist, die vom Fitnesstracker erfassten Daten einem Versicherungstarif zugrunde zu legen.

M2 befasst sich weder mit den Chancen noch mit den Risiken, die mit der Erfassung von Gesundheits- und Fitnessdaten einher gehen. Stattdessen informiert das Diagramm auf allgemeiner Ebene darüber, welche Gesundheits- bzw. Fitnessdaten die Menschen überhaupt sammeln und erfassen. Mit den in M2 dargestellten Informationen lassen sich bestimmte Aussa-

gen aus M1 untermauern. Wirft man beispielsweise einen Blick auf M2 und schaut, welche Gesundheits- und Fitnessdaten die Nutzer/-innen eines Trackers hauptsächlich erfassen, so wird deutlich, dass es sich dabei zu einem großen Teil um Daten handelt, mit deren Hilfe sich die sportliche Fitness verbessern lässt. Zu nennen sind in diesem Zusammenhang zum Beispiel Daten aus dem Bereich „Bewegung", wie die Anzahl der Schritte und die zurückgelegte Strecke. Vergleicht man diesbezüglich wie viele Nutzer/-innen eines Trackers entsprechende Daten aufzeichnen und welcher Anteil der gesamten Befragten, so wird deutlich, dass es hier immense Unterschiede gibt (gegangene Schritte: 67 % vs.19 %; zurückgelegte Strecke: 57 % vs. 17 %). Ein weiterer Faktor, der zur Gesunderhaltung des Körpers bzw. zur Vorbeugung von Krankheiten beiträgt, ist die Kontrolle des Gewichts, schließlich ist Übergewicht die Ursache vieler Zivilisationskrankheiten. In diesem Zusammenhang ist es wichtig zu erwähnen, dass die Nutzer/-innen eines Fitnesstrackers im Vergleich sehr viel häufiger Daten zu Körpergewicht, aufgenommenen Nahrungsmitteln und Kalorien erfassen als die gesamte Gruppe der Befragten. Auch wenn in M2 nichts dazu ausgesagt wird, ob und in welcher Form die Menschen die erfassten Daten tatsächlich nutzen, ist es immer ein erster, wichtiger Schritt, sich zunächst einmal über das eigene Verhalten bewusst zu werden. Die Daten aus M2 unterstützen damit die Aussagen aus M1 und bestätigen, dass das Tragen eines Fitnesstrackers und damit verbunden das Erfassen von Gesundheits- und Fitnessdaten tatsächlich zur Steigerung der persönlichen Fitness des Einzelnen und der Vorbeugung von Krankheiten beitragen kann. Auch die Tatsache, dass die Nutzer/-innen von Fitnesstrackern deutlich häufiger persönliche Gesundheitsdaten erfassen als die übrigen Befragten, stützt die oben genannte These aus M1, denn dieser Personenkreis hat grundsätzlich ein genaueres Bild von seinem Gesundheitszustand. Der Aussage der Schülerin, die sagt, dass das Tragen eines Fitnesstrackers zu mehr Gesundheitsbewusstsein und einer positiven Veränderung des Bewegungsverhaltens beitragen kann, stimme ich zu. M2 zeigt in diesem Zusammenhang ganz deutlich, dass die Nutzerinnen und Nutzer eines Fitnesstrackers im Vergleich viel häufiger Gesundheits- und Fitnessdaten erfassen. Allein dadurch haben sie ein viel differenziertes Bild von ihrem eigenen Gesundheitszustand bzw. Fitnesslevel. Das ist, wie in M1 am Beispiel von Heiko Maas gezeigt wird, die Voraussetzung um seine sportlichen Leistungen zu verbessern. Besonders deutlich wird der Nutzen eines Fitnesstrackers aber meiner Meinung nach mit dem Blick auf den Bereich „Bewegung". M2 zeigt in diesem Zusammenhang, dass ein großer Teil der Nutzer/-innen eines Fitnesstrackers die Anzahl der Schritte und die zurückgelegte Strecke misst. Ich denke, dass das Erfassen insbesondere dieser Werte dazu motivieren kann, sich im Alltag mehr zu bewegen. Oftmals ist einem ja gar nicht bewusst, wie wenig man sich bewegt. Wenn der Tracker die entsprechenden Daten anzeigt und einen vielleicht auch mal daran erinnert, ein paar Schritte zu gehen, kann sich das schon sehr positiv auf das eigene Bewegungsverhalten auswirken. Wer sich mithilfe des Tackers dann noch ein Schrittziel setzt, z. B. von 10.000 Schritten am Tag, wird bemüht sein, dieses Ziel auch zu erreichen. Somit werden viele Nutzer/-innen eines Fitnesstrackers eher mal die Treppe statt des Fahrstuhls nehmen oder einen Weg zu Fuß oder per Rad machen, anstatt ins Auto zu steigen. Auch die Möglichkeit, sich den täglichen Kalorienverbrauch anzeigen zu lassen, kann meiner Meinung nach dazu führen, bewusst darüber nachzudenken, ob ein Nachschlag beim Mittagessen wirklich nötig ist. Die Zahlen aus M2 untermauern dies, denn hier wird deutlich, dass die Nutzer/-innen von Fitnesstrackern viel häufiger erfassen, welche Nahrungsmittel sie aufnehmen.

Bestimmte Funktionen des Fitnesstrackers, wie zum Beispiel die Möglichkeit, sich die Herzfrequenz anzeigen zu lassen, bieten gerade untrainierten oder älteren Menschen die Möglichkeit, Sport zu treiben, ohne ihrem Körper zu viel abzuverlangen. Falls man es doch einmal übertreibt, gibt der Tracker eine Warnung aus. Natürlich darf man sich bei all den Vorteilen, die so ein Fitnesstracker bietet, nicht blind auf das Gerät verlassen. Wie in M1 beschrieben wird, kann es durchaus vorkommen, dass dieses bestimmte Werte nur ungenau oder gar falsch erfasst. Es empfiehlt sich daher, sich vor dem Kauf eines solchen Gerätes genau über die Vor- und Nachteile der einzelnen Modelle zu informieren.

## D 1 Leseverstehen: Lernt langsam lesen! (angeleitetes Üben)

**Seite 72**

**1** c) trifft zu.

**2** c) trifft zu.

**3** d) trifft zu.

**4** c) trifft zu.

**Seite 73**

**5** b) trifft zu.

**6** Mit der Äußerung ist gemeint, dass das Lesen automatisch erfolgt, die Leserin erfasst den Text dabei als wäre sie eine Maschine. Sie genießt das Lesen nicht.

**7** a) trifft zu.

**Seite 74**

**8** c) trifft zu.

**9** b) trifft zu.

**10** b) trifft zu.

**11** d) trifft zu.

**12** Mit der Aussage ist gemeint, dass das langsame, ungehetzte Lesen eines Textes heutzutage zu etwas sehr Seltenem geworden ist, da das Leben der Menschen sehr hektisch ist. Gleichzeitig gibt es eine Vielzahl von medialen Angeboten, wie das Internet, zahlreiche Fernsehserien, aber auch ein riesiges Angebot von Büchern, was die Menschen vom intensiven Lesen ablenkt.

**Seite 75**

**13** a) trifft zu.

**14** *Mögliche Lösung:*
Ich stimme der Aussage des Schülers zu, der sagt, dass „Slow-Reading-Clubs" eine gute Alternative zum einsamen Lesen zu Hause sind. Heutzutage setzt sich kaum noch jemand abends gemütlich aufs Sofa, um in Ruhe ein Buch zu lesen. Zu vielfältig sind die Ablenkungen durch Internet, Streaming-Dienste usw. Dabei vermissen viele Menschen das entspannte Lesen eines guten Buches durchaus. Die Idee der „Slow-Reading-Clubs" kann genau diesen Menschen helfen, wieder zum Lesen zurückzufinden, indem ein Raum geschaffen wird, der ihnen das Lesen erleichtert, weil es einen festen Termin und klare Regeln gibt.

## D 2 Original-Prüfung 2022: Leseverstehen: Die Gewissenhaften (selbstständiges Üben)

**Seite 78**

**1** b) trifft zu.

**2** d) trifft zu.

**3** c) trifft zu.

**4** Der Vergleich mit dem Tennis wird gewählt, weil der Stenograf ständig Blickrichtung und Körperhaltung wechselt, um die Zwischenrufe der verschiedenen Redner zu erfassen, die an verschiedenen Orten sitzen. Das erinnert an einen Schiedsrichter, der die Tennisspieler auf dem Spielfeld nicht aus den Augen lassen darf und deshalb ständig den Kopf bewegt.

**5** d) trifft zu.

**6** Damit ist gemeint, dass das Parlamentsprotokoll, an dem 30 Leute mitarbeiten, sich hinterher so lesen soll, als wäre es von einiger einzigen Person geschrieben worden.

**7** a) trifft zu.

**Seite 79**

**8** d) trifft zu.

**9** b) trifft zu.

**10** c) trifft zu.

**11** d) trifft zu.

**12** Das Spielen eines Instruments erfordert bestimmte kognitive und motorische Fähigkeiten, die zusammenspielen müssen. Genauso ist es beim Stenografieren auch.

**13** d) trifft zu.

**14** Ich stimme der Aussage, dass die Stenografen im Bundestag Einzelkämpfer sind, nicht zu. Schließlich sind alle Stenograf/-innen Mitglied im Stenografischen Dienst des Bundestags. Während der Sitzungen arbeiten die Stenografen und Stenografinnen letztlich auch im Team, denn am Ende werden die Teilprotokolle aller zu einem einzigen Dokument zusammengefügt. Das erfordert natürlich Kommunikation untereinander. Weiterhin müssen die Stenograf/-innen sich bei Unklarheiten mit den Rednerinnen und Rednern abstimmen und letztlich auch mit den Schreibkräften im Schreibbüro, die dann die Langschrift erstellen.

## D 3 Original-Prüfung 2022: Aufgabentyp 2: Wikipedia als Quelle zur Informationsbeschaffung (angeleitetes Üben)

### Seite 85–87

**1** – **7** Lösungshilfen zu den Aufgaben finden sich direkt im Arbeitsheft und lassen sich der nachfolgenden Musterlösung entnehmen.

### Seite 87

**8** *Mögliche Lösung:*

**Schnelle Informationen aus dem Netz! – Die Online-Enzyklopädie Wikipedia ist eine der weltweit meistbesuchtesten Webseiten**

Wer nutzt es nicht zur Informationsbeschaffung? Das Online-Lexikon Wikipedia ermöglicht uns Internetnutzern einen schnellen Zugriff auf nahezu unendlich viele Informationen im Netz. Ob Öffnungszeiten, Definitionen, Sightseeing, bekannte Personen oder benötigte Einkäufe, jeder von uns hat vermutlich schon mal auf dieses Online-Nachschlagewerk zugegriffen, um sich rasch einen Überblick zu verschaffen. Aber sind die vielen Informationen wirklich immer zuverlässig – und woher stammen sie wirklich? Diese Fragen sollen in diesem Informationstext näher beleuchtet werden.

Vor etwa 22 Jahren – im Jahre 2000 – gründeten Jimmy Wales und Larry Sanger zunächst die Plattform Nupedia als Online-Enzyklopädie ohne thematische Eingrenzung. Ihr Plan war es, Fachartikel von mehreren Gutachtern prüfen zu lassen, um wissenschaftlichen Kriterien gerecht zu werden. Allerdings führte dieser Anspruch dazu, dass sich die digitale Plattform nur sehr langsam weiterentwickelte – und so entstanden in drei Jahren nur 27 Artikel. Als Folge davon entwickelten sie das sogenannte „Wiki-Prinzip". Das Wort kommt aus dem Hawaiianischen und bedeutet „sehr schnell" („wikiwiki"). Damit sind Seiten und Artikel im Netz gemeint, die von mehreren Userinnen und Usern gemeinsam, d. h. kollaborativ, geschrieben und gestaltet werden; diese agieren oft anonym, also ohne dass sie ihre Namen angeben. Der Umstand, dass nun alle Informationen einstellen oder ergänzen konnten, sollte zu einer Demokratisierung des Wissens sowie zu einem freien und kostenlosen Angebot führen. Und tatsächlich: Wikipedia wurde zu einem Gemeinschaftsprojekt im Netz, das wir alle auch kostenfrei nutzen können. Dieses Wiki-Prinzip führte schon 2003 zu einer Einstellung von Nupedia, denn Wikipedia hatte sich derart rasant entwickelt, dass es bereits zu diesem Zeitpunkt mehr als eine Million Beiträge gab. Ebenfalls führte das gemeinsame Arbeiten zu einer Verbesserung der Qualität bezogen auf den Informationsgehalt der Texte. Gleichermaßen wurden auch zum Beispiel Grafiken einbezogen, die letztlich zur Veranschaulichung der Inhalte dienen.

Aus dieser Darstellung lassen sich klar die Stärken von Wikipedia erkennen, denn wenn wir Artikel erweitern, ergänzen oder verändern wollen, müssen wir nur auf „Bearbeiten" klicken – und sofort sind die Einträge online, wenn die Administratoren sie freistellen. Viele Menschen waren davon fasziniert, einen Beitrag zu dieser Online-Enzyklopädie leisten zu können. So wuchs das Nachschlagewerk recht schnell. Während zum Beispiel der erste Eintrag über Deutschland nur aus fünf Zeilen bestand (etwa 2004), war der Artikel acht Jahre später schon 75 Seiten lang und enthielt Informationen über die Geschichte Deutschlands, die Kultur und Politik. Auch wir Schülerinnen und Schüler werden schnell fündig, wenn es um Hausaufgaben, Referate oder Klausurvorbereitung geht. In einer Befragung von Bitkom Research GmbH von 1007 Bundesbürgern zur Nutzung von Wikipedia und der Bewertung der dort angebotenen Inhalte zeigte sich, dass 79 % angaben, dass sie das Online-Lexikon nutzen würden. Dabei wurde deutlich, dass dies auf nahezu alle Altersgruppen zutrifft (14 – 29 Jahre: 92 %, 30 – 49 Jahre: 84 %, 50 – 64 Jahre: 74 %). Lediglich ab einem Alter von 65 Jahren war die Angabe der Nutzung geringer (43 %). Aber immerhin 79 % der Befragten beurteilten die Informationen entweder als „immer verlässlich" oder zumindest als „meistens verlässlich". Was uns alle fasziniert, ist auch der Umstand, dass Informationen zu finden sind, an die wir ansonsten nie gelangt wären, so auch Gereon Kalkuhl, mittlerweile Wikipedia-Autor und -Administrator, der tatsächlich den Geburtsort seiner Uroma entdeckt hat. Zudem sind die Informationen vielfältig und für jeden frei zugänglich, denn es entstehen keine weiteren Kosten, wenn man etwas recherchieren möchte. Kalkuhl glaubt, dass die Fehleranzahl aufgrund der Schwarmintelligenz gering sei, denn von 100.000 Menschen, die die Informationen lesen, korrigieren sie mindestens 10, was zu einer geringen Fehlerquote führt. Um Streitfragen zu klären, greift manchmal auch einer von etwa 190 ehrenamtlichen Administratoren ein, um bei strittigen Sachverhalten zu entscheiden. Zudem müssen die Informationen, die geändert werden, von erfahrenen Wikipedianern zunächst freigeschaltet werden, was zur Verlässlichkeit der Inhalte beiträgt.

Das liegt auch daran, dass nahezu jeder Autorin oder Autor bei Wikipedia werden kann. Das bedeutet, dass nicht nur Akademiker, sondern auch Leute wie du und ich Beiträge einstellen können – wir alle können, wenn wir uns dazu berufen fühlen, Wikipedianer werden. Somit sind die Intentionen der Schreibenden breit gestreut. Allerdings müssen dazu ein paar Regeln beachtet werden: Informationen sollten tagesaktuell oder zumindest mit zeitlicher Einordnung eingestellt werden. Gereon Kalkuhl, der selber aktiv 1740 Artikel verfasst hat, gibt an, dass er als Autor dazu verpflichtet ist, seine Artikel besonders gut zu recherchieren, die Quellen zu prüfen und zu vergleichen. Er gibt nur Sachverhalte an, die er zum Beispiel durch Fußnoten belegen kann, denn ansonsten werden die Informationen, die nicht nachprüfbar sind, durch Administratoren aus dem Netz entfernt. Wie die anderen Wikipedia-Autorinnen und -Autoren arbeitet er ehrenamtlich, das heißt er verdient nichts dabei. Seit dem Fall John Seigenthaler (2005), der aufgrund eines Artikels als vermeintlicher Verdächtiger hinsichtlich der Ermordung John F. Kennedys verfolgt wurde, ist es nur noch registrierten Nutzern erlaubt, neue Artikel einzustellen. Ebenso werden Nutzer ermutigt, verfälschte Beiträge zu melden, die in vielen Fällen dann gelöscht werden, aber zumindest Diskussionen um ihren Wert auslösen. Grundsätzlich sind die Autoren zwar leidenschaftlich bei der Sache, aber die jüngeren Autorinnen und Autoren fehlen. Zudem fehlen auch die Frauen; somit ergibt sich eine eher einseitige Sicht auf die Welt – zum einen bezüglich der Art der Darstellung, zum anderen aber auch bezogen auf die Auswahl der Inhalte, denn die Medien berichten eher über Männer als über Frauen, wie auch der Fall der Physikerin Donna Strickland gezeigt hat. Erst als sie den Nobelpreis gewann, wurde sie als relevant genug für einen Wikipedia-Eintrag erachtet.

Ein Problem bezüglich der Nutzung der Informationen ergibt sich für die Schulen, denn sehr zum Leidwesen der Lehrerinnen und Lehrer, die Wikipedia als großen Spickzettel ansehen, schreiben zu viele Jugendliche einfach ab oder kopieren Inhalte, ohne sie zu hinterfragen oder genauer zu prüfen. Oftmals sind Einträge auch zu spezialisiert, denn es werden Fachausdrücke verwendet, die die Userinnen und User einfach nicht verstehen. Wenn sie dann übernommen werden, hat dies für die Leserschaft keinen Mehrwert. Es gibt aber auch Beiträge, die nicht neutral formuliert sind, sodass die Leserinnen und Leser manipuliert werden. Wikipedia bezeichnet es als „Form des Vandalismus", wenn Beiträge verfälscht werden. Normalerweise werden diese schnell erkannt und entfernt, doch werden sie nicht erkannt, verbleiben sie oftmals jahrelang im Netz und sind weiterhin abrufbar, wie beispielsweise der Artikel über den frei erfundenen Dämonen „Bine". Besonders schwerwiegend sind aber Einträge, die dazu führen, dass Menschen bedroht werden, wie im Fall des o. g. amerikanischen Journalisten John Seigenthaler (2005), oder die verharmlosen bzw. etwas besonders schönreden. So wurde aus „Spielsucht" beispielsweise „vorübergehend übertriebenes Spielverhalten" oder Nebenwirkungen von Medikamenten wurden verharmlost. Dadurch wird sogar die Gesundheit von Menschen wegen wirtschaftlicher Interessen gefährdet. Aufgrund der Autorenschaft ergibt sich außerdem der Umstand, dass Artikel häufig veraltet oder überholt wirken. Zudem gibt es auch hier eine Art „Fachkräftemangel", denn häufig bräuchte es mehr Experten und Expertinnen und bestimmte Wissenschaftler/-innen, um Fakten überprüfen zu können, wie zum Beispiel im Themenbereich „Nationalsozialismus". Daraus ergibt sich eine Art Skepsis in der Leserschaft, ob man dem Medium überhaupt vertrauen kann.

Die Nutzung von Wikipedia ist immer sinnvoll, wenn man sich einen schnellen Überblick verschaffen will. Allerdings muss man die Informationen immer mit einem kritischen Blick betrachten, was jedoch laut der o. g. Umfrage lediglich 20 % der Menschen tun, denn nur einige Userinnen und User bewerteten die Verlässlichkeit der Inhalte als „selten verlässlich" oder als „nie verlässlich". Um diesen Blick zu schulen und Schüler anhand von praxisnahen Beispielen über schlechte Online-Einträge aufzuklären, ziehen Projektmanager und Administratoren wie Denis Barthel durch die Schulen. Dabei geht es darum, Einträge zu kritisieren, die entweder zu spezialisiert oder nicht neutral dargestellt sind, das heißt manipulierend wirken. Dadurch sollen als Kernziele von Schule die Lesekompetenz sowie auch das kritische Denken mit Blick auf die Medien gezielt geschult werden. Wir Nutzerinnen und Nutzer dieses Online-Lexikons sollten die Einträge ganz bewusst lesen, mehrere Quellen hinzuziehen und sie vergleichen, besonders in den Bereichen, in denen sich der Wissensstand schnell weiterentwickelt, wie zum Beispiel im Bereich der Computertechnik. Gleichermaßen sollten wir bei Unstimmigkeiten lieber noch einmal nachfragen und uns nicht zu sehr darauf verlassen, dass Angaben vollständig richtig sind, gerade dann, wenn sie nicht gut belegt sind oder veraltet erscheinen. Auf jeden Fall besteht immer noch die Möglichkeit, unklare oder verfälschte Darstellungen zu melden. Man sollte aber auch bedenken, dass viele Artikel auch bei Meldungen nicht schnell überprüft werden können. Zusammenfassend ist jedoch festzuhalten, dass die Nutzung von Wikipedia aufgrund der Schwarmintelligenz, der Vielfältigkeit und der Überprüfungsinstanzen eine durchaus zu empfehlende Recherchemöglichkeit für uns alle ist, die bei Beachtung der genannten Maßnahmen durchaus dazu beitragen kann, einen Überblick über verschiedene Themenbereiche zu erlangen.

## D 4 Aufgabentyp 2: Sherlock Holmes (selbstständiges Üben)

**Seite 88**
*Mögliche Lösung:*
### Sherlock Holmes – Urbritischer Meisterdetektiv mit Postanschrift

Wer kennt ihn nicht, den britischen Meisterdetektiv? Wenn wir an Sherlock Holmes denken, haben wir alle das gleiche Bild vor Augen: Er trägt einen Inverness-Mantel, jenen wetterfesten, ärmellosen Mantel, unter dem die Arme herausragen, eine Jagdkappe und eine Pfeife im Mund. Natürlich denken wir auch an die Lupe, die den analytisch-rational denkenden Detektiv symbolisiert, der genau beobachtet und messerscharf kombiniert. Sherlock Holmes ist die Hauptfigur in vielen Romanen des britischen Schriftstellers Arthur Conan Doyle, der seinen Helden bereits 1886 erschaffen hat. Holmes ermittelt an der Seite seines Freundes Dr. Watson. Noch heute begeistert er in Serien, Filmen und sogar auf der Bühne. Holmes ermittelt eigenwillig, doch mit für das Ende des 19. Jahrhunderts fortschrittlichen Methoden und zusätzlich viel Sachverstand. Die sogenannte „Holmes-Methode" folgt dem Prinzip der Deduktion. Das heißt, Holmes verfügt über eine sehr gute Beobachtungsgabe, kombiniert messerscharf und leitet dann das Besondere vom Allgemeinen ab. Dazu sammelt er möglichst viele objektive Tatsachen und Indizien, hört die Berichte seiner Klienten und leitet aus winzigen Kleinigkeiten dann für seine Leser oft überraschende Schlussfolgerungen her. Während Dr. Watson z.B. an einem alten Hut nichts Besonders finden kann (zu lesen im Roman „Der blaue Karfunkel"), ermittelt Holmes nach eingehender Prüfung, dass der Besitzer wohlhabend sein müsse, nun aber eher arm sei, dass er selten ausgehe und in körperlich schlechter Form sei. Zudem habe er graue Haare, die er mit Zitronencreme pflege, und nutze häufiger Talglichter. Und natürlich hilft die Holmes-Methode auch in diesem Fall, die Hintergründe zu beleuchten und den Täter zu ermitteln.

Der Autor Sir Arthur Conan Doyle, eigentlich Mediziner, veröffentlicht aufgrund seiner Leidenschaft für die Schriftstellerei 1886 die Erzählung „A Study in Scarlet", in der der Detektiv Sherlock Holmes zum ersten Mal erfolgreich ermittelt. Eigentlich misst Doyle der Figur Holmes nie viel Bedeutung bei, doch sein amerikanischer Verleger drängt ihn dazu, sich weitere Geschichten mit dem Meisterdetektiv auszudenken. Dabei werden nicht die vier langen Kriminalgeschichten am erfolgreichsten geworden, sondern 56 kurze Episoden, die als Fortsetzungsgeschichten erscheinen, und dem Autor zu Wohlstand verhelfen, weil sie in mehr als 50 Sprachen übersetzt werden. Allerdings schreibt Doyle die weiteren Geschichten widerwillig und nur auf Druck seines Verlegers sowie seiner vielen Leser, denn eigentlich will er sich nicht mehr mit seiner Figur befassen. Also lässt er Holmes 1893 seinen letzten Fall lösen und dabei sterben. In dem Kriminalroman „Das letzte Problem" kommt es zwischen Holmes und seinem Widersacher Prof. Moriarty zu einem Kampf, der an den Reichenbachfällen nahe dem schweizerischen Ort Meiringen stattfindet. Beide stürzen in die Tiefe, sodass Holmes vermeintlicher Todestag am 4.5.1891 zu datieren ist. Die Entrüstung, die Conan Doyle damit hervorruft, ist riesengroß. Seine Leser reagieren mit Protestbriefen und enttäuschten Kommentaren; sie tragen in vielen Städten sogar schwarze Armbinden aufgrund ihrer Trauer. In der Presse ist gar von der Krankheit des „Sherlockismus" zu lesen. Diese Reaktionen und eine größere Geldsumme des Verlags bringen Sir Arthur Conan Doyle dann schließlich dazu, den Detektivhelden wieder auferstehen zu lassen. So veröffentlicht er 1902 den Roman „The Hound of Baskervilles", in dem erklärt wird, Holmes habe sich nach dem Sturz mit letzter Kraft an einem Grasbüschel festhalten können.

Die Geschichten rund um den Londoner Detektiv dienten und dienen immer noch in vielen Ländern als Vorlage für Filme, Theaterstücke, Hörspiele und Comics. Aber auch auf andere Weise wird die Kunstfigur für uns Leser und die Fans am Leben erhalten: Für Holmes, eigentlich eine fiktive literarische Figur, ist ein eigenes Museum in der Baker Street 221b errichtet worden, eine Adresse, die ihm auch der Autor Sir Arthur Conan Doyle zugewiesen hat. Somit scheint die Existenz des Detektivs beinahe Wirklichkeit geworden zu sein. Die Besucher können in der Wohnung von Holmes herumspazieren, die ebenso eingerichtet ist, wie in den Romanen beschrieben. Es gibt sogar vermeintliche Erinnerungsstücke, die die Vorstellung noch realistischer machen. Damit ist Holmes eine der wenigen Romanfiguren mit Postanschrift. Fans können ihm sogar Briefe schreiben, die auch wirklich beantwortet werden. Dazu gibt es nicht nur in London, sondern auch in der Schweiz nahe der Reichenbachfälle ein Denkmal des britischen Superhelden. Die überlebensgroße Holmes-Statue und das Museum in Meiringen sind zur Pilgerstätte vieler Fans geworden. Doch auch durch zahlreiche Filme und Serien wird die Kunstfigur am Leben erhalten. In heutiger Zeit als besonders erfolgreich ist die BBC-Serie „Serlock" hervorzuheben, die Charaktereigenschaften und Lebensweise des Detektivs in die Neuzeit transportiert, was bei den Holmes-Fans sehr gut ankommt. Aber auch auf die Bühne hat es der Meisterdetektiv schon geschafft: So wird am First Stage Theater in Hamburg derzeit das Musical „Sherlock Holmes – Next Generation" gespielt. Mit von der Partie sind Dr. Watson als Ermittlungspartner und Professor Moriarty als üblicher Verdächtiger. Modern wirkt das Stück durch Anspielungen auf die aktuelle Tagespolitik und durch Untermalung mit Livemusik. Sherlock Holmes als typisch britischer Superheld strahlt auf viele Leser eine ungemeine Faszination aus, die nicht vergänglich ist, weil es dem Autor Arthur Conan Doyle

schon im 19. Jahrhundert gelungen ist, den Charakter so zu gestalten, dass er aufgrund seines messerscharfen Verstandes und seiner guten Kombinationsgabe bewundernswert erscheint. Die Geschichten rund um Holmes sind spannend und laden zum Mitdenken ein, da der Stoff immer wieder anders präsentiert bzw. aktualisiert wird, und dadurch zu jeder Zeit Interesse weckt. Dabei scheint Holmes durch seine nahezu durchgängige Präsenz immer realer zu werden. So glauben viele Menschen immer noch, dass Holmes wirklich gelebt hat, weil Doyle das Handeln seiner Figur und die Umstände mit einer faszinierenden Genauigkeit kreiert hat, die uns alle begeistert. Das alles zusammen macht Sherlock Holmes für uns zum wohl bekanntesten Detektiv der Literaturgeschichte und damit zu einer Romanfigur, die unsterblich ist.
Ich habe für meinen Text Informationen aus den Materialien M1– M6 verwendet.

**Seite 92**
*Mögliche Lösung:*
**Mehrsprachigkeit – Problem oder Chance für uns?**
Das Thema Mehrsprachigkeit geht uns alle an, denn unsere Gesellschaft verändert sich zusehends und verschiedene Sprachen werden auch für uns immer wichtiger, gleichermaßen aber auch alltäglicher. Zur Vorbereitung unseres Projekttages „Sprachenreichtum an unserer Schule" am 1. Juli wollen wir Schüler und Lehrkräfte auf dieses Thema vorbereiten.
Was aber ist eigentlich unter dem Begriff Mehrsprachigkeit zu verstehen? Es gibt verschiedene Arten von Mehrsprachigkeit. Zum einen spricht man von der Mehrsprachigkeit, über die man von Geburt an verfügt, da man durch seine Eltern oder auch im näheren Umfeld verschiedene Sprachen lernt. So kann es zum Beispiel sein, dass Mutter und Vater unterschiedliche Muttersprachen sprechen und diese dem Kind beibringen. Davon unterscheidet man die Mehrsprachigkeit, die über den Fremdsprachenunterricht erworben wird, wie zum Beispiel durch die Schulfächer Englisch oder Französisch. Die verschiedenen Arten von Mehrsprachigkeit unterscheiden sich also darin, wo die Sprachen erlernt werden und ob man die Sprachen schon von Geburt an oder erst später erwirbt, d. h. ob man sie in einer natürlichen Umgebung oder in der Schule lernt.
Jugendliche, die mehrsprachig aufwachsen, lernen von Geburt an zwei oder mehr Sprachen gleichzeitig. Das ist aber keine Herausforderung und auch nicht verwirrend, sondern wird als natürlicher Prozess wahrgenommen. Mehrsprachigkeit führt also nicht zu körperlichen oder sprachlichen Beeinträchtigungen. Jugendliche, die mehrsprachig aufwachsen, heben sich laut einer Studie von einsprachig erzogenen Jugendlichen durch bessere Schulleistungen ab. Dennoch kann es aber vorkommen, dass die Mehrsprachigen Vokabeln in einer Sprache nicht nennen können, diese dafür aber in der anderen Sprache problemlos verwenden können. Ebenso kann es sein, dass bei mehrsprachig aufgewachsenen Kindern der Wortschatz in den verschiedenen Sprachen unterschiedlich stark ausgeprägt ist. So benötigen diese Kinder zum

Teil mehr Zeit, um etwa einen Gegenstand zu benennen. In der 1960er Jahren untersuchen die kanadischen Psychologen Elizabeth Peal und Wallace Lambert, wie sich Mehrsprachigkeit auf Kinder auswirkt. Die gängige Meinung ist bis dahin, dass Kinder, die mit zwei Sprachen aufwachsen, nicht intelligent seien und dass Zwei- bzw. Mehrsprachigkeit dumm mache; vor zweisprachiger Erziehung wird sogar gewarnt. Der Schotte Simon Somerville Laurie ist beispielsweise der Meinung, dass durch die Erziehung in mehreren Sprachen das intellektuelle Wachstum des Kindes nicht verdoppelt, sondern verringert würde. Man geht davon aus, dass der gleichzeitige Erwerb von zwei Sprachen das Kind verwirren und zu Sprachstörungen führen würde, die letztlich die körperlichen und sprachlichen Entwicklungen beeinträchtigten würden. Diese Annahmen sind jedoch veraltet und mittlerweile vollkommen widerlegt. Heutzutage weiß man, dass die Vorteile deutlich auf Seiten der Mehrsprachler liegen, denn diese verfügen nachweislich über einen höheren IQ und erbringen in der Schule bessere Leistungen. Als die zwei Forscher Elizabeth Peal und Wallace Lambert in Kanada ein halbes Dutzend Schulen besuchen, um dort mit 10-Jährigen Schülerinnen und Schülern IQ-Tests zu machen, kommen sie zu erstaunlichen Ergebnissen. Sie führen ihre Untersuchungen in Montreal durch, wo die Amtssprache Französisch ist, aber wo auch viele Schüler in den Familien Englisch sprechen. Die beiden Forscher denken zu diesem Zeitpunkt noch, dass die mehrsprachigen Schüler bei den Intelligenzüberprüfungen, aber auch bei den Prüfungen in anderen Fachbereichen schlechter abschneiden würden als die einsprachig aufgewachsenen Kinder. Doch die Tests beweisen das Gegenteil: Die Schülerinnen und Schüler, die mehrsprachig aufgewachesen sind, schreiben zum Teil bessere Noten und schneiden auch in den IQ-Tests besser ab – egal ob mündlich oder schriftlich. Es gibt keinen Aufgabentypen, in denen die einsprachig aufgewachsenen Schüler besser abschneiden als die mehrsprachigen.
Heutzutage ist klar, dass Mehrsprachigkeit eher Vorteile mit sich bringt. Weitere Untersuchungen in den letzten Jahren haben ergeben, dass Mehrsprachigkeit nicht nur die Schulleistungen fördert, sondern auch bis ins hohe Alter positive Effekte mit sich bringt.

Daher ist es für die Zukunft eine gute Idee, Mehrsprachigkeit zu fördern. Zudem nimmt der Anteil mehrsprachig Aufwachsender zu und damit vervielfältigen sich auch die Möglichkeiten im Umgang miteinander, denn die Kommunikation mit Menschen aus anderen Ländern hat heutzutage auch einen größeren Stellenwert im Alltag – und das nicht nur im Urlaub. Auch im Beruf wird das Beherrschen verschiedener Sprachen immer wichtiger. Viele Firmen und Organisationen unterhalten Geschäftsbeziehungen mit dem Ausland, haben Dependancen und betreiben Import oder Export. Für diesen globalen Handel sind Fremdsprachenkenntnisse unerlässlich. So schafft Sprachvielfalt auch einen internationalen Vorteil. Aber auch im politischen Bereich gibt es Vorteile, da die Kommunikation Verständigung ermöglicht und gleichermaßen dazu führt, verschiedene Kulturen kennen zu lernen, was wiederum zu Toleranz und Integration führen kann. Mehrsprachler agieren als politische Vermittler zwischen verschiedenen Kulturen. Somit kann sich Sprachvielfalt auch positiv auf die Strukturen innerhalb einer Gesellschaft auswirken und zum friedlichen Miteinander beitragen, weil man den anderen und das Fremde verstehen kann. Auch die modernen Medien bedingen, dass die Nutzer zumindest Englisch als gemeinsame Verkehrssprache sprechen und verstehen müssen, um sich orientieren und zielorientiert handeln zu können. Ein weiterer Aspekt ist, dass auch die Anzahl der Mehrsprachler innerhalb der Gesellschaft immer weiter zunimmt. Statistisch gesehen sind ein Drittel bis die Hälfte aller Schüler mit mehreren Muttersprachen aufgewachsen, sodass Mehrsprachigkeit mittlerweile der Normalfall ist. So gibt es zum Beispiel auch viele Länder, in denen verschiedene Sprachen gesprochen werden, wie zum Beispiel Ghana mit Englisch und diversen afikanischen Sprachen oder Gibraltar mit Englisch, Spanisch, Italienisch und Portugiesisch. Zuwanderung bedingt automatisch Sprachenvielfalt. Diese als Chance zu sehen und zu nutzen, ist unsere Aufgabe. Daher sollte Mehrsprachigkeit nicht als Bedrohung oder Identitätsverlust, sondern als Wert und Chance unserer Gesellschaft gesehen und daher auch gefördert werden.
Für meinen Text habe ich alle Materialien genutzt.

**Seite 98**

**1** a) trifft zu.

**2** Überschriften für die Sinnabschnitte:
1 (Z. 1 – 12): Jugendliche und Eltern denken ähnlich: Themen des Textes
2 (Z. 13 – 25): Liebe und Sexualität
3 (Z. 26 – 32): Schule und Noten
4 (Z. 33 – 44): Schule und Mobbing
5 (Z. 45 – 54): Trennung der Eltern
6 (Z. 55 – 60): Vereinbarungen und Erlaubnisse
7 (Z. 61 – 70): Vorbereitung auf schwierige Gespräche

**3** a) Gestaltungsmittel: Metapher
b) Die Menge an peinlichen Problemen der Jugendlichen wird nicht zwar nicht genau thematisiert; die Formulierung Minenfeld bedeutet aber, dass es sehr viele Probleme dieser Art gibt.

**Seite 99**

**4** a), c), d), e), f) und i) treffen zu.

**5** c) trifft zu.

**6** reger Austausch zwischen Eltern und Jugendlichen; auch peinliche Themen können miteinander besprochen werden

**7** Vorschlag: a)

**Seite 100**

**8** empfohlene Strategien: a), c), e)

**9** – Belastung der Jugendlichen
– unangenehme Ansprache, weil sie den Eltern nicht noch mehr Sorgen bereiten wollen
– Furcht vor negativen Reaktionen, z. B. Abwertung eines Elternteils
– Eltern nicht objektiv

**10** vorgeschlagene Strategien: a), b), d), e), g), i)

**11** Je häufiger man unter Berücksichtigung von Regeln in der Familie miteinander spricht, desto einfacher fallen Konfliktgespräche.

**Seite 101**

**12** Bereiche: Erziehungsberatung und Psychotherapie

**13** Wirkungsweisen: b), c)

**14** Textart: Sachtext

**15** Absicht des Verfassers: c)

**16** Beide Antworten sind prinzipiell möglich, müssen jedoch gut begründet werden. Wahrscheinlicher ist die Antwort „Nein", denn der Text gibt sehr viele konkrete Ratschläge und Strategien dazu an, wie Jugendliche

konstruktiv mit ihren Eltern sprechen können, z. B. vor dem Gespräch Argumente sammeln etc.

**Seite 103**

**1** a) trifft zu.

**Seite 104**

**2** d) trifft zu.

**3** b) trifft zu.

**4** a) trifft zu.

**5** a) trifft zu.

**6** Der Koch hat durch seine vermittelnde Art dazu beigetragen, den Zusammenhalt der Gruppe zu sichern. Der Zusammenhalt der Gruppe bzw. das Funktionieren dieser war die Grundvoraussetzung für das Gelingen der Expedition.

**7** c) trifft zu.

**Seite 105**

**8** c) trifft zu.

**9** Die Grafik verdeutlicht die besondere Rolle, die humorvollen Menschen innerhalb einer Gruppe zukommt. Die Grafik zeigt, dass diese Menschen die Fähigkeit haben, verschiedene Untergruppierungen innerhalb einer größeren Gruppe von Menschen zu einem Team zu vereinen.

**10** c) trifft zu.

**11** a) trifft zu.

**12** b) trifft zu.

**13** Ich stimme dem Schüler zu, der sagt, dass jemand die Rolle eines Clowns einnehmen muss, wenn Gruppenbildung gelingen soll. Schließlich haben Forscher herausgefunden, dass in einer Gruppe gerade die Personen mit Humor die Gruppendynamik positiv beeinflussen und damit über den Erfolg der gesamten Gruppe entscheiden.

## E 3 Aufgabentyp 4a: Schneeriese (angeleitetes Üben)

### Seite 108 – 111

**1** – **12** Lösungshilfen zu den Aufgaben finden sich direkt im Arbeitsheft und lassen sich der nachfolgenden Musterlösung entnehmen.

### Seite 111

**13** *Mögliche Lösung:*

In dem vorliegenden Romanauszug aus dem Jugendroman „Schneeriese" von Susan Kreller geht es um einen für den Jugendlichen Adrian unbefriedigend verlaufenden Besuch bei seiner Freundin Stella, die dessen Liebe nicht wahrnimmt und seine Anwesenheit sogar als störend empfindet, weil sie eine Beziehung zu ihrem Nachbarn Dato begonnen hat. Der Jugendroman wurde 2016 im Hamburger Carlsen Verlag veröffentlicht. Der vorliegende Auszug findet sich auf den Seiten 52 – 55, wurde gekürzt und geringfügig verändert.

Adrian, der von seiner Jugendfreundin Stella wegen seiner Größe nur „Einsneunzig" genannt wird, besucht Stella zu Hause, weil er sie eine Zeit lang nicht gesehen hat. Da er sich in sie verliebt hat, muss er dazu seinen ganzen Mut zusammennehmen, um mit ihr darüber zu sprechen. Als er in ihr Zimmer kommt, beschäftigt Stella sich gerade damit, zu überlegen, was sie anziehen soll. Da sie ihn gar nicht erwartet hat, nimmt sie ihn kaum wahr, sondern lächelt bei seinem Eintreten nur kurz. Er beobachtet sie in ihrem persönlichen Durcheinander; sie beendet das Telefonat, das sie in dem Moment führt, und fragt ihn knapp und eher desinteressiert nach dem Anlass seines Besuches. Obwohl Adrian bezüglich Stellas Verhalten viele Gedanken durch den Kopf gehen, verneint er Stellas Frage, ob sie etwas für ihn tun könne. Er gibt vor, nach dem Rechten schauen zu wollen, doch sie nimmt ihn immer noch nicht richtig wahr. Auf die Frage, mit wem sie telefoniert habe, reagiert sie ausweichend und erklärt, sie habe gar keine Zeit für ihn. Adrian erkennt die Scham in ihrem Gesicht. Als sie schließlich zugibt, zu Dato gehen zu wollen, äußert er kurzentschlossen, er komme mit. Er erkennt in ihrem Gesicht jedoch, dass sie dies nicht möchte, denn sie lächelt nur traurig.

Die Erwartungen, die Adrian bei seinem Besuch vermutlich an Stella hat, widersprechen ihrem tatsächlichen Verhalten ihm gegenüber. Da er sich in sie verliebt hat, hat er allen Mut zusammengenommen, um mit ihr darüber zu sprechen (siehe Vortext). Stella ist eine Freundin aus Kindertagen und vermutlich haben die beiden viel Zeit miteinander verbracht. Nun haben sie sich aber schon eine Weile nicht gesehen. Adrian erwartet augenscheinlich, dass sie sich freut, ihn wiederzusehen, sodass sie ihm ihre volle Aufmerksamkeit schenkt und ihn angemessen begrüßt. Im weiteren Verlauf wird durch seinen inneren Monolog (Z. 24 – 33) deutlich, dass er erwartet hat, dass sie ihn vorher anruft oder ihn besucht und dass sie Zeit mit ihm verbringt. Ebenso hat er eine Entschuldigung erwartet, weil sie ihn fünf Wochen vergessen hat, denn er fühlt sich von ihr vernachlässigt. Tatsächlich reagiert sie aber ganz anders, was er als „neu" (Z. 4/5) erkennt. Dies zeigt eine deutliche Veränderung im Vergleich zu ihrem früheren Verhalten. Er nimmt Stella beim Eintreten als desinteressiert und kühl wahr (Z. 6 – 12). Sie wirkt geradezu enttäuscht, als sie ihn sieht, denn sie lässt „für einen winzigen Moment ihre Mundwinkel sinken" (Z. 6/7). Er bewertet ihre Reaktion negativ und bezeichnet diese kurze Zeit abwertend als „läppische[n] anderthalb Sekunden" (Z. 11). Da er erkennt, dass er sie beim Aussuchen der passenden Kleidung und beim Telefonieren stört, hält er seine wahren Gefühle eher zurück; dies zeigen die knappen Antworten seinerseits („Mich, sagte Adrian.", Z. 18), denn eigentlich ist er enttäuscht über ihre mangelnde Freude und Offenheit. Stella zeigt ihm deutlich, dass ihm die Wahl ihrer Kleidung viel wichtiger ist als die Begegnung mit ihrem ehemaligen Jugendfreund. Also sagt er etwas anderes, als er tatsächlich denkt, und gibt Geschäftigkeit vor (Z. 34/35), um seine wahren Gefühle zu verstecken. Dennoch bleibt er beharrlich, will wissen, mit wem sie telefoniert habe und wohin sie gehen wolle (Z. 39 – 45), obwohl er innerlich sehr aufgewühlt ist, was durch das personale Erzählverhalten deutlich wird. Er beobachtet sie genau und stellt aufgrund ihrer Mimik fest, dass sie sich auf die Lippen beißt (Z. 52) und rot wird (Z. 52/53). Gleichzeitig leuchten ihre Augen (Z. 53), was er so deutet, dass dieses Leuchten aufgrund der Tatsache entsteht, dass sie mit Dato verabredet ist, was sie kurz danach bestätigt (Z. 56). Darauf macht er den mutigen Vorstoß, zu sagen, dass er mitkomme („Ich komme mit!", Z. 57), was eher als Provokation aufzufassen ist, denn er nimmt wahr, dass sie überrascht reagiert und bleich wird (Z. 58 – 60). Obwohl er weiß, dass sie ihn als störend empfindet, signalisiert er durch seinen Blick (Z. 61 – 64), dass er sich nicht geschlagen geben wird. Er ist aufgeregt, muss sich durch Atmen beruhigen (Z. 65 – 67), doch er bleibt trotz ihrer Reaktion bei seinem Vorhaben, was letztlich wie eine Trotzreaktion auf ihre Ignoranz wirkt. Zusammenfassend ist festzustellen, dass Adrians Erwartungshaltung und sein Verhalten sich deutlich voneinander unterscheiden. Erst im weiteren Verlauf der Begegnung wird durch seine Provokation deutlich, dass er ihr Verhalten nicht in Ordnung findet.

Als Adrian Stellas Zimmer betritt, springt sie nicht freudig auf, sondern bleibt auf ihrem Bett im Schneidersitz sitzen (Z. 2). Nachdem sie realisiert hat, dass es Adrian ist, lässt sie kurz „ihre Mundwinkel sinken" (Z. 6/7), was er als Enttäuschung ihrerseits deutet. Dieses Verhalten macht ihn traurig. Auch der Klang ihrer Stimme unterstützt den Eindruck, den er erhält („klang enttäuscht", Z. 13). Nach dem Beenden des Telefonats schaut sie Adrian nur kurz an und widmet sich wieder ihrer eigentlichen Tätigkeit, nämlich dem Aussuchen passender Kleidung (Z. 16/17). Dies signalisiert ihm, dass sie ihn nur am Rande wahrnimmt, was durch den folgenden knappen Dialog unterstützt wird. Im folgenden Gespräch wirkt sie kurz angebunden. Sie widmet sich ihren Tätigkeiten mit größter Sorgfalt, während sie ihn nun gar nicht mehr ansieht (Z. 19 – 22), d. h. sie vermeidet Augenkontakt. Besonders deutlich wird ihr Desinteresse, als sie belanglos zu einem T-Shirt zu sagen scheint: „Kann ich irgendwas für dich tun?" (Z. 23). Der folgende innere Monolog von Adrian nach dieser Behandlung durch Stella wirkt ein wenig ironisch, da deutlich wird, was er sich eigentlich von ihr wünscht (Z. 24 – 33). Aber das sagt er nicht laut, sondern entgegnet stattdessen: „Nein [...] Alles bestens." (Z. 34). Doch wiederum scheint es, als würde Stella sich wieder nur mit den Kleidungsstücken befassen (Z. 41 – 43), sogar mit ihnen sprechen. Ironisch wird festgestellt: „Das Kleidungsstück blieb stumm [...]" (Z. 44). Erst als er sie fragt, mit wem sie telefoniert habe, bemüht sie sich um einen freundlichen Blick (Z. 49), reagiert aber verwundert (Z. 46), weil er sie damit zwingt, über ihren Freund Dato zu reden. Auf genaues Nachfragen seinerseits wird sie rot (Z. 52) und ihre Augen leuchten. Nun gibt sie die Wahrheit zu (Z. 56). Während der gesamten Begegnung zeigt Stella ihm durch ihre Körpersprache und ihre Mimik, dass sie geistig abwesend ist und sich nicht für ihn interessiert, sodass Adrian sich als Störfaktor fühlt und enttäuscht ist, da er sich eine andere Reaktion erhofft hat. Erst am Ende, als er sie provoziert (Z. 57), reagiert sie überrascht und nimmt ihn wahr: „Stellas Augen wurden dumpf und sahen ihn ungläubig an." (Z. 59/60). Vermutlich realisiert sie in diesem Moment seine Enttäuschung, möchte aber auch nicht zugeben, dass sie lieber mit Dato allein sein will („Doch da veränderte sich Stellas Gesicht schon wieder, ihre Augen sahen jetzt traurig aus und fremd und ängstlich, alles auf einmal. Sie probierte ein Lächeln.", Z. 69 – 71). Hier wird Stellas innerer Zwiespalt angedeutet. Daher ist festzuhalten, dass durch Stellas Körpersprache deutlich wird, dass sie Adrian in ihrer Situation als störend empfindet. Während der Begegnung wirkt Adrian sehr enttäuscht über Stellas Verhalten ihm gegenüber, denn dieses entspricht überhaupt nicht der Erwartungshaltung, die er vor seinem Besuch hinsichtlich ihres Wiedersehens aufgebaut hat. Adrians Gefühle werden einerseits deutlich durch die verwendete Er-/Sie-Erzählform und das personale Erzählverhalten, da so der Fokus auf Adrians Wahrnehmung gelenkt wird, denn die Beschreibung Stellas wirkt bewertend: „Und da war noch etwas anderes, das neu war. Stellas Blick war neu." (Z. 4/5). Ebenso werden durch innere Monologe (Z. 24 – 33) seine Gedanken offenbart, sodass ein Widerspruch zwischen diesen und seinem Handeln entsteht. Nach der Frage, ob Stella etwas für ihn tun könne, wird lediglich für den Leser im inneren Monolog deutlich, was er sich gewünscht hätte. Hier werden viele Dinge mithilfe von Anaphern aufgezählt, die Verwendung des Konjunktiv II zeigt jedoch, dass sich all seine Wünsche und Erwartungen nicht erfüllt haben bzw. sich nicht erfüllen werden („[...] du könntest mich anrufen jeden Tag [...]", Z. 26/27). Direkt zu Beginn des Auszuges wird der Fokus darauf gelenkt, dass sich in ihrer Beziehung bzw. Freundschaft etwas verändert hat. Genau diese Veränderung von Stella hinsichtlich ihres Verhaltens, ihres Aussehens und ihrer Kommunikation wird durch Adjektive (z. B. „enttäuscht", Z. 13; „nicht unfreundlich", Z. 13/14) und Nomen (z. B.

„Mundwinkelmomenten", Z. 8/9; „Klamottenberg"; Z. 21/22), mit denen sie beschrieben wird, deutlich. Dazu werden auch Neologismen verwendet, die ein wenig spöttisch erscheinen, denn Stella ist die Kleidung wichtiger als ihr alter Freund Adrian, weil sie Dato beeindrucken möchte. Diesbezüglich werden auch Metaphern genutzt, die übertrieben wirken und ihr ungewohntes Verhalten betonen: „Sie studierte mit allergrößter Sorgfalt einen hellen blauen Pullover [...]" (Z. 19/20). Dass Adrian sehr aufgewühlt ist, wird zudem durch die Personifikation seines Herzens verdeutlicht. An zwei Stellen (Z. 36/37, Z. 65 – 67) wird durch Parataxen und Ellipsen quasi hörbar gemacht, wie laut sein Herz schlägt, weil er ihr einerseits Zufriedenheit und Ordnung und andererseits Ruhe und Stärke vorgaukelt, obwohl er eigentlich angespannt und aufgeregt zugleich ist. Mit dem Ein- und Ausatmen versucht er, sich zu beruhigen, obwohl er etwas anderes denkt, als er schließlich sagt (Z. 34). Letztlich wird auch durch die Parataxen und Ellipsen im Dialog gezeigt, dass er aufgrund seiner Enttäuschung nicht in der Lage ist, offen mit ihr über seine Gefühle zu reden. Damit bleibt ihm lediglich nur die Möglichkeit der Provokation durch die Ankündigung seiner Begleitung zu Dato. Durch einen Parallelismus, der durch eine Konjunktion eingeleitet wird, zeigt sich, dass er sich dabei sehr unwohl fühlt: „[...] obwohl er sich nicht ausstehen konnte in diesen Minuten, obwohl ihm seine eigene Anwesenheit genauso verhasst war, wie sie es für Stella sein musste." (Z. 62 – 64). Zusammenfassend zeigt sich durch seine Körpersprache, sein Verhalten und seine wortkarge Kommunikation, dass er enttäuscht und traurig aufgrund von Stellas desinteressiertem Verhalten ihm gegenüber ist.

<u>Text aus der Sicht Stellas am Ende ihrer Begegnung:</u>
Nun ist er doch gegangen ... Hätte ich ihn freundlicher aufnehmen sollen? Ich weiß nicht – die Umstände haben sich verändert. Zwischen uns ist einfach nicht mehr die gleiche Nähe wie vorher. Ja, er war mein bester Freund und wir haben viel Zeit miteinander verbracht, aber nun ist Dato mein fester Freund. Das ist was ganz anderes. Ich möchte jetzt mit ihm meine Zeit verbringen – und das ist mir wichtig. Dennoch habe ich ein furchtbar schlechtes Gewissen – ich hätte viel früher mit Adrian sprechen sollen. Er hat wirklich nicht verdient, dass ich ihn so ignoriere – aber es war auch wirklich ein schwieriger, unpassender Moment. Er hätte auch vorher anrufen können. Ja, was hätte ich dann gemacht? Ich hätte ihm sicher abgesagt und ihn abgewimmelt. Schwierig! Aber er hat auch so getan, als sei alles in Ordnung mit ihm, als würde es ihn gar nicht stören, dass ich keine Zeit für ihn habe. Schließlich hat er selber gesagt, dass er in den letzten Wochen keine Zeit hatte – keine freie Minute – das hat er selbst gesagt ... Dennoch ... ich werde mich bei ihm entschuldigen, ihm sagen, dass ich ihn als guten Freund nicht verlieren möchte. Aber – und das muss er auch verstehen – Dato ist nun mein fester Freund – und für den brauche ich eben auch meine Zeit. Das heißt ja nicht, dass „Einsneunzig" und ich uns nicht mehr verstehen ...

## E 4 Original-Prüfung 2022: Aufgabentyp 4a: Blackbird (selbstständiges Üben)

### Seite 112

*Mögliche Lösung:*

Der vorliegende Text ist ein Auszug aus dem Roman „Blackbird", geschrieben von Matthias Brandt. Er wurde 2019 in Köln durch den Verlag Kiepenheuer & Witsch veröffentlicht. Der Roman spielt in den 1970er Jahren. Thematisiert wird in dem Auszug das unvermittelte Aufeinandertreffen des 15-jährigen Ich-Erzählers Morten auf seine ehemalige Mitschülerin Steffi, die bereits eine Ausbildung als Schornsteinfegerin macht, während er noch zur Schule geht und bei seiner Mutter lebt.

Morten kommt von der Schule und bemerkt zwei Schornsteinfeger auf dem Dach des Hauses. Wie immer versucht er, heimlich an seiner Mutter vorbei ins Haus zu kommen, doch sie bemerkt ihn und will ihn umarmen. Einer der Schornsteinfeger kommt die Treppe herunter und die Mutter gibt ihm zehn Mark Trinkgeld für seine Arbeit, worüber sich Morten ärgert, denn so viel Taschengeld bekommt er für ganze zwei Wochen. Als sie ihn dann noch vor dem Fremden mit seinem Spitznamen „Motte" anredet und ihn bittet, diesen anzufassen, da das Glück bringe, wird er wütend. Er will gehen, doch da begrüßt ihn der zweite Schornsteinfeger mit eben diesem Spitznamen. Morten ist sprachlos, doch der kleine Schornsteinfeger stellt sich als Steffi vor und sagt, sie seien zusammen in der Grundschule gewesen. Nun erinnert er sich an das Mädchen, das von einem Apfelbaum in einen Laubhaufen mit Heugabel gesprungen war, so dass sie sich gefährlich verletzt hatte und operiert werden musste. Steffi macht derzeit eine Schornsteinfegerlehre. Morten spricht aus, an was er sich noch erinnern kann, und Steffi lächelt ihn an. Die Mutter und der andere Schornsteinfeger reagieren überrascht und starren die beiden an. Morten kommt sich kindisch vor, da Steffi bereits arbeitet und erwachsen wirkt, während er noch zur Schule geht und herumstammelt. Er mustert ihr Äußeres genau. Dann verlassen die beiden Schornsteinfeger das Haus. Morten bleibt mit seinen Gedanken zurück.

Der 15-jährige Morten geht noch zur Schule. Auch an diesem Tag kommt er nach Hause und bemüht sich, unbemerkt ins Haus zu kommen (Z. 6: „Immer wieder das gleiche Spiel [...]"). Anscheinend will er sich nicht den Fragen seiner Mutter aussetzen. Aber die Mutter erwartet ihn schon (Z. 7/8). Sie möchte ihn liebevoll begrüßen (Z. 8/9), doch er lässt die Umarmung nicht zu, weil er jemanden die Treppe herunterkommen hört (Z. 9/10). Vermutlich ist ihm die Berührung durch seine Mutter vor anderen peinlich. Durch die Beschreibungen des Ich-Erzählers wird deutlich, dass ihm auch ihr Verhalten anderen gegenüber unangenehm ist: „flötete sie" (Z. 15). Auch bewertet er ihre Großzügigkeit gegenüber dem großen Schornsteinfeger als unangemessen, da sie diesem zehn Mark Trinkgeld gibt, während er diese Summe als Taschengeld für zwei Wochen bekommt (Z. 18/19: „Da hätte man ja auch mal drüber diskutieren können. Das war mein Taschengeld für zwei Wochen."). Als sie dann auch noch fragt, ob er den Schornsteinfeger nicht anfassen wolle, weil das Glück bringe (Z. 22/23), ist er fassungslos (Z. 25: „Ich dachte, ich höre nicht richtig."). Ihn

stört außerdem, dass seine Mutter ihn vor Fremden mit seinem Kosenamen „Motte" anredet (Z. 26). Aus seinem inneren Monolog wird deutlich, dass er nicht wie ein Kind behandelt werden möchte: „Ich suchte mir das aber ganz gerne aus, wer das durfte und, was wichtiger war, wer nicht." (Z. 28/29). Während der Begegnung mit seiner ehemaligen Mitschülerin Steffi und dem sich anschließenden Gespräch mit ihr lächelt die Mutter und hört zu. Die durch den Ich-Erzähler dargestellten Gedanken verdeutlichen, dass er dies wahrnimmt und es missbilligt. Das wird durch den verwendeten Vergleich deutlich: „[...] als ob wir zwei Pudel wären, die sich beschnüffelten, oder was weiß ich." (Z. 37/38). Auch die Beschreibung des Verhaltens der Mutter während des Gesprächs über die Vergangenheit wirkt eher abwertend: „Mutter glotzte." (Z. 55). Morten fühlt sich unwohl und würde die Situation gern beenden. Er kommentiert die Doppelmoral der Mutter: „Alles, was sie einem beigebracht hatten, das man garantiert und hundertprozentig nicht machen sollte, zum Beispiel andere Leute einfach so anzustieren, machten sie hemmungslos selbst, dauernd." (Z. 56–58). Er distanziert sich damit von dem Verhalten der Erwachsenen generell. Zusammenfassend lässt sich feststellen, dass Morten sich bezogen auf seine Mutter eher unreif und pubertierend verhält. Er möchte sich vermutlich abgrenzen, aber das ist schwierig, da er noch zu Hause wohnt, zur Schule geht und kein Geld verdient. Er möchte aber nicht mehr wie ein kleiner Junge behandelt werden und bemängelt das Verhalten seiner Mutter ihm gegenüber.

Nachdem Steffi Morten nicht direkt erkannt hat (Z. 36: „Kennst du mich nicht mehr? Ich bin die Steffi."), benötigt er einen kurzen Moment, um sich zu erinnern: „Wer zum Teufel war Steffi?" (Z. 39). Er ist abgelenkt von ihrem Äußeren (Z. 33–35), da sie aussieht wie ein Schornsteinfeger. Sie hilft ihm aber auf die Sprünge, indem sie sagt: „Wir waren in einer Klasse in der Grundschule. Steffi Fuchs [...]" (Z. 40). Die zunächst fehlende Erinnerung kommt langsam zurück: Zuerst erinnert er sich an ihr Aussehen: Sie war klein und hatte schiefe Zähne (Z. 43). Dann erinnert er sich an ihren Unfall während ihrer gemeinsamen Grundschulzeit: Sie war von einem Apfelbaum in einen Laubhaufen gesprungen. Da darin noch die Heugabel gelegen hatte, hatte sie sich verletzt und musste lange operiert werden (Z. 43–46). Weiteres fällt ihm aus der Vergangenheit nicht zu Steffi ein. Bei der Begegnung bei sich zu Hause ist er sehr überrascht und auch zuerst sprachlos, als der kleinere Schornsteinfeger, der sich später als Steffi Fuchs (Z. 40) vorstellt, ihn plötzlich mit seinem Kosenamen „Motte" begrüßt (Z. 32). Er mustert den kleinen Schornsteinfeger und beschreibt „die schwarzen Klamotten, die komische Mütze auf dem Kopf und vor allem das schwarze Gesicht." (Z. 33–35). Er fragt sich selbst: „Wer zum Teufel war Steffi?" (Z. 39). Dann kommt seine Erinnerung zurück. Vom älteren Schornsteinfeger erfährt er, dass sie seit Sommer sein Lehrling sei (Z. 49). Nun nimmt er ihr Grinsen wahr, die weißen Zähne im schwarzen Gesicht, was ihn in dieser angespannten Situation zu erleichtern scheint (Z. 51/52: „[...] sodass ich mich ein bisschen entspannte."); zudem achtet er bewusst auf die für ihn merkwürdige Gesamterscheinung. Als er beginnt, mit ihr zu sprechen, stottert er zunächst, kommentiert aber den Umstand, dass sie nun eine Lehre macht, mit: „Ah, okay, ja, klar. Cool." (Z. 61), weil er es komisch findet, dass sie schon arbeitet. Im Vergleich kommt er sich geradezu „kindisch" vor (Z. 63), denn Steffi wirkt reifer als er (Z. 64/65: „Steffi brachte ganze Sätze heraus. Besser als ich, wenn ich ehrlich war."). Er nimmt sie nun anders wahr als früher: Zwar wirkt sie immer noch klein (Z. 66), aber sie hat vom Lachen Grübchen (Z. 66/67) und ihre weißen Zähne stehen eher nach hinten und leuchten (Z. 67 – 69). Ihre Frisur vergleicht er mit der von David Bowie (Z. 70) und findet sie „[z]iemlich genial" (Z. 71), was ausdrückt, dass er Steffi nun als erwachsener beurteilt. Da ihn die Begegnung nachdenklich gemacht hat, schaut er den beiden Schornsteinfegern nach, als sie weiterziehen (Z. 76).

Insgesamt zeigt sich, dass Morten während der kurzen Begegnung im Hausflur deutlich von Steffi beeindruckt ist. Dies wird insbesondere durch die Ich-Erzählform und das damit verbundene personale Erzählverhalten deutlich (Z. 25: „Ich dachte, ich höre nicht richtig."). Der Leser erfährt immer, was Morten denkt, denn er kommentiert die Begegnung durch innere Monologe, wie zum Beispiel: „Ach so, ja, klar, Stefanie, die Kleine mit den schiefen Zähnen." (Z. 43). Zudem werden die Fragen, die er sich selber stellt, offenbar: „Aber wieso stand die jetzt hier als Schornsteinfeger verkleidet?" (Z. 46/47). Diese Fragen zeigen, dass seine Erinnerung langsam wiederkehrt, verdeutlichen aber auch seine Überraschung bezüglich der veränderten Rolle, in der Steffi nun auftritt. Er realisiert auch die Reaktion der Erwachsenen auf die Begegnung mit Steffi; dies zeigt sich durch den genutzten parataktischen Parallelismus: „Mutter glotzte. Schornsteinfeger glotzte." (Z. 55), sodass es scheint, als sei er für den Moment völlig überfordert. Morten fühlt sich überrumpelt und weiß auch zunächst nicht, was er sagen soll, was durch Umgangssprache und Ellipsen klar wird (Z. 59: „Und du bist hier jetzt ..., äh, du machst jetzt ..." oder Z. 61: „Ah, okay, ja, klar, Cool."). Die wörtliche Rede verdeutlicht somit seine Verlegenheit, während die beschreibenden Passagen zu seinen Erinnerungen wie auch zu Steffis Aussehen eher hypotaktisch formuliert sind. Zudem verwendet Morten Neologismen (Z. 49: „der Zehn-Mark-Mann"), was verdeutlicht, dass er sich von den Erwachsenen distanzieren will. Das bei der Wahrnehmung von Steffi wiederholt verwendete Farbadjektiv „schwarz" verstärkt ihre Dominanz und damit seine Emotionen, denn er fühlt sich ihr unterlegen (Z. 33, Z. 52). Dass er Steffi gegenüber anerkennende Bewunderung empfindet, zeigen der Vergleich ihrer Frisur mit der von David Bowie (Z. 69/70) sowie deren Bewertung durch das Adjektiv „genial" (Z. 71). Gleichermaßen wirkt Morten aber auch sehr reflektiert, denn er realisiert den Unterschied zwischen der mittlerweile im Arbeitsleben stehenden Steffi und sich selbst als Schuljungen: „Komisch war das, dass die wirklich schon arbeitete. Ich kam mir auf einmal ziemlich kindisch vor [...]" (Z. 63/64).

<u>Möglicher innerer Monolog aus der Sicht von Steffi:</u>
Das war also Morten aus der Grundschule ... wie unterschiedlich die Lebenswege sich doch so entwickeln. Er war ganz schön überrascht, als ich ihn mit seinem Spitznamen ansprach, und bekam noch nicht einmal einen geraden Satz raus. Sicher war ihm Situation mit seiner Mutter peinlich. Sie behandelt ihn aber auch ein bisschen

wie ein Kleinkind. Das muss komisch für ihn sein – während ich schon arbeite, ist er noch Schüler. Kein Wunder, dass er mich erst gar nicht erkannt hat. Zwar bin ich immer noch klein, aber seit der Grundschule habe ich mich schon verändert – und dann noch der Ruß im Gesicht. Dass er sich nur gemerkt hat, dass ich diesen schlimmen Unfall hatte, ist verständlich. Vielleicht findet er es auch komisch, dass ich einen Beruf ausgewählt habe, bei dem man so viel klettern muss, nachdem ich diesen Unfall hatte. Aber für mich ist es einfach spannend! Naja, vielleicht sehen wir uns ja noch einmal wieder. Ich wäre nicht abgeneigt, ihn näher kennenzulernen, auch wenn unser Alltag so ganz anders verläuft ...

### E 5 Aufgabentyp 4a: Wenn du gehst (selbstständiges Üben)

**Seite 115**
*Mögliche Lösung:*
Bei dem vorliegenden lyrischen Text handelt es sich um den Songtext „Wenn du gehst" aus dem Jahre 2019. Diesen hat der Musiker Johannes Oerding im November 2019 in seinem Album „Konturen" veröffentlicht. In seinem Lied thematisiert er die emotionale Lücke, die entsteht, wenn ein geschätzter Mensch sich verabschiedet, sei es durch Weggang, Verlust oder Tod. Die Lücke, die dieser Mensch hinterlässt, führt zu Traurigkeit.
Der Text beginnt mit einer Aufzählung von Dingen, die ohne ihr wesentliches Element nicht mehr das sind, was sie eigentlich ausmacht: alter Mann, Flugzeug, Strand, Meer, Gleis. Darauf folgt die Feststellung, dass Menschen immer erst bemerken würden, was ihnen fehlt, wenn sie alleine seien. Im folgenden Refrain wünscht sich das lyrische Ich, dass etwas von dem ihn Verlassenden bleibt, denn dieser würde ihm fehlen. In der folgenden inhaltlichen Strohe erfolgt eine erneute Aufzählung von Dingen, die ohne ihr wichtigstes Element nicht funktionieren (Ballon, Fluss, Film, Gitarre, Klavier, Lied). Im Folgenden spricht das lyrische Ich von sich selbst und zieht die Schlussfolgerung, dass ihm selbst meistens nur auffällt, etwas zu vermissen, wenn es allein sei. Abschließend wird der Refrain mit der Aufforderung bzw. dem Wunsch an den Angesprochenen wiederholt, etwas von sich beim Verlassen zu lassen, denn er würde fehlen.
Obwohl in der ersten Strophe (V. 1 – 6) sowie auch in der dritten Strophe (V. 16 – 21) recht sachlich lediglich Dinge aufgezählt werden, denen bestimmte Elemente fehlen, wirkt die Grundstimmung des Liedtextes gerade auch in der Verknüpfung mit der Überschrift „Wenn du gehst" eher traurig, denn hier wird durch die Konjunktion („Wenn [...]") eine Bedingung aufgestellt, die vermuten lässt, dass das lyrische Ich verlassen wird. Dabei kann das Verb „gehen" unterschiedliche Bedeutungen haben, wie zum Beispiel Trennung, Abschied oder gar Tod. Durch die sich anschließende Aufzählung wird die Bedeutung dieses Verlusts für das lyrische Ich erst deutlich, denn es fehlt ihm das Wesentliche, was anhand der fünf genannten Beispiele aufgezeigt wird: „So wie 'n uralter Mann/Der ohne Stock nicht mehr kann" (V. 1 – 2). Das gleiche Prinzip zeigt sich in der dritten Strophe (V. 16 – 21). Hier werden sechs verschiedene Dinge genannt, denen das wesentliche Element fehlt, ohne das diese Dinge eigentlich nicht

definiert werden oder nicht existieren können (z. B. V. 16: „Wie ein Ballon ohne Luft"). Somit wird deutlich, dass das lyrische Ich versucht, den Wert desjenigen, den es verloren hat, für sich auszudrücken: Es empfindet den deutlichen Verlust und obwohl die Aufzählung sachlich erfolgt, wirkt das lyrische Ich traurig. Dieses Gefühl wird durch die Strophen II und IV noch verstärkt, denn zunächst reflektiert das lyrische Ich, dass der Mensch zu oft nicht bemerke oder gar vergesse, wie wichtig ihm jemand sei (V. 7 – 8); erst wenn er alleine sei, würde er den Verlust realisieren und diese Person besonders vermissen. In der vierten Strophe (V. 22 – 25) wird durch die Verwendung des Personalpronomens „ich" noch deutlicher, dass das lyrische Ich diese Feststellung auch auf sich selbst bezieht: „Weil ich viel zu oft, das was ich hab', vergess'" (V. 23). Der Umstand der Einsamkeit („Erst wenn er plötzlich alleine ist", V. 9 und V. 24) verstärkt das Gefühl der Trostlosigkeit und des Schmerzes, so als könne das lyrische Ich den Angesprochenen nicht wiederbringen. Daher stellt es am Ende jeden Refrains fest: „Du fehlst mir" (V. 15, V. 30). Daraus könnte man schließen, dass es sich bei dem Angesprochenen um eine nahestehende Person handelt, die ein alltäglicher Begleiter war. Gleichermaßen scheint diese Person so wertvoll gewesen zu sein, dass sie mit den wichtigsten Eigenschaften und Fähigkeiten verglichen wird, ohne die das lyrische Ich nicht mehr es selbst ist (z. B. V. 3: „So wie 'n Flugzeug ohne Flügel" oder V. 4: „So wie 'n Strand ohne Sand"), sodass ihm erst später auffällt, dass er den Menschen vermisst (V. 10). Dementsprechend wird dem lyrischen Ich die eigentliche Bedeutung erst zu spät klar. Dieser Eindruck wird besonders durch die sprachliche Gestaltung verdeutlicht, denn allein durch die Aneinanderreihung der Dinge (Verse 1 – 6, V. 16 – 21) anhand von Anaphern (z. B. V. 5 – 6: „So wie ein Meer ohne Satz / So wie 'n Gleis ohne Züge [...]"), die ohne ihr wesentliches Element nichts wert oder nicht funktionstüchtig sind, wird die Bedeutung desjenigen, den man verloren hat, umschrieben. Der Verlust kann nicht durch eine einfache Benennung oder Beschreibung verdeutlicht werden, sondern wird durch die Akkumulation ganz unterschiedlicher Dinge dargestellt. So kann ein „uralter Mann" (V. 1) ohne Stock nicht mehr gehen oder ein „Flugzeug ohne Flügel" (V. 3) nicht mehr fliegen; ein Strand ist „ohne Sand" (V. 4) kein Strand mehr und „Meer ohne Salz" (V. 5) kann nicht als Meer bezeichnet werden etc. Diese genannten Dinge stehen allegorisch für den Wert des Menschen, der gegangen ist, und haben somit eine Stellvertreterfunktion, um sich der Bedeutung desselben für das lyrische Ich zu nähern. Durch diese Aufzählung und die Feststellung, dass man als Mensch „viel zu oft" (V. 8) vergesse, was man habe, wird eine vage Kritik am Umgang der Menschen mit den Dingen deutlich, die man schätzen sollte (V. 7: „Der Mensch ist irgendwie komisch"). Diese wirkt wie ein Appell, das zur Verfügung Stehende wertzuschätzen, nicht darüber hinwegzugehen und es vor allem nicht als alltäglich zu betrachten. Im Refrain, der zu Beginn mit der Wiederholung des Titels eingeleitet wird (V. 11/V. 26: „Wenn du gehst"), wird dieser Wunsch dann explizit ausgesprochen: „Dann lass 'n bisschen was von dir / Hier bei mir, hier bei mir" (V. 12 – 13, V. 27 – 28). Diese direkte Anrede desjenigen, der das lyrische Ich verlässt, wirkt wie der Wunsch, Spuren zu hinterlassen, damit sich das lyrische Ich erinnern

kann. Die Wiederholung (V. 13/V. 28: „Hier bei mir, hier bei mir") verdeutlicht die Dringlichkeit dieses Wunsches, dem direkt eine Begründung folgt: „Weil ich eigentlich schon weiß / Du fehlst mir" (V. 14 – 15/V. 29 – 30). Durch diesen jeweils letzten Ausspruch des Refrains werden der Verlust und die Einsamkeit des lyrischen Ichs unterstrichen; dies nimmt es besonders stark wahr, da es nun allein ist und über das Vergangene reflektiert.
Die Strophen II und IV unterscheiden sich deutlich in ihrer Darstellungsweise. Zwar wiederholt sich die Wortwahl, und damit auch nahezu die Kernaussage, doch in der zweiten Strophe werden die vage Kritik und die dahinterstehende Feststellung, dass man das, was man habe, zu schnell vergesse, später aber doch vermisse, zunächst verallgemeinert, indem die Strophe vom Menschen allgemein spricht (V. 7: „Der Mensch ist irgendwie komisch"). Dadurch scheint sich das lyrische Ich zunächst von der Aussage zu distanzieren. In der vierten Strophe aber spricht das lyrische Ich bejahend von dieser Tatsache und bezieht sie auf sich persönlich: „Ja, ich bin irgendwie komisch" (V. 22), so als sei dieser Feststellung ein Reflexionsprozess vorausgegangen. Diese Strophe wirkt wie die Erkenntnis, dass es ihm selbst nicht anders ergeht als anderen Menschen. Es bemerkt, dass ihm „was" fehlt (V. 25). Dieses „etwas" wird dann im Refrain genauer definiert: „Du fehlst mir" (V. 30). Somit muss es für sich selbst eher tragisch festhalten, dass es das Wertvolle beizeiten auch nicht ausreichend gewertschätzt hat.
Eine Schülerin hat über den Liedtext gesagt, dass es eigentlich schön sei, so etwas über jemanden sagen zu können, der einen verlassen hat, auch wenn sie glaubt, diese Erkenntnis komme nach einem Verlust meist zu spät. Sie meint damit, dass es schön sei, trotz des Verlusts einer Person positiv von dieser zu denken und diese zu vermissen – auch wenn das dann meist zu spät ist, denn man stellt häufig erst dann fest, dass diese Person einem so wichtig war, dass man sich wünscht, ihr das vorher gesagt zu haben. Gleichermaßen möchte man die Erinnerung an sie bewahren. Ich persönlich kann ihr da nur zustimmen. Einerseits denke ich, dass es leider oftmals richtig ist, dass man erst immer viel später realisiert, wie wichtig einem nahestehende Menschen sind, wie beispielsweise Verwandte oder Freunde, sodass man sie vermisst, wenn sie aufgrund von Trennungen, Abschied oder gar Tod nicht mehr da sind. Dies wird auch im Songtext deutlich, als das lyrische Ich alleine ist (vgl. V. 24 – 25). Verlust ist also immer schlimm – und es spricht für die Beziehung, wenn man diese Menschen vermisst. Aber ich finde auch, dass man genau diese Menschen, die einem besonders nahestehen, eben anders wertschätzen und sich genau das immer vor Augen führen sollte. Deshalb finde ich es wichtig, dass man Beziehungen pflegt und Familienmitgliedern, Verwandten und Freunden gegenüber diese Wertschätzung im Alltag auch zeigt, wenn sie noch nicht „gegangen" oder weg sind. Dementsprechend wäre es sicher schön, den Appell des Liedes ernst zu nehmen und nicht zu vergessen, was man an anderen hat (z. B. V. 7 – 8), denn dann muss die Erkenntnis, dass jemand gegangen ist, nicht allein schmerzhaft sein, weil man „was" (V. 12) von demjenigen behält und nicht denkt, man hätte etwas verpasst. Somit geht es hier auch um bewussteres Zusammensein mit dem Anderen und um Lebensgenuss.

## F 1 Leseverstehen: I6d#&r6achtsi6dall (angeleitetes Üben)

**Seite 119**

**1** c) trifft zu.

**2** b) trifft zu.

**3** c) trifft zu.

**Seite 120**

**4** b) trifft zu.

**5** c) trifft zu.

**6** b) trifft zu.

**7** c) trifft zu.

**8** d) trifft zu.

**Seite 121**

**9** Mit „Verschleierungsmethode" ist gemeint, dass ein bestimmter Ausgangssatz, z. B. ein Sprichwort, mithilfe von Ziffern und Sonderzeichen so verändert wird, dass es für den Benutzer gut zu merken, für andere Menschen aber undurchschaubar ist.

**10** a) trifft zu.

**11** d) trifft zu.

**Seite 122**

**12** Das Passwort wird nur ein einziges Mal auf Papier notiert und dann per Post versendet.

**13** c) trifft zu.

**14** Ich stimme der Aussage der Schülerin, die sagt, dass man Passwörter stets selbst erstellen sollte, nicht zu. Wie in dem Artikel „I6d#&r6achtsi6dall" von Varinia Bernau beschrieben wird, sind die meisten Menschen nicht sehr kreativ, wenn es darum geht, sich Passwörter auszudenken. Meistens verwenden sie Passwörter, die sehr leicht zu knacken sind oder nehmen ein einziges Passwort für alle möglichen Dienste, sodass Hacker leichtes Spiel haben.
Deshalb halte ich es für besser, sich von einem Profi ein Passwort erstellen zu lassen. So kann man sichergehen, dass das Passwort den gängigen Sicherheitsanforderungen entspricht. Dabei glaube ich nicht, dass die Profis ihr Wissen um die Passwörter ihrer Kunden missbrauchen würden, schließlich würde das ganz schnell auffallen, sodass sie sich letztlich nur selbst schaden würden.

## F 2 Leseverstehen: Die neue Lust aufs Lesen (selbstständiges Üben)

**Seite 125**

**1** d) trifft zu.

**2** c) trifft zu.

**3** Die aufwendig gestalteten Buchbesprechungen in den digitalen Medien führen zu einer neuen Lust auf Bücher und aufs Lesen.

**4** b) trifft zu.

**5** c) trifft zu.

**6** a) trifft zu.

**7** a) trifft zu.

**Seite 126**

**8** b) trifft zu.

**9** d) trifft zu.

**10** c) trifft zu.

**11** Die Buch-Blogger sind für die Verlage mittlerweile von großer Bedeutung, da sie Bücher einer größeren Leserschaft präsentieren und diese für die Bücher begeistern. Sie machen also kostenlose Werbung.

**12** a) 7; b) 5; c) 8; d) 6

**13** c) trifft zu.

**14** Ich stimme dem Schüler, der sagt, dass Buchblogs überflüssig sind, nicht zu. Gerade in einer Zeit, in der die digitalen Medien auf dem Vormarsch sind, ist es wichtig, dem Medium Buch neue Aufmerksamkeit zukommen zu lassen. Buchblogs sind dabei ein tolles Mittel, eine größere Leserschaft zu erreichen und die Freude am Lesen zu fördern.

## F 3 Aufgabentyp 4b: Self-Tracking (angeleitetes Üben)

**Seite 129 – 132**

**1 – 6** Lösungshilfen zu den Aufgaben finden sich direkt im Arbeitsheft und lassen sich der nachfolgenden Musterlösung entnehmen.

**Seite 132**

**7** *Mögliche Lösung:*
Bei den vorliegenden Materialien handelt es sich zunächst um den Sachtext „Führt Selbstvermessung zu Selbsterkennung?" von Christoph Koch (M1a), der 2017 veröffentlicht wurde, und die Infografik „Bereitschaft zur Erhebung und Weitergabe von personenbezogenen Daten" aus dem Jahre 2016 von Quantified Wealth Monitor (M1b), die aus einem Kreisdiagramm und einem Balkendiagramm besteht. Als Quelle für

M1a wird das Internet angegeben. Zudem liegt mit M2 der Sachtext „Immer schneller, besser, effizienter: der Trend zur Selbstoptimierung" eines unbekannten Verfassers vor. Dieser wurde ebenfalls im Internet veröffentlicht. M3 ist ein Blogbeitrag von Dr. Steffi Burkhart, der den Titel „Unsere Selbstoptimierung macht uns kaputt!" trägt. Das gemeinsame Thema aller vorliegenden Materialien ist die Auseinandersetzung mit der persönlichen Selbstoptimierung durch die Vermessung des eigenen Körpers mit digitalen Hilfsmitteln, auch Self-Tracking genannt. Vor- und Nachteile sowie Auswirkungen werden auf unterschiedliche Weise dargestellt und bewertet.

Im Sachtext von Christoph Koch „Führt Selbstvermessung zu Selbsterkennung?" (M1a) stellt dieser die Grundidee der „Quantified Self"-Bewegung dar: Damit ist die Nutzung digitaler Medien als Mittel zur Vermessung des eigenen Körpers im Alltag gemeint. Ziel dabei ist, zu genauen Erkenntnissen über das eigene Leben und auch über den eigenen Gesundheitszustand zu gelangen. Dies sei durch ganz unterschiedliche Anwendungen möglich, wie zum Beispiel durch Schrittzähler, das Festhalten der Nahrungsmittel oder das Erfassen der Schlafzeiten oder anderer Gesundheitswerte (Puls, Blutzucker, Sauerstoffgehalt). Die Motive der Menschen dafür seien sehr unterschiedlich. Manche Menschen handelten aus Neugier, andere, weil sie objektive Zahl zur Bestätigung benötigten, wiederum andere erhofften sich, durch die Messungen eine Verhaltensänderung herbeizuführen. Studien hätten Letzteres auch schon belegt. In der Infografik „Bereitschaft zur Erhebung und Weitergabe von personenbezogenen Daten" (M1b) aus dem Jahr 2016 wird die Verteilung der Nutzungsmöglichkeiten durch Prozentangaben visualisiert. Hier wird deutlich, dass 21 % der Deutschen bereits ihre eigenen Daten tracken. Dabei wurde der Bereich Fitness mit 18 % am häufigsten genannt. Diesem folgen die Bereiche Ernährung (4,8 %), Finanzen (3,4 %), Persönliches (2,1 %) und Energie (1,5 %).

In dem Sachtext „Immer schneller, besser, effizienter: der Trend zur Selbstoptimierung" (M2) werden die Angaben zur Nutzung bestätigt, jedoch die Ziele der Menschen konkretisiert. Es erscheine für die Nutzer erstrebenswert, durch Self-Tracking und die daraus resultierende Möglichkeit der Selbstoptimierung möglichst viel aus sich und dem eigenen Leben zu machen. Viele Menschen würde das Erfassen der Erfolge motivieren und zusätzlich aktivieren. Eigene Gewohnheiten in persönlicher, gesundheitlicher und sportlicher Hinsicht könnten erfasst und hinterfragt werden, was zur Folge hat, dass man etwas über sich lernt und letztlich gesünder lebt. Gleichermaßen könnte über das Tracking eine hohe Datenmenge erfasst werden, die wiederum der Medizin und Wissenschaft zugutekommt. In der Wechselwirkung ergeben sich dann verlässliche Daten, die helfen, die Effizienz und Produktivität zu steigern. Zusammenfassend entsteht ein also ein positives Plädoyer, in dem hervorgehoben wird, dass Self-Tracking eine Möglichkeit zur Steuerung und Kontrolle des Alltags bietet und somit hilfreich bei dessen Bewältigung ist.

Im Blogeintrag „Unsere Selbstoptimierung macht uns kaputt!" (M3) von Steffi Burkhart stellt diese zum Teil eher ironisch Entwicklungen und negative Auswirkungen des Self-Trackings dar. Zu Beginn übt sie auf spöttische Weise Kritik an der öffentlichen Selbstdarstellung der Tracking-Ergebnisse in den sozialen Netzwerken. Die Folge dieser Zur-Schau-Stellung sei, dass sich Menschen einsam und gestresst fühlten, da sie immer weitere Verbesserungen auch im Vergleich mit anderen erzielen wollten. Als Ausblick weist sie auf ein Zukunftsszenario hin, in dem Menschen ihr Verhalten sogar über Zahnbürsten, Spiegel oder Kühlschränke tracken würden. Sie bezeichnet dieses Verhalten als „Optimierungswahn" und warnt davor, dass das persönliche Glück durch übermäßige Disziplin in den Hintergrund gestellt würde. Die Auswirkungen seien Depressionen oder andere psychosomatische Störungen. Somit zeige sich eine eher schädliche Entwicklung, durch die Menschen unter Druck gesetzt würden. Es entstehe demzufolge eine Sehnsucht nach Nichtstun und Unbeschwertheit anstelle der Sucht nach Optimierung. Die Menschen sehnten sich sozusagen danach, ohne schlechtes Gewissen Dinge tun zu können, die durch die Tracker eher negativ bewertet werden (faul sein, Filme schauen, übermäßig Kalorien zu sich nehmen etc.).

Vergleicht man die beiden in M2 und M3 dargestellten Positionen miteinander, ergibt sich ein sehr konträres Bild hinsichtlich des Nutzens und der Auswirkungen der Selbstvermessung mit digitalen Hilfsmitteln. Einerseits wird Self-Tracking als Weg zur Verbesserung der körperlichen und seelischen Gesundheit gesehen (M2), andererseits entsteht durch das dauerhafte Erfassen der eigenen Werte und den indirekten Zwang, dies nachhaltig zu tun und die Werte zu vergleichen, eine Gefahr der Beeinträchtigung der eigenen Gesundheit (M3). Auf der einen Seite ergibt sich durch die Verbesserung der Werte eine gesteigerte Produktivität des Einzelnen, indem er sich das Ziel setzt, Gesundheit und Leistungen zu optimieren (M2), aber auf der anderen Seite kann sich daraus auch die Gefahr ergeben, sich selbst zu überfordern und letztlich eher das Gegenteil, nämlich eine Verminderungen der eigenen Arbeitsfähigkeit, zu erreichen (M3). Natürlich erhält der einzelne Mensch grundsätzlich mehr Kontrolle über das eigene Leben, da Daten nahtlos erfasst werden und schlechte Gewohnheiten somit transparent werden (M2), doch in M3 weist Burkhart in ihrem Blogbeitrag auch darauf hin, dass es gleichermaßen zu einem Verlust an Lebenszufriedenheit kommen kann (M3), wenn Menschen sich nur noch auf das Erfassen und die Verbesserung ihrer Daten fokussieren, da persönliches Glück und die eigenen Bedürfnisse hintenan gestellt werden. Insgesamt werden in beiden Textgrundlagen ganz unterschiedliche Lebensmodelle dargestellt. In M2 ergibt sich ein deutlicher Nutzen des Self-Trackings für Menschen, die eher erfolgsorientiert sind und ein hohes Maß an Produktivität erreichen wollen. In M3 wird im Vergleich dazu eher gezeigt, dass das Bedürfnis vieler Menschen nach Ungezwungenheit und Nichtstun durchaus besteht, aber durch das Tracking zum Teil unterdrückt wird. Insgesamt wird durch den Vergleich beider Positionen deutlich, dass die Chancen des Self-Trackings nicht für jeden Menschen gleich sind, weil die Auswirkungen auf das persönliche Leben und die daraus resultierenden Folgen sehr unterschiedlich sein können bzw. unterschiedlich wahrgenommen werden. Dies muss aber jeder für sich selbst herausfinden. Ein Mitschüler hat zum Thema Self-Tracking geäußert, dass jeder danach streben sollte, das Beste aus sich herauszuholen. Dazu sollte man auch digitale Hilfsmittel nutzen. Damit will er darauf hinweisen, dass jeder die technischen Möglichkeiten zur Selbstoptimierung nutzen sollte, um das eigene Leben in den möglichen Bereichen, wie zum Beispiel Fitness und Gesundheit, Ernährung, Finanzen etc. (vgl. M1b), zu verbessern. Meines Erachtens wirkt diese Aussage so recht unreflektiert und einseitig, denn ich glaube, jeder muss persönlich abwägen, welche Vor- und Nachteile mit dem Self-Tracking verbunden sind und welche Ziele er erreichen möchte. Wenn man zum Beispiel das Ziel hat, sich gesünder zu ernähren, oder wenn man die eigene sportliche Leistungsfähigkeit verbessern möchte, kann es sinnvoll sein, Daten zu erheben, durch das Zählen von Kalorien oder Schritten oder durch das zeitliche Erfassen von sportlicher Bewegung (M2, Z. 2 – 3). Wenn sich daraus Erfolge ergeben, schöpft man Motivation (M2, Z. 6 – 8). Gleichermaßen muss einem aber auch bewusst sein, dass man dadurch viele Daten über sich selbst preisgibt. Gerade das ist heutzutage ein Problem, denn der Mensch wird „gläsern". Das bedeutet, dass Daten miteinander vernetzt und weitergegeben werden. Die Privatsphäre kann dadurch beeinträchtigt werden, man erhält zum Beispiel Werbung, die man nie bekommen wollte etc. Andererseits könnten sich daraus auch positive Auswirkungen ergeben, zum Beispiel, dass man weniger krank wird, dass man seinen Biorhythmus besser kontrollieren kann und dass man grundsätzlich leichter und effektiver arbeiten kann (M2, Z. 16 – 19). Als besonders bedenkenswert erachte ich aber, dass die Gefahr besteht, dass man sich durch das Self-Tracking auch deutlich selbst einschränken kann, weil pötzlich der Zwang besteht, ständig Daten zu erfassen, um eine lückenlose „Überwachung" zu gewährleisten (M3, Z. 6 – 12). Dieser Zwang entsteht ja beispielsweise schon dadurch, dass man durch das Handy permanent erreichbar ist. Gleichermaßen werden wir anhand der erhobenen Daten automatisch mit anderen verglichen und geraten auch selbst in die Versuchung, uns mit anderen zu vergleichen (M3, Z. 1 – 5), was wiederum erhöhten Druck aufbauen kann. Daher denke ich, dass man sich ganz bewusst- wenn überhaupt – nur eine der Tracking-Methoden auswählen sollte, um gezielt Aspekte zu verbessern (wie z. B. in M1b dargestellt). Ich würde nie verschiedene Bereiche meines Lebens offenlegen oder mich unter den Zwang von außen stellen, permanent und alles überwachen zu müssen oder gar überwachen zu lassen. Daher kann ich die Aussage des Schülers- gerade auch bezogen auf unsere hoch technisierte Welt und die damit verbundenen Überwachungsmöglichkeiten – so nicht teilen.

## F 4    Aufgabentyp 4b: Erklärvideos (selbstständiges Üben)

### Seite 133
*Mögliche Lösung:*

Die mir vorliegenden Materialien 1a/b bis 3 stammen allesamt aus dem Internet. Bei Material 1a handelt es sich um den Sachtext „Was sind Erklärvideos?" von Jana Brehmer und Sebastian Becker, in dem definiert wird, was Erklärvideos sind. Zudem wird erklärt, an welche Adressaten sie sich richten und wie sie von den Produzenten gestaltet werden. Er wurde über die Internetseite der Universität Göttingen (Zugriff: 20.02.2019) veröffentlicht. In Material 1b, das den Titel „Empirische Studie über den Gebrauch von Erklärvideos in Deutschland" trägt, werden die Ergebnisse einer Online-Befragung aus dem Jahr 2016 dargestellt. Die Wissenschaftler Andreas Krämer und Sandra Böhrs haben mittels dieser Befragung untersucht, welche Erfahrungen Menschen verschiedener Altersgruppen mit Erklärvideos gesammelt haben. Die Ergebnisse der Studie wurden am 30.11.2017 auf der Internetseite „pinkuniversity" veröffentlicht (Zugriff: 20.02.2019). Das folgende Material 2 ist ein argumentativer Sachtext mit dem Titel „Ist das Lernen mit Videos effektiv?". Dieser wurde 2014 ins Internet gestellt (Zugriff: 20.02.2019) und führt die Möglichkeiten und positiven Auswirkungen von Erklärvideos aus. Der letzte Text (Material 3) von Nina Bräutigam mit dem Titel „Können YouTube-Lernvideos den Schulunterricht ersetzen?" ist ein argumentativer Blog-Text aus dem Jahr 2018 (Zugriff: 25.09.2018), in dem die Autorin Gefahren aufzeigt, die aus dem Lernen durch Videos resultieren. Dabei geht sie gleichzeitig auch auf Möglichkeiten der Optimierung ein. Zusammenfassend ist festzustellen, dass sich alle Autoren der vorliegenden Materialien mit unterschiedlichen Sichtweisen bezüglich der Nutzung von Erklär- und Lernvideos befassen.

Brehmer und Becker definieren in ihrem erläuternden Text „Was sind Erklärvideos?" (M1a, 2017) diese Art von Videos. Es seien zumeist selbst produzierte kurze Filme, in denen Funktionsweisen, Abläufe, Vorgänge oder Zusammenhänge auf verständliche Weise erklärt würden, wie z. B. in Videotutorials auf YouTube. Dabei gäbe es vielfältige Gestaltungsweisen, von einfach bis professionell. Gemeinsam hätten sie aber, dass sie adressatenorientiert produziert würden, d. h. sie nutzen einen umgangssprachlichen Kommunikationsstil und sprechen die Zuhörer direkt und zum Teil humorvoll an. Die Produzenten seien Laien, aber genauso gut Experten, die durch unterschiedliches Vorwissen eine gestalterische und kommunikative Vielfalt, also eine große Bandbreite, erreichten.

Die in M1b dargestellten Ergebnisse einer „Empirische[n] Studie über den Gebrauch von Erklärvideos in Deutschland", durchgeführt im Jahr 2016, geben Hinweise zum Gebrauch und zur Wirkung dieser Videos. Bezüglich der Vorerfahrungen der Teilnehmer mit E-Learning (damit ist Lernen gemeint, bei dem elektronische oder digitale Medien zum Einsatz kommen) wird deutlich, dass ein Großteil der 1000 Befragten bereits mindestens einmal ein Erklärvideo angeschaut hat. Besonders häufig genutzt werden diese Videos von den 16- bis 29-Jährigen (81,2 %), aber auch in der Gruppe der über 60-Jährigen gaben immer noch 62,4 % an, schon einmal Erklärvideos gesehen zu haben. Hier lässt sich also tendenziell feststellen, dass die Nutzungshäufigkeit zunimmt, je jünger die User sind. Als weiteres Ergebnis lässt sich festhalten, dass durch die Studie der Sinn dieser Videos nachgewiesen werden konnte, denn die Teilnehmer mit Vorerfahrung bestätigten deutlich (85 %), dass sie auch in Zukunft auf diese Art der Erklärungen zugreifen würden. So scheinen die Funktionen für sie gewinnbringend zu sein. Dagegen gaben 60 % von der kleineren Gruppe der Menschen, die noch keine Vorerfahrungen gemacht haben (18,8 % (16 – 29 Jahre), 27 % (30 – 59 Jahre), 37,6 % (60 Jahre)), an, dass sie Erklärvideos auch in Zukunft nicht nutzen wollen.

Die Frage, der der unbekannte Verfasser des argumentativen Sachtextes in M2 nachgeht, lautet: „Ist das Lernen mit Videos effektiv?" Der Grund des Interesses an dieser Frage ist, dass immer mehr Lehrerinnen und Lehrer ihren Schülerinnen und Schülern raten würden, mit Onlinevideos im Internet zu lernen. Es wird dargestellt, dass das „Lernen am Modell" für das Lernen positive Auswirkungen habe, denn der Betrachter könne durch die Videos Theorie und Praxis miteinander verbinden und die vorgeführten Vorgänge etc. besser nachvollziehen und somit nachmachen. Die Art der Gestaltung ermögliche eine bessere Orientierung und erziele Transparenz; daraus ergäbe sich Sicherheit. Zudem würden verschiedene Sinne angesprochen (Sehen und Hören), was eine deutliche Steigerung der Aufmerksamkeit zur Folge hätte, die wiederum zur Steigerung der Lernleistung führe. Somit hätten laut der Erziehungswissenschaftlerin Anja Frey Erklärvideos gleichermaßen kognitive, motivationale und emotionale Aufgaben, denn durch die Mimik und Stimme des Sprechers würden die Adressaten besonders angesprochen und auch persönlich eingebunden (Adressatenbezug). Außerdem sei es möglich, das Lerntempo selbst zu bestimmen, da man stoppen, zurückspulen und wiederholen könne, was die Motivation steigere.

Nina Bräutigam, die Autorin des Blog-Textes (M3, 2018), geht der Frage nach ob YouTube-Lernvideos den Schulunterricht ersetzen können. Dabei setzt sie sich kritisch mit den Gefahren, die Lernvideos bergen, auseinander. Sie merkt an, dass die Produzenten solcher Erklärvideos keine Lehrer oder Wissenschaftler seien, was bedeuten könnte, dass die Zuschauer Falsches lernen, denn die Inhalte würden nicht geprüft, sondern die Reihenfolge im Netz würde lediglich nach der Anzahl der positiven und negativen Bewertungen ermittelt und die User würden höchstens selbst auf Fehler aufmerksam machen. Zwar seien laut dem Nachhilfelehrer Mirko Deutschmann Informationen im Netz vielfältig und schnell verfügbar, doch führten sie auch häufig zur Aneignung falschen Wissens, da sie zum Teil wissenschaftlich nicht korrekt seien. Er fordert zur Verbesserung der Qualität die Vernetzung der Anbieter sowie die Einführung eines gemeinsamen Siegels. Kritisiert werde auch, beispielsweise durch Professor Stefan Aufenanger, dass durch bloßes Aufnehmen keine sozialen Kompetenzen vermittelt würden. So genüge reines Faktenwissen für das spätere Leben nicht; die Schülerinnen und Schüler müssten z. B. durch Gruppenarbeit Konflikt- und Diskursfähigkeit entwickeln. Zudem hätten sie keine Möglichkeit, direkt Fragen zu stellen oder zu diskutieren.

Wenn man die in den Materialien 2 und 3 dargestellten Positionen bezüglich der Möglichkeiten und Grenzen von Erklärvideos im Unterricht vergleicht, fällt auf, dass die Ansichten diesbezüglich recht weit auseinandergehen und dass hier Verbesserungsbedarf besteht. Obwohl viele Lehrerinnen und Lehrer ihren Schülerinnen und Schülern mittlerweile die Nutzung von Erklärvideos empfehlen (M2), z. B. um mathematische Aufgaben zu wiederholen und Vokabeln zu lernen, warnen Experten auch davor, da die Produzenten der Videos häufig nicht fachlich oder pädagogisch ausgebildet seien (M3). Zwar würde dieses sogenannte „Lernen durch Nachahmen" das Lernen positiv beeinflussen und damit den Lernerfolg durch Verständnis, Sicherheit und Überblick steigern (M2), gleichermaßen könnte die mangelnde Qualifikation der Absender auch dazu führen, dass die Lernenden sich falsches Wissen aneignen, denn es gibt im Internet keine Qualitätskontrollen (M3). Hier versprechen sich Experten Abhilfe durch die Vernetzung von Anbietern und den Zusammenschluss durch ein gemeinsames Siegel. Dennoch wäre die Vielfalt des Angebots kaum offiziell zu überprüfen. Nur die User bestimmen durch ihre Bewertungen die Stellung des Videos in der Rangfolge im Netz. Sie könnten zwar auf Fehler aufmerksam machen (M3), was aber ebensowenig überprüfbar wäre. Positiv zu bewerten ist aber auch, dass Erklärvideos zu einer gesteigerten Aufmerksamkeit führen, da der Lernende direkt angesprochen wird; zudem sind Gestaltung und Sprache der Zielgruppe angepasst, was deutlich die Motivation fördert. Somit wird der Lernende stärker in das Geschehen eingebunden und kann selbst entscheiden, wann er eine Sequenz anhalten, zurückspulen und wiederholen möchte (M2). So kann er sein Lerntempo individuell bestimmen und erfährt durch die technischen Nutzungsmöglichkeiten eine zusätzliche Motivation, aber auch Kompetenz. Demgegenüber merken Erziehungswissenschaftler an (M3), dass soziale Kompetenzen nicht vermittelt würden, da kein sozialer Austausch mit anderen Lernenden stattfindet. Es fehlt der soziale Kontakt ebenso wie die Arbeit in Gruppen. Man könne weder Fragen stellen noch diskutieren (M3). Durch diese fehlende persönliche Auseinandersetzung werden weder Konflikt- noch Diskursfähigkeiten ausgebaut, sodass die Jugendlichen diesbezüglich nicht auf das spätere Leben vorbereitet würden (M3). Der Vergleich zeigt auf, dass der Einsatz von Erklärvideos viele Möglichkeiten, aber auch deutliche Grenzen bezüglich des Einsatzes im Unterricht mit sich bringt.

Eine Mitschülerin kommentiert Lernvideos so: „Erklärvideos steigern den individuellen Lernerfolg." Wie aus der Darstellung der Ergebnisse zur „Empirische[n] Studie über den Gebrauch von Erklärvideos in Deutschland" (2016) (vgl. M1b) zu entnehmen ist, nutzen bereits zwischen ca. 60 und 80 % aller Menschen Erklärvideos und 85 % dieser Befragten würden es auch weiterhin tun. Damit ist belegt, dass diese Art von Videos zumindest als hilf- oder lehrreich bewertet werden, um sich Wissen auf verständliche Weise anzueignen, Vorgänge zu verstehen und nachzuahmen oder Fähigkeiten zu erwerben (M1a). Gleichermaßen bestätigen Erziehungswissenschaftler wie Anja Frey (s. M2), dass Erklärvideos die Motivation steigern und Empathie erzeugen können, da sie sich einerseits direkt und zumeist umgangssprachlich an ihre

Adressaten wenden und diese ins Geschehen einbeziehen. Zudem kann man sich das Video bei mangelndem Verständnis noch einmal ansehen oder ein weiteres zum gleichen Thema wählen. Dies ermöglicht einen Überblick über ein Thema und vermittelt Sicherheit für den Lernenden (M2). Schwierig ist jedoch, dass für den Zuschauer nicht nachprüfbar ist, ob die vermittelten Informationen fachlich korrekt sind, da sie nicht überprüft werden und nahezu jeder zum Produzenten solcher Videos werden kann (M3). Es fehlt dementsprechend die kritische Instanz. Ebenso sitzt der User ganz allein vor dem Bildschirm, eignet sich zwar Wissen an, kann sich aber darüber mit niemandem austauschen oder etwa Fragen stellen (M3). Meiner Ansicht nach hat die Schülerin daher mit ihrer Beurteilung nur zum Teil recht, denn sicherlich kann der Nutzer Videos zum Lernen gewinnbringend einsetzen, schnell etwas nachschlagen (vgl. M3) und so sein Wissen zeitnah erweitern. Dennoch sollte er sich dessen bewusst sein, dass das Video nicht immer von Experten oder Fachleuten eingestellt wurde. Er kann aber auch selbstständig die Quelle prüfen und einschätzen, ob dieser qualitativ zu trauen ist. Zudem könnte man zum gleichen Sachverhalt verschiedene Videos abrufen. Hier muss man allerdings unterscheiden, ob es dabei zum Beispiel nur um Kochrezepte oder aber beispielsweise um geschichtliche Zahlen und Fakten geht. Vergleicht man aber die Quellen, so könnte man Mehrfachnennungen vergleichen und so sichergehen. Bezogen auf das individuelle Lernen kann man bezüglich der Lernvideos aber auf jeden Fall von einem Lernerfolg ausgehen. Allein die persönliche Auseinandersetzung mit einem Thema und die Recherche nach Videos führen schon dazu, dass man seine Kenntnisse und Fähigkeiten erweitert. In der Schule hingegen könnten Erklärvideos zur methodischen Abwechslung eingesetzt werden, die vorher vom Lehrer auf sachliche Richtigkeit geprüft wurden. Daher teile ich die von der Schülerin geäußerte Beurteilung mit diesen Einschränkungen.

## F 5 Aufgabentyp 4b: E-Book oder gedrucktes Buch? (selbstständiges Üben)

### Seite 136
*Mögliche Lösung:*
Zum Vergleich liegen drei unterschiedliche Materialien vor. Bei M1 handelt es sich um ein kombiniertes Schaubild aus Kreis- und Balkendiagramm zur Darstellung der Verteilung von E-Books und Printmedien auf dem Büchermarkt. Diese Ergebnisse wurden von der Bitkom Research GmbH im Jahre 2018 veröffentlicht. Das zweite Material ist der Sachtext „E-Reader oder Buch aus Papier – was ist nachhaltiger?" von Matthias Matting, veröffentlicht im Internet. Der Zugriff darauf erfolgte am 08.02.2022. Bei dem dritten Material handelt es sich um ein Säulendiagramm mit dem Titel „Leicht und immer verfügbar – E-Books bieten viele Vorteile". Auch diese Grafik wurde von der Bitkom Research GmbH veröffentlicht, und zwar 2015. In den ersten beiden Materialien werden E-Book und Printbook gegenübergestellt; das dritte stellt die Gründe für die Nutzung von E-Books dar.
Die erste Grafik (M1) ist eine Kombination aus Kreis- und Balkendiagramm. Sie trägt die Kernaussage bereits in

der Überschrift: „Jeder Vierte liest E-Books". Im Kreisdiagramm auf der linken Seite wird die Entwicklung der Prozentzahlen der E-Book-Nutzer in den Jahren 2014 bis 2018 dargestellt. Dabei wird deutlich, dass diese Zahlen ungefähr gleich bleiben (jeweils 23 – 25 %). Die Ausgangsfrage „Lesen Sie zumindest hin und wieder ein E-Book?" kann somit klar beantwortet werden: Etwa 25 % der Leser greifen auf E-Books zurück. Diese Zahl hat sich somit auch nicht großartig verändert. Das Balkendiagramm auf der rechten Seite schlüsselt diese Zahl noch einmal nach Altersangaben auf: Je jünger die Leser sind, desto häufiger nutzen sie E-Books (14 – 29 Jahre: 43 %). Das heißt, dass nahezu die Hälfte der E-Book-Leser unter 30 Jahren alt sind. Darauf folgen die 30- bis 49-Jährigen mit 28 % und die 50- bis 64-Jährigen mit 23 %. Nur 12 % der ab 65-Jährigen nutzen digitale Bücher. Das liegt mit Sicherheit daran, dass ältere Menschen es gewohnt sind, Papierbücher zu lesen. Gleichermaßen sind Jüngere es gewohnt, mit neuen Medien umzugehen. Für sie ist es ohnehin kein Problem, neue Bücher zu laden, und viele verfügen über Smartphones und Tablets, auf denen sie Bücher lesen können.
In seinem Sachtext „E-Reader oder Buch aus Papier – was ist nachhaltiger?" (M2) befasst sich der Autor Matthias Matting ebenfalls mit der Gegenüberstellung von E-Books und Printmedien. Hinzu kommen die Aspekte Nachhaltigkeit und Umweltbilanz. Dabei richtet sich die Internetseite „Utopia" direkt an die Leser und gibt Tipps zum ökologischen Lesen. Matting stellt ebenfalls fest, dass Lesen mittlerweile immer häufiger digital stattfindet. Zunächst hat das E-Book deutliche Vorteile: Für nur einen Cent kann man es etwa sechsmal komplett laden und mit diesem Strom aufgrund der speziellen Bildschirmtechnologie 40.000 Seiten lesen. In der Anschaffung sind E-Books etwa 20 Prozent günstiger als Printbooks und die Technik „E-Ink" eignet sich gut, um Texte anzuzeigen, die man auch bei hellem Licht noch gut lesen kann. Gleichermaßen wird durch das verwendete Licht niemand gestört. Dagegen wirkt das Printbook eher altmodisch; es raschelt, leuchtet nicht, es benötigt den Transport durch LKWs, um in den Buchladen zu gelangen. Zudem wird für etwa 80 Prozent aller Bücher viel Holz zur Herstellung von Papier benötigt, denn nur 20 Prozent werden auf recyceltem Papier gedruckt. Aber Matting stellt auch heraus, dass die Beurteilung der Nachhaltigkeit nicht ganz so einfach sei, denn die größten Auswirkungen auf die Umwelt entstehen bei der Produktion. Zwar werden für die Printbook-Herstellung Wälder abgeholzt und organische Kohlenstoffe ins Abwasser entlassen, doch für die Herstellung von E-Book-Readern und Tablets müssen Mineralien gefördert werden; dadurch werden Schwermetalle im Boden und Gifte freigesetzt. Wenn man dann die ethischen und moralischen Probleme, wie Kinderarbeit, Umweltverschmutzung etc. gegeneinander abwägen würde, schneidet das Buch besser ab als der E-Book-Reader. Wenn man allerdings ein Gelegenheitsleser (bis zu 10 Bücher pro Jahr) ist, ist wiederum das Tablet das bessere Gerät, weil man dieses ja auch anders nutzt. Bei Vielleser/-innen (mind. 50 Bücher pro Jahr) liegt der E-Book-Reader eindeutig vorn. Letztlich sollte aber jeder auf seine eigene Öko-Bilanz achten, denn auch beim Lesen von Büchern kann man Leihbibliotheken nutzen, bei Tageslicht lesen oder recycelte Bücher kaufen oder

diese tauschen. Beim E-Reader kann man aber auch innerhalb der Familie teilen, einen gebrauchten kaufen, auf Öko-Strom umstellen und den alten ordnungsgemäß entsorgen. Hier muss also jeder selbst entscheiden, was besser zu den eigenen Gewohnheiten passt.

Das dritte Material (M3) ist ein Balkendiagramm mit der Überschrift „Leicht und immer verfügbar – E-Books bieten viele Vorteile". Die dargestellten Ergebnisse ergeben sich aus der Frage „Aus welchen der folgenden Gründe lesen Sie E-Books?". Als wichtigste Gründe wurden mit 77 % angegeben, dass E-Books jederzeit zur Verfügung stehen würden, und mit 75 %, dass sie keinen Platz wegnehmen würden. Danach folgen fast gleichwertig die Antworten, dass man überall Zugriff auf seine Bücher habe (64 %) und dass man schnell neuen Lesestoff beziehen könne (60 %). Weitere genannte Vorteile sind, dass E-Books nicht viel wiegen und man sie daher gut auf Reisen mitnehmen könne (49 %), dass E-Book-Reader und Tablets auch andere Funktionen hätten, wie beispielsweise das Übersetzen (43 %), dass es viele kostenlose Bücher gäbe (21 %) und dass sie billiger seien als gedruckte Bücher (13 %).

Aus den Materialien wird deutlich, dass beide Medien sehr unterschiedliche Gruppen von Lesern anziehen. Grundsätzlich scheint der Großteil der Leser (ca. 75 %) immer noch gedruckte Bücher zu bevorzugen (M1). Da aber der Anteil der Leser, die Bücher mittels E-Book-Readern, Tablets oder Smartphones lesen, besonders unter den jungen Menschen (M1: 14- bis 29-Jährige: 43 %) größer ist, kann sich dieser Trend langfristig ändern. Diese Aussage wird in M2 bestätigt: „Lesen findet immer häufiger digital statt [...]" (M2, Z. 1). Zu vermuten ist auch, dass dieser Trend ggf. zu Coronazeiten noch stärker geworden ist, da man, wie in M3 genannt wird, schnell und auch von zu Hause aus neuen Lesestoff beziehen kann (M3, Antwort von 60 % der Befragten). Dennoch wird in M2 auch klar, dass man nicht genau sagen kann, welche Buchform nachhaltiger ist. Da viele Menschen sich zunehmend umweltbewusster verhalten, ist anzunehmen, dass sie auch ihr Leseverhalten an die eigenen Bedürfnisse anpassen. Wer beispielsweise darauf achtet, ökologisch nachhaltig zu handeln, wird die „schwindende Biodiversität durch Wald-Monokulturen etwa oder Kahlschlag und Urwaldvernichtung" (M2, Z. 32/33) im Blick haben und darauf achten, weniger Papierprodukte zu kaufen. Solch ein Leser wird aber auch gleichzeitig darauf achten, dass er vielleicht einen gebrauchten E-Reader kauft, ein „Gerät

mit austauschbarem Akku", auf Ökostrom zugreifen und auch das Gerät ordnungsgemäß entsorgen (M3, Z. 61 – 65). Dementsprechend ist der Grund, nachhaltig und ökologisch leben zu wollen, vielleicht nicht ausschlaggebend für die Entscheidung, ob man nun zum E-Book oder zum Printbook greift, denn bezogen auf die Nutzung ist nachhaltiges Handeln bei beiden Versionen möglich (vgl. die in M2 genannten Tipps). Vielmehr sind es wohl einerseits eher die technischen Fähigkeiten und Möglichkeiten (z. B. genannte Altersgruppen in M1) oder die persönlichen Vorlieben (M3), die Menschen dazu bringen, sich für das eine oder das andere zu entscheiden. Eine Schülerin sagt über gedruckte Bücher, dass sie gern in einen Buchladen oder in eine Bücherei gehe. Dort könne sie blättern, stöbern und Klappentexte lesen. So sei die Auswahl eines für sie passenden Lesestoffes viel leichter. Damit meint sie, dass sie sich allein durch mediale Buchvorstellungen, z. B. im Internet, nicht für ein passendes Buch entscheiden könne. Ich kann die Aussage der Schülerin gut nachvollziehen, denn viele Menschen haben hinsichtlich ihres Lesestoffes Vorlieben, lassen sich aber auch gerne durch ein gewisses Angebot inspirieren. Dieses findet man nun mal in Bibliotheken oder Buchhandlungen. Oftmals stößt man dann auch auf Bücher, von denen man noch nie gehört hat. Man kann eine Vielzahl von Covern betrachten und auch Klappentexte lesen. Viele Menschen brauchen auch das Gefühl von Seiten und Papier in den Händen und haben auch gerne eine kleine Bibliothek zu Hause im Regal. Mittlerweile gibt es auch überall Tauschbörsen oder Leseecken in Form von alten Telefonzellen, in die man eigene Bücher stellen und neue herausnehmen kann. Gleichermaßen muss man schon im Alltag so oft elektronische Geräte nutzen, da ist ein gedrucktes Buch eine Abwechslung, weil man dann „bei natürlichem Licht schmöker[n]" kann (M2, Z. 52). Zudem sind Bücher natürlich auch immer ein schönes Geschenk. Andererseits ist es natürlich auch toll, immer und überall auf seine Bücher zugreifen zu können, ohne sie immer mitschleppen zu müssen (M3), denn dicke Wälzer und auch Hardcover-Bücher sind oftmals sehr schwer. Meiner Meinung nach muss jeder für sich selbst entscheiden, ob er lieber zu gedruckten Büchern oder E-Books greift. Und wer seine Lese-Ökobilanz beachtet (M2, ab Z. 54), wird sicher einen Weg finden, eines der Medien so zu nutzen, dass dadurch ein möglichst geringer Schaden für die Umwelt entsteht.

# Schreibplan zu Kapitel C 1.5, Seite 36/37 (5 – 10)

| | 1 a) Überschrift | 1 b) Cornelia Funke vorstellen | 1 c) Themen ihrer Bücher/ Funktion der Literatur | 1 d) Arbeitsweise erläutern/Warum keine „Schreibblockaden"? | 1 e) Bedeutung der Bücher/ Gründe für den Erfolg/Bücher als „Fenster und Türen" | Daran muss ich denken: |
|---|---|---|---|---|---|---|
| M 1 | --- | - 10.12.1958 (Dorsten/NRW)<br>- Ausbildung; Diplompädagogin<br>- heute international erfolgreiche Autorin (70 Kinder- und Jugendbücher, Gesamtauflage: 31 Millionen, in 50 Sprachen übersetzt)<br>- ihre Bücher dienen als Vorlagen für Hörbücher, Spiele und Apps<br>- Patin des Kinderhospizes Bethel, Botschafterin der UN-Dekade Biologische Vielfalt<br>- Durchbruch mit *Herr der Diebe*<br>- viele Auszeichnungen (Literaturpreise, Bundesverdienstkreuz) | - Geschichten von Drachen, Rittern, Zauberei, Träumen<br>- auch reale Alltagsgeschichten | --- | --- | - Materialien mehrfach lesen<br>- Informationen zu den Teilaufgaben bunt markieren → Übersichtlichkeit<br>- Notizen in eigenen Worten verschriftlichen<br>- ein Material kann Informationen zu verschiedenen Teilaufgaben enthalten<br>- Teilaufgaben durchnummerieren, Nummern als Gedankenstütze an den Rand neben die Materialien schreiben |
| M 2 | --- | --- | - ihre Figuren sind inspiriert von Kindern, die sie in ihrer Zeit als Erzieherin getroffen hat<br>- verarbeitet reale Erfahrungen | --- | --- | |
| M 3 | Sonderpreis des Deutschen Jugendliteraturpreises 2020 geht an Cornelia Funke | - Sonderpreis des Deutschen Jugendliteraturpreises geht 2020 an Cornelia Funke | --- | --- | --- | |
| M 4 | --- | - erfolgreichste Jugendbuchautorin Deutschlands | - Fantasy-Romane mit magischen Welten<br>- märchenhafte Realitäten<br>- Zitat: „Es ist eigentlich realistischer, fantastisch zu schreiben"<br>- Kinder wüssten, wie gefährlich die Welt sei, beim Lesen würden sie in der Sicherheit des Buches ausprobieren, wie bedrohliche Situationen gemeistert werden könnten | - wird Buchillustratorin, schreibt Geschichten zu ihren Zeichnungen<br>- lebt nun in Malibu/Kalifornien („altes Indianerland" → kulturell anregend)<br>- taucht für ihre Bücher ein in die Kultur sowie die Mythen und Märchen fremder Länder | - war als Kind ein „Bücherwurm"<br>- Bücher als „Fenster und Türen", die aus der engen Welt ihrer Heimatstadt Dorsten hinausführten<br>- engagiert sich bereits mit 14 bei Amnesty International<br>- sorgt sich um den Klimawandel<br>- vergibt Stipendien an junge Künstler → will auch Mentorin sein |
| M 5 | --- | --- | - Fabelwesen (Greife, Drachen, Kobolde) | --- | --- | |
| M 6 | --- | --- | --- | - hat 90 Notizbücher mit Recherchen, Fotos, Skizzen, Zeichnungen; man kann so nachvollziehen, wie die Romane entstanden sind<br>- arbeitet immer an mehreren Projekten gleichzeitig<br>- entwickelt zuerst den Plot, dann wird ausgefeilt: Sprache, Charaktere; so entstehen drei, vier Fassungen<br>- Schreibblockaden kennt sie nicht: die Geschichte versteckt sich, man muss sie suchen; Cornelia Funke findet das aufregend | - zitiert Michelangelo zu David: „Der war doch da drin, ich musste den nur finden." | |

30

## Schreibplan zu Kapitel C 2.6

**Seite 47 – 50**

6 – 12

| Teilaufgaben | Stichworte zur Bearbeitung |
|---|---|
| **1 a) Einleitung: TATTE-Satz** | – <u>Titel</u>: Marathon<br>– <u>Autor</u>: Reinhold Ziegler<br>– <u>Textart</u>: kurze Erzählung (epischer Text)<br>– <u>Thema</u>: gestörte Beziehung zwischen Vater und Sohn, die den Sohn aufgrund des übermäßigen Ehrgeizes des Vaters so lange beeinflusst, bis er sich befreien kann<br>– <u>Erscheinungsjahr</u>: 2001 |
| **1 b) Inhalt zusammenfassen** | – bereits als der Sohn noch ganz klein ist, hat sein Vater große Erwartungen an ihn<br>– wenn der Sohn zurückdenkt, hat der Vater schon in seiner Kindheit ungeduldig auf den Laufstil seines Sohnes geachtet, denn er ist stolz auf ihn und glaubt an sein Talent und seine Karriere<br>– mit 13 Jahren nimmt der Sohn an einem Wettbewerb teil und läuft gegen Ältere; sein Vater feuert ihn an und er beißt sich durch, sodass der Vater ihn lobt, weil der Ausgang des Rennens knapp gewesen ist<br>– im Folgejahr gewinnt der Sohn das Rennen tatsächlich und wird als deutsches Talent und Olympiahoffnung gefeiert; er vergisst, dass er seinen Vater aufgrund des ständigen Drucks eigentlich hasst<br>– der Sohn beginnt, Sport zu studieren, trainiert weiter, verpasst aber die olympische Qualifikation<br>– er fängt an, für den Marathonlauf zu trainieren, ist aber nicht gut genug<br>– Sohn besucht die Eltern zu Hause, fühlt sich als Versager<br>– Sohn geht mit dem Vater einen Marathon laufen, obwohl dieser noch nie so lange gerannt ist; er will sich bei ihm für den ständigen Druck in der Jugend rächen<br>– Vater ist völlig erschöpft und muss aufgeben<br>– nach einer Weile realisiert er die eigentlichen Gefühle seines Sohnes und ist entsetzt<br>– der Sohn bemerkt, dass er seinen Vater nun nicht mehr hasst |
| **1 c) Entwicklung der Sportlerkarriere (Sohn) darstellen; Erreichen und Nicht-Erreichen der Ziele erklären** | – Sohn „muss" als Kind lernen, wie er richtig läuft (Z. 4); Vater trainiert ständig mit ihm und feuert ihn an (Z. 4 – 33) → Vater ist stolz auf, gibt mit ihm an (Z. 34 – 36)<br>– 13. Geburtstag: 1. Mal 5000-Meter-Lauf (Z. 39 – 45); Sohn läuft gegen 18-Jährige → Vereinsmitglieder und Vater feuern ihn an; Vater läuft sogar neben ihm her → Sohn gewinnt zwar nicht, doch der Vater scheint zufrieden (Z. 60 – 65); Sohn saugt dieses Lob in sich auf; Vater setzt das Ziel, den Lauf im nächsten Jahr zu gewinnen<br>– im nächsten Jahr gewinnt der Sohn dasselbe Rennen (Z. 78 – 80) → Druck verstärkt sich durch die Medien: „das große deutsche Talent" (Z. 82/83), „unsere Olympiahoffnung" (Z. 83/84) → durch den Erfolg wird der Hass auf den Vater und seine Trainingsmethoden geringer<br>– während des Sportstudiums wird das Training professioneller (Z. 88 – 95), doch Sohn verpasst die Olympianorm → Ernüchterung; Umstellung des Training auf Marathonlauf (Z. 101/102) → doch auch dafür ist er nicht gut genug → Junge hat nicht genug Talent; Trainingsmethoden des Vaters bringen nicht den gewünschten Erfolg |
| **1 d) Beziehung (Vater + Sohn) erläutern + Textbelege** | – schwieriges Verhältnis, da Vater den Sohn von klein auf durch das Training und seine Erwartungshaltung unter Druck gesetzt hat (Z. 1 – 38)<br>– Ich-Erzähler meint sogar, seinen Vater später zu hassen, während er dies als Kind noch nicht tat („Ob ich meinen Vater schon hasste, als ich auf die Welt kam, bezweifle ich.", Z. 1 – 3)<br>– kein normales Vater-Sohn-Verhältnis, der Vater erscheint durch den übermäßigen Ehrgeiz wie ein Antreiber<br>– solange das Training Erfolg bringt, scheint das Verhältnis für den Sohn in Ordnung zu sein und er wächst innerlich durch das Lob des Vaters (Z. 60 – 65, Z. 78 – 87)<br>– als Kind jedoch und als die gewünschten Erfolge ausbleiben, hasst der Junge seinen Vater für den ständigen Erfolgsdruck und – wie sich später herausstellt – er kann der Erwartungshaltung des Vaters nicht gerecht werden (Z. 103 – 106) |

| | |
|---|---|
| **1 e) Untersuchung: Druck des Vaters begleitet Sohn (Satzbau, sprachl. Gestaltungsmittel, Erzählform und -haltung); Ende des Textes erklären** | – Sohn muss seine Kindheit und Jugend verarbeiten, denn er denkt immer wieder an die Anweisungen seines Vaters – auch als er schon studiert → Wiederholungen: „Auf, auf!" (Z. 24, Z. 37/38 ...), „Schritt, Schritt, ein – Schritt, Schritt, aus" (Z. 27/28 ...); diese Äußerungen verfolgen ihn, weil der Vater sie immer wieder beim Trainieren wiederholt hat |
| | – der Ich-Erzähler nutzt viele Vergleiche: „[...] der eben ging, wie ein Kind geht [...]" (Z. 14/15) → macht deutlich, dass er eigentlich ein ganz normales Kind war |
| | – die Beschreibungen seines Bemühens während der Wettkämpfe („[...] lief wie bewusstlos [...]", Z. 55 = Vergleich) verdeutlichen, dass er zwar sein Bestes gegeben hat, aber doch nie der Erwartungshaltung seines Vaters gerecht werden konnte, die im Grunde viel zu hoch war |
| | – die Erwartungshaltung wird später durch die Medien noch gesteigert, denn sie beschreiben ihn als „das große deutsche Talent" (Z. 82/83) und „unsere Olympiahoffnung" (Z. 83/84) |
| | – er klammert sich an das Lob seines Vaters: „Gut gemacht, mein Läuferlein" (Z. 59), weil er selber nach Bestätigung sucht; durch einen metaphorischen Vergleich wird deutlich, wie sehr der Sohn sich nach der Anerkennung des Vaters sehnt: „Und ich nahm diese Worte und schloss sie ein wie einen Edelstein, den man immer mal wieder ganz allein hervorholt, um ihn zu betrachten." (Z. 60 – 65) |
| | – später im Studium wird deutlich, dass das ganze Training in der Kindheit und Jugend nicht zu dem gewünschten Erfolg geführt haben: „[...] für die Welt, die ganze große Welt, war ich auch hier nicht gut genug." (Z. 103 – 106) |
| | – durch die Ich-Erzählform und die teilweise eher distanzierte Erzählhaltung wirkt die Darstellung zuweilen wie ein Bericht, in dem der Sohn den Verlauf von Kindheit und Jugend zusammenfasst; damit leitet er auf das Ende hin |
| | – Sohn behandelt den Vater bei seinem Besuch zu Hause ebenso, wie dieser ihn in der Jugend und Kindheit behandelt hat; sie laufen gemeinsam einen Marathon |
| | – Sohn treibt Vater an, obwohl er weiß, dass dieser seine Grenzen überschreiten muss, denn er ist mittlerweile alt; außerdem ist dieser noch nie Marathon gelaufen (Z. 122– 124); dazu nutzt er dieselben Worte wie sein Vater damals: „Auf, auf!" (Z. 150) |
| | – fast schadenfroh wünscht er sich, ihn umzubringen (Z. 138), will ihn „winseln"(Z. 139) hören |
| | – der Ausdruck „das letzte Rennen meines Lebens" (Z. 159 – 160) zeigt, dass der Sohn in dieser Situation mit dem Vater abrechnet; er geht als Sieger daraus hervor: „[...] und niemand konnte mich daran hindern, es für immer zu gewinnen." (Z. 160 – 162) |
| | – als der Vater hilflos zusammenbricht, merkt der Sohn, dass ihm diese Reaktion als Rache reicht; der Text endet mit parataktischen Sätzen (Z. 189 – 190): „Ganz ruhig, fast gelassen. Nebeneinander.", die einen Abschluss des Konflikts signalisieren |
| **1 f) Auseinandersetzung mit der Schüleraussage + Begründung + Textbelege** | – ein Mitschüler sagt über den Text, er finde, der Sohn sei gemein zu seinem Vater gewesen, obwohl dieser doch nur sein Bestes wollte |
| | – damit meint er, dass er den Vater zu einem Marathonlauf gezwungen habe, obwohl er weiß, dass der Vater noch nie einen gelaufen ist (Z. 122 – 124) und auch schon alt ist. |
| | – Reaktion des Sohnes ist nachvollziehbar, da der Vater durch seine übermäßige Erwartungshaltung den Alltag des Sohnes von Kind an bestimmt hat → Aufbau von Druck, Verlust der Kindheit (Z. 19 – 38) |
| | – der Sohn musste sich ständig mit anderen messen (Z. 39 – 45) und durfte nicht selber über sein Leben entscheiden |
| | – offenes Gespräch mit dem Vater wäre vermutlich nicht möglich gewesen; der Sohn will den Vater am eigenen Leib spüren lassen, wie es ist, ständig angetrieben zu werden, aber letztlich doch zu versagen |

**Schreibplan zu Kapitel C 2.7**

**Seite 54 – 57**

[6] – [12]

| Teilaufgaben | Stichworte zur Bearbeitung |
|---|---|
| **[1] a) Einleitung: TATTE-Satz** | – <u>Titel</u>: Sachliche Romanze<br>– <u>Autor</u>: Erich Kästner<br>– <u>Textart</u>: Gedicht (lyrischer Text)<br>– <u>Thema</u>: gestörte Beziehung zwischen Mann und Frau, die aufgrund von Alltag und Gewohnheit keine Liebe mehr zueinander spüren und nichts dagegen tun können<br>– <u>Erscheinungsjahr</u>: 1928 |
| **[1] b) Inhalt zusammen-fassen** | – ein Paar stellt nach acht Jahren Beziehung fest, dass die Liebe plötzlich fort ist<br>– die Partner wollen es nicht wahrhaben und bemühen sich, dennoch Zärtlichkeiten auszutauschen; dies endet in Traurig- und Ratlosigkeit<br>– am Nachmittag besuchen sie wie immer ein Café im Ort und vertreiben sich die Zeit, indem sie aus dem Fenster schauen und den Geräuschen rundherum lauschen; sie bleiben sprachlos bis zum Abend sitzen |
| **[1] c) Beziehung beschrei-ben + Textbelege** | – die Beziehung der beiden ist dem Alltagstrott und der Gewohnheit verfallen (V. 2)<br>– sie stellen fest, dass die Liebe „abhanden" gekommen ist (V. 3) → das belastet die beiden Partner, doch sie wollen es nicht wahrhaben (V. 5), denn sie verhalten sich anders als sie eigentlich fühlen (V. 5) und verharren eher passiv<br>– Frau und Mann gehen mit dieser Feststellung unterschiedlich um: die Frau weint, er steht hilflos daneben (V. 8); beide wissen sich nicht zu helfen (V. 7)<br>– die Beziehung scheint eigentlich am Ende zu sein |
| **[1] d) Liebe ist „abhanden" (V. 3) gekommen – Eindruck mithilfe von Form und Sprache erklären** | – Partner stellen fest, dass die Liebe ein Gefühl ist, das vergehen kann (V. 3); dieser Vorgang wird durch einen Vergleich („Hut", „Stock", V. 4) als fast gewöhnlich dargestellt → alltäglich; Wirkung entsteht durch Kreuzreim und gleichmäßigen Rhythmus (Metrum) → wirkt z. T. ironisch<br>– beide Partner versuchen dennoch weiterzumachen (Vergleich V. 6: „[sie] versuchten Küsse, als ob nichts sei"), doch auch ihre Ratlosigkeit wird durch Parataxen, die mit der Konjunktion „und" (V. 7) verknüpft sind, deutlich → wollen/können sich nicht mit den wahren Gründen auseinandersetzen, sondern machen einfach in ihrem Alltagstrott weiter<br>– ihre Hilflosigkeit zeigt besonders in den beiden aufeinanderfolgenden Hauptsätzen (Parataxe, V. 8: „Da weinte sie schließlich. Und er stand dabei.") → Frau reagiert emotional; Mann weiß nicht, was er machen soll<br>– 3. Strophe: Verwendung des unpersönlichen Fürwortes „man" (V. 9) → Situation wird versachlicht, ist allgemein übertragbar<br>– Nebensächliches wird erwähnt: „Nebenan übte ein Mensch Klavier." (V. 12)<br>– 4. Strophe: Parallelismen wirken als Aufzählung der Handlungen (V. 13 – 17) → Partner sitzen wortlos bis zum Abend nebeneinander; obwohl sie ihr Problem erfasst haben, unternehmen sie nichts, sondern „[...] konnten es einfach nicht fassen." (V. 17) |
| **[1] e) Titel „Sachliche Romanze" erklären + Textbelege** | – der Titel „Sachliche Romanze" ist ein Oxymoron, d. h. eine Verbindung von sich eigentlich ausschließenden Begriffen<br>– damit verdeutlicht Kästner die verlorene Liebe: Beziehung ist nicht romantisch oder liebevoll, sondern nach außen hin gefühlskalt und durch Untätigkeit geprägt<br>– zwar befinden sich beide Partner in einer Beziehung (V. 1, V. 3, V. 17), doch das Verhältnis ist mit Unterstützung durch die formale und sprachliche Darstellung als eher „sachlich" zu beschreiben, was z. B. durch den parataktischen Satzbau und die Parallelismen deutlich wird: Partner haben sich nichts mehr zu sagen und auch der Austausch von Zärtlichkeiten wirkt gewöhnlich<br>– der Sprecher im Gedicht ist gestaltlos und beschreibt die Situation als Beobachtender, was den sachlichen Charakter ebenfalls verstärkt |

| **1 f) Text aus der Sicht einer Figur verfassen** | Text aus Sicht der Frau in der Ich-Form verfassen, dabei folgende Aspekte/Fragen berücksichtigen: |
|---|---|
| | <u>1. Darstellung der Gedanken der Frau in Bezug auf ihre Beziehung</u> |
| | – Was ist nur passiert? Wir kennen uns seit 8 Jahren und auf einmal ist alles so gleichgültig geworden … |
| | – keiner will sich eingestehen, dass unsere Beziehung dem Alltag zum Opfer gefallen ist und wir uns nichts mehr zu sagen haben |
| | – manchmal bin ich deswegen so traurig, dass ich nicht mehr weiterweiß, aber er tröstet mich nicht einmal, stattdessen steht er einfach nur sprachlos neben mir |
| | – dass von ihm überhaupt keine Reaktion kommt, finde ich am allerschlimmsten, als ich neulich weinen musste, hat er mich nicht einmal in den Arm genommen |
| | |
| | <u>2. Gefühle der Frau für ihren Partner</u> |
| | – momentan weiß ich nicht, was ich noch für ihn fühlen soll, bin irgendwie nur noch aus Gewohnheit mit ihm zusammen |
| | – aber irgendetwas in mir, und vielleicht auch in ihm, will die Beziehung doch aufrecht erhalten, sonst hätten wir doch neulich nicht noch den ganzen Nachmittag gemeinsam in dem Café gesessen, sondern wären da schon getrennte Wege gegangen |
| | |
| | <u>3. Warum kann die Frau die Situation „einfach nicht fassen"?</u> |
| | – ich kann einfach nicht fassen, dass das gerade uns passiert ist; schließlich waren wir so verliebt |
| | – wir haben uns doch fest vorgenommen, gut auf unsere Beziehung Acht zu geben; trotzdem sind wir jetzt in dieser schrecklichen Situation |

**Schreibplan zu Kapitel C 3.5**

**Seite 63 – 69**

5 – 15

| Teilaufgaben | Material 1 | Material 2 |
|---|---|---|
| **1 a) TATTE-Satz = Vorstellen der Materialien/** | – <u>Titel</u>: **Der vermessene Mensch**<br>– <u>Autorin</u>: Sonja Álvarez<br>– <u>Textart</u>: informierender Text<br>– <u>Erscheinungsjahr</u>: 2016 | – <u>Titel</u>: **Der Mensch vermisst sich selbst**<br>– <u>Autor</u>: Bitkom Research GmbH<br>– <u>Textart</u>: Diagramm<br>– <u>Erscheinungsjahr</u>: 2016 |
| **Benennung des gemeinsamen Themas** | Erfassung von Gesundheitsdaten mithilfe von Fitnesstrackern | |
| **1 b) Informationen aus M1 zusammenfassen** | – Fitnesstracker als Hilfsmittel, um Gesundheitsdaten zu erfassen<br>– fast jeder dritte Deutsche nutzt Fitnesstracker oder entsprechende Apps<br>– Möglichkeit zur Selbstvermessung bietet Chancen im Hinblick auf die Gesundheitsprävention<br>– Risiken in Bezug auf Datenschutz: Wer kann die mithilfe der Tracker erfassten Daten nutzen und wofür?<br>– Krankenkassen wollen die per Tracker erfassten Daten nutzen, um darauf basierend Tarifmodelle zu entwickeln, die einen gesunden Lebensstil belohnen<br>– ebenfalls geplant: Datenspeicherung auf Gesundheitskarte, elektronische Patientenakte<br>– Verbraucherschützer warnen: Ungleichheit, Benachteiligung älterer, kranker oder pflegebedürftiger Versicherter durch günstige Tarifmodelle für junge, gesunde Kunden<br>– Problem: Datengrundlage der Fitnesstracker häufig ungenau, Training auf der Grundlage falscher Daten birgt Gesundheitsrisiko | |
| **1 c) Darstellen, welche Gesundheitsdaten erfasst werden (ganz allgemein/Nutzer von Fitnesstrackern) (M2)** | | – Diagramm „Welche Gesundheits- und Fitnessdaten erfassen Sie?"<br>– Quelle: Bitkom Research GmbH<br>– Befragte: Menschen ab 14 Jahren, Unterscheidung zwischen: alle Befragten und Nutzer/-innen von Fitnesstrackern<br>– Erfasste Gesundheits- und Fitnessdaten: Körperdaten bzw. -funktionen (Temperatur, Blutdruck, Puls, Atemfrequenz), Daten zur Bewegung (Schrittzahl pro Tag, zurückgelegte Strecke), Schlafeigenschaften, Ernährung (Körpergewicht, aufgenommene Nahrung, Kalorien), Stresslevel, Medikamenteneinnahme<br>– Nutzer/-innen von Fitnesstrackern erfassen insgesamt deutlich häufiger Daten zu den oben genannten Bereichen, Ausnahme sind die Bereiche Blutdruckmessung und Blutzucker<br>– Nutzer/-innen von Fitnesstrackern erfassen am häufigsten ihre Körpertemperatur und ihr Gewicht sowie Bewegungsdaten (Schrittanzahl und zurückgelegte Strecke) |

| | |
|---|---|
| **1 d) M1 und M2 in Beziehung setzen →  erläutern, welche Chancen und Risiken das Aufzeichnen von Gesundheitsdaten mithilfe eines Fitnesstrackers mit sich bringt** | **Chancen (M1):**<br>– Chancen für die persönliche Fitness des Einzelnen<br>– Verbesserung der sportlichen Leistungen (Beipiel Heiko Maas)<br>– Vorteile im Bereich der Gesundheitsprävention, also dem Vorbeugen von Krankheiten<br><br>**Risiken (M1):**<br>– Krankenkassen wollen einen gesunden Lebensstil mit günstigen Tarifen belohnen, Datengrundlage hierfür sollen Fitnesstracker liefern → führt zur Benachteiligung älterer, kranker oder pflegebedürftiger Versicherter, die diese Tarife über ihre Versicherungsbeiträge mitfinanzieren müssten<br>– Fitnesstracker vermitteln eine trügerische Sicherheit, denn viele Geräte liefern falsche oder ungenaue Daten → Nutzer/-innen trainieren schlimmstenfalls auf falscher Datengrundlage, was zu gesundheitlichen Schäden führen kann<br><br>→ **M2 nennt weder Chancen noch Risiken, die mit der Erfassung von Gesundheits- und Fitnessdaten mittels Tracker einhergehen, sondern informiert ganz allgemein darüber, welche Gesundheits- bzw. Fitnessdaten die Menschen sammeln.**<br><br>→ **Inhalte von M2 unterstreichen bestimmte Aussagen aus M1:**<br>Nutzer/-innen eines Fitnesstrackers erfassen …<br>– hauptsächlich Daten, mit deren Hilfe sich die sportliche Fitness verbessern lässt (Anzahl der Schritte, zurückgelegte Strecke) und deren Kenntnis zur Gesunderhaltung des Körpers wichtig sind<br>– im Vergleich sehr viel häufiger Daten zu Körpergewicht, aufgenommenen Nahrungsmitteln und Kalorien als die gesamte Gruppe der Befragten<br>– insgesamt häufiger persönliche Gesundheitsdaten → haben ein genaueres Bild von ihrem Gesundheitszustand<br>→ **Passt zu Aussagen aus M1:** Das Erfassen von Gesundheits- und Fitnessdaten kann zur Steigerung der persönlichen Fitness beitragen und bei der Vorbeugung von Krankheiten nützlich sein. |

| | | |
|---|---|---|
| **1 e) Stellungnahme zur Aussage der Schülerin + Begründung**<br>(→ Nutzung eines Fitnesstrackers trägt zu mehr Gesundheitsbewusstsein und einer positiven Veränderung des Bewegungsverhaltens bei) | – Beispiel Heiko Maas; differenziertes Bild vom eigenen Fitnesslevel als Voraussetzung, wenn man seine sportlichen Leistungen verbessern will | – Nutzer/-innen eines Fitnesstrackers erfassen im Vergleich häufiger Gesundheits- und Fitnessdaten |